Ava Minatti

Der Schlüssel der Isis

Das Licht von Sirius aktiviert deinen Kristalllichtkörper

Bitte fordern Sie unser kostenloses Verlagsverzeichnis an:

Smaragd Verlag
In der Steubach 1
57614 Woldert (Ww.)
Tel.: 02684-97848-10
Fax: 02684-97848-20
E-Mail: info@smaragd-verlag.de
www.smaragd-verlag.de

Oder besuchen Sie uns im Internet unter der obigen Adresse.

Deutsche Erstausgabe: Januar 2011

Umschlaggestaltung: preData
Satz: preData
Printed in Czech Republic
ISBN 978-3-941363-27-4

Ava Minatti

Der Schlüssel der Isis

Das Licht von Sirius aktiviert deinen Kristalllichtkörper

Smaragd Verlag

Über die Autorin

Als Ava Minatti als Kind den Namen „Atlantis“ hörte und erfuhr, dass dieses eine versunkene Stadt im Meer sein sollte, war sie entschlossen, diese zu entdecken. Damals begann ihre Suche nach der Quelle allen Seins, der sie im Laufe der Zeit ein gutes Stück näher gekommen ist.

Nach verschiedenen Ausbildungen sieht sie heute ihre Hauptaufgabe darin, als Botschafterin der Geistigen Welt zu dienen. Unter der Führung von Erzengel Gabriel stellt sie sich der Weißen sowie der Solaren Bruderschaft, den Engelwelten und dem Kleinen Volk zur Verfügung, damit diese durch sie sprechen und ihre Energien übermitteln können.

Sie lebt in der Nähe von Innsbruck, wo sie in Seminaren und Einzelsitzungen anderen Menschen die Möglichkeit bietet, ihrerseits mit der Geistigen Welt in Kontakt zu treten. Sie ist Mutter von zwei Kindern der Neuen Zeit – Rowena und Jona.

Danksagung

Ich danke den Herausforderungen des Lebens, die mich lehren und wachsen lassen.

Ich danke meiner Familie für ihre Liebe und ihr Sein.

Ich danke meinen Freunden für das Vertrauen und den Mut, das und den sie mir immer wieder schenken.

Ich danke den Menschen, denen ich begegnen darf, um zu erkennen, und die mit mir auf die unterschiedlichsten Arten auf dem Weg sind.

Ich danke dem Dream Team vom Smaragd Verlag für die Geduld und Unterstützung bei der Umsetzung des Buches und für seine Herzlichkeit. Es macht immer wieder große Freude, mit ihnen in Kontakt zu sein und zu arbeiten.

Ich danke Mara Ordemann für ihr großes Herz, ihr Verständnis, und vor allen Dingen für ihre Freundschaft.

Ich danke den Lesern dieses Buches für die Verbreitung des Schlüssels der Isis.

Ich danke allen meinen feinstofflichen Geschwistern für ihre Begleitung, ihren Humor und ihre Weisheit, allen voran Isis und das Kristalllicht von Sirius.

Mögen die Liebe und der Frieden der Quelle allen Seins uns alle segnen! Jetzt und allezeit. Amen.

Von Herzen

Ava

Inhalt

Teil 1: Einstimmung

Einleitung

Vor einigen Monaten meldete sich Isis während eines Gruppenchannelings und erwähnte das erste Mal den Schlüssel der Isis. Dabei sprach sie von neun Bergkristallspitzen, die mit ihr gemeinsam auf eine besondere Art und Weise energetisiert werden könnten, in der Form des Ankh aufgestellt werden sollten und der (persönlichen) Entwicklung und Heilung dienen würden. Im Anschluss an diese Durchsage flüsterte sie mir noch zu, dass dieses eines unserer nächsten Projekte sein würde. Mit *uns* meinte sie die Zusammenarbeit zwischen der Geistigen Welt und mir. In den folgenden Wochen sammelten sich verschiedene Mosaiksteine dafür zusammen, und das vorliegende Buch ist das „Gesamtkunstwerk" daraus. Isis erklärte, dass viele der heutigen Lichtarbeiter intensive Inkarnationen in den verschiedenen ägyptischen Mysterienschulen hatten. Dort erfuhren sie Initiationen und Einweihungen, die Vorbereitungen auf das jetzige Erdenleben waren, in dem es darum geht, den Dimensionswechsel mit zu gestalten.

Die Zeit ist reif, das damals erworbene Wissen wieder zu aktivieren, um es zu nutzen, und dieses Buch soll dich dabei unterstützen. Eigentlich baut es auf dem letzten, „Avalon und der Artusweg", das 2009 im Smaragd Verlag erschienen ist, auf. Wobei es für dich als Leser für das Verständnis des Schlüssels der Isis nicht erforderlich ist, es zu kennen oder gelesen zu haben, denn wir werden in den folgenden Kapiteln Schritt für Schritt versuchen, die Zusammenhänge aufzuzeigen, um daraus eine Basis zu schaffen, die dir die Möglichkeit gibt, die Anregungen dieser Seiten für dich leicht verständlich anzuwenden.

Der Schlüssel der Isis in der vorliegenden Form beinhaltet die Anleitung zur Programmierung der erwähnten neun Bergkristalle. Er fördert aber auch die Verbindung und die Kommunikation mit Sirius und sirianischen Geschwistern. Durch diese Begegnungen und Berührungen beginnt unser Sternenlicht zu strahlen, unser genetischer Kode erweitert und unser Lichtkörper aktiviert sich. So findet eine Wandlung unserer Identifikationen mit für uns bisher gültigen Begrenzungen statt. Die Verkörperung der Göttlichkeit unseres wahren Wesens mit jeder Faser unseres Seins im Hier und Jetzt wird unterstützt. Der Schlüssel der Isis begleitet die Manifestation der eigenen Meisterschaft in der Materie und dient somit dem Weg bis 2012 und, vor allen Dingen, auch unserem Präsentsein in der Zeit darüber hinaus.

Die Prophezeiungen erfüllen sich. Die Erneuerung der Priesterschaft des Lichts geht weiter. Isis wies auf die Bedeutung der Zahl 9 hin. Sie steht hier für Vollendung und (ewiges) Leben und wird uns in diesem Buch auf die unterschiedlichste Art und Weise immer wieder begegnen. Zusätzlich bringt dich der Isis-Schlüssel mit Ägypten, seinen Mysterien, Wesen und seinem Heilwissen in Kontakt. So kannst du dich auch an diesen Teil deines Erbes erinnern und es wieder entdecken.

Die folgenden Informationen möchten deine Selbsterkenntnis fördern, das Vertrauen in dich selbst und Alles-was-ist stärken, dir Heilung sein, wo auch immer du sie benötigen solltest, um deine, letztendlich bereits vorhandene, Ganzheit und Vollkommenheit wahr- und anzunehmen. Wenn du möchtest, nimm einen tiefen und bewussten Atemzug und lass dich auf den Schlüssel der Isis ein. So, wie es für dich stimmig und möglich ist. Lass dich über und durch die Worte, die Energieträger sind, berühren. Das geschieht ganz leicht, sanft und einfach durch das Lesen oder auch das Betrachten, Halten und „Begreifen" des Buches.

Dieses ist in drei Teile gegliedert. Der erste dient der Einstimmung auf den Schlüssel der Isis, der zweite ist der Kristallprogrammierung und somit dem eigentlichen Isis-Schlüssel gewidmet. Der dritte enthält noch einige Ergänzungen und weitere Botschaften zu der Entwicklung in dieser Zeit und die Nutzung von sirianischer Energien. Meine Aufgabe ist es, zu vermitteln. Das tue ich voller Dankbarkeit und Hingabe. Alles andere wächst und entwickelt sich durch und über dich weiter. Die Informationen sind wie Samen, die du erhältst. Du kannst sie auf deine eigene Art und Weise zum Keimen und Blühen bringen. Nutze, erweitere und gib sie weiter, wie du möchtest. So arbeiten wir zusammen. Daraus entsteht ein Lichtnetz um die Erde, und der neue Morgen wird zum Tag.

Möge uns alle das Licht der Weisheit durchströmen. Möge dadurch Frieden in und um uns und in der Gesamtheit des Universums Raum nehmen und sein. Die Pforten zu den sirianischen Wissensspeichern und Bibliotheken öffnen sich. Viel Freude beim Lesen und Umsetzen!

Von Herzen, Ava

2012

Der Countdown läuft. Vieles zentriert sich auf den Dimensionswechsel, der eine Veränderung des Bewusstseins bedeutet und für 2012 vorausgesagt ist. Da es zu diesem Thema mittlerweile schon so viele tolle Bücher und Informationen gibt, möchten wir an dieser Stelle nur das erwähnen, was für das weitere Verständnis des Isis-Schlüssels hilfreich ist.

Bis 2012 gehört es zu unseren Aufgaben, unsere Ganzheit anzunehmen. Das beinhaltet die Integration von (Seelen)Aspekten. Letztendlich ist es ein Weg der Heilung, der unsere Wahrnehmung, dass wir alle eins sind, vertieft. Wir können uns das so vorstellen, als würden wir nun in diesem Leben viele, sozusagen mehrere Leben leben und sie auch miteinander verbinden. Das ist durch die aktuelle Zeitqualität und die Schwingungserhöhung möglich und gleichzeitig auch ein Ausdruck dafür.

In früheren Inkarnationen widmeten wir uns beispielsweise während eines Erdenlebens einer Lehre. So beschäftigten wir uns die ganze Lebenszeit hauptsächlich oder auch ausschließlich nur mit einer Mysterienschule und waren Teil einer Gemeinschaft. Oft entschieden wir uns beziehungsweise unsere Seele sich, in ein bestimmtes Umfeld mehrmals hintereinander zu inkarnieren, um uns noch weiter auf die Weisheitslehre einlassen zu können. So kam es häufig vor, dass eine Seele, die wählte, in einem Leben den Weg der Isis-Priesterschaft zu gehen, dieses im nächsten wieder tat. Und vielleicht im übernächsten und überübernächsten noch einmal. So durchlief sie die Einweihungen mehrmals, bestätigte und erneuerte sie jedes Mal wieder, was die Priesterschaft vertiefte. Diese Wiederholungen lebten wir natürlich nicht nur in Weisheitsschulen und Glaubensgemeinschaften, sondern ebenso in anderen Begegnungen, Partnerschaften, beim Erlernen von Fähigkeiten, beim Wirken in bestimmten Arbeitsbereichen, beim Kennenlernen eines Themas, indem wir es von verschiedenen Seiten aus betrachteten usw.

Was ich damit sagen möchte ist, dass wir uns früher für ein Leben hauptsächlich einen Aspekt aussuchten, den wir erfahren wollten. Heute ist das anders. Es ist wirklich so, als würden wir mehrere Leben in einem leben. Deshalb gibt es auch immer wieder so viele Umbrüche, Veränderungen und Neubeginn in und um uns. Um unsere Ganzheit annehmen zu können, ist es nämlich wichtig, die Fülle dieser Leben im Hier und Jetzt zu vereinen. Für diese Integration und für die teilweise auch noch nötigen Heilungen und Lösungen, die mit den früheren Erfahrungen verbunden sind, berühren wir unsere Inkarnationen nochmals wie in einem Schnellverfahren. Teilweise bemerken wir es gar nicht so offensichtlich. Es geschieht einfach, beispielsweise während unserer „Nachtarbeit", über Träume, in Begegnungen, durch Bücher, Filme usw. Sichtbar und uns bewusster wird es manchmal dadurch, dass wir uns von einem Thema, einer Kultur, einem Land, einer Lebensphilosophie angezogen fühlen, mit dem oder der wir uns bisher vielleicht gar nicht so viel beschäftigt hatten. Plötzlich begegnen wir ihm beziehungsweise ihr überall. Es fällt uns permanent zu.

Doch wir können es auch anders erkennen. Nämlich indem wir Menschen treffen, zu denen wir von Anfang an eine sehr intensive und vertraute Verbindung spüren. Diese Begegnungen können uns große Veränderungen und Erweiterungen bringen. Manchmal verabschieden sich diese Personen genauso schnell wieder aus unserem Leben, wie sie gekommen sind. Die gemeinsame Aufgabe ist erfüllt. Die frühere Lebensgeschichte berührt, erlöst und integriert, je nachdem, was in diesem Zusammenhang wichtig gewesen ist. Nun kann jeder wieder seinen eigenen Weg weitergehen.

Oder es kann sein, dass sich innige Freundschaften unerwartet auflösen, obwohl man dieses nie für möglich gehalten hätte. Dadurch zeigt sich ebenso, dass etwas vollendet wurde und sich der Raum für etwas Neues geöffnet hat. Des Weiteren können wir es in unseren Partnerschaften und Arbeitsumfeldern beobachten und erfahren.

Die Um- und Ausbrüche, die Veränderungen, die in den genannten Bereichen stattfinden, hängen häufig mit dieser Vereinigung der vielen unterschiedlichen früheren Inkarnationserfahrungen zusammen. Auch dabei heilen, sammeln, lösen und integrieren wir. Beispielsweise ist es möglich, dass sich der Druck bei der Arbeit, selbst das Mobbing, intensiviert, weil es aufzeigen möchte, dass etwas zum Abschluss gebracht werden soll und ein Neubeginn, neue Aufgaben, neue Begegnungen warten. Diese wiederum können mit einem anderen, früheren Leben in Verbindung stehen, das es noch anzunehmen und zu integrieren gilt.

Einige von uns vollziehen diese Heilungsarbeit, Ganzwerdung und „Lebenszusammenführung“ über plötzlich auftretende Disharmonien und den physischen Körper. Wie auch immer wir die Erfahrungen ins Hier und Jetzt und in die Materie bringen, es ist eine Zeit der intensiven Transformation und Wandlung, in der wir uns befinden. Wir sind gut gefordert, und das, was uns dabei unterstützt, ist die Stille beziehungsweise in die Stille zu gehen. Nur so können wir uns auf eine Art wahrnehmen und spüren, in unserer Mitte und Zentriertheit sein, was uns Halt und Stabilität (in uns) gibt, den und die wir benötigen.

Gleichzeitig wird uns durch dieses „Integrationswirken“ unsere Multidimensionalität ein weiteres Mal vertrauter und bewusster. Dazu gehört auch die Wahrnehmung unserer parallelen Leben. Diese sind eigenständig, und dennoch kann es Berührungspunkte geben. So kann es beispielsweise sein, dass sich jemand für eine bestimmte Arbeitsstelle bewirbt. Seine Intuition und auch die Information, die die Geistige Welt dazu gibt, sagen, dass er sie bekommen und dort arbeiten wird. In seinem aurischen Feld ist diese Realität deutlich zu sehen und steht in Einklang mit der Gesamtheit, die er ist. Letztendlich erhält er dennoch eine Absage. Wie ist das möglich? Ein Grund dafür könnte sein, dass sich dabei auch zwei Leben berührten und dass der Mensch in einer anderen Daseinsebene die Stelle erhalten hat und dort nun zu arbeiten beginnt. Oder dass seine Affinität, sich für diese Aufgabe zu bewerben, überhaupt erst aus dieser Berührung heraus entstanden ist, weil er dort bereits wirkt und es auch weiterhin tun wird.

Diese Zeit ist ein großes Abenteuer für uns, in dem immer mehr möglich wird, mehr und mehr Unvorstellbares vorstell- und auch erfahrbar. Bei allem, was uns begegnet, werden wir auf uns selbst zurückgeworfen, um uns zu erkennen. Manche Situationen und Herausforderungen können uns dabei zuerst einmal verunsichern. Wir werden eingeladen, immer weniger zu bewerten und mehr in der Hingabe an das, was ist, zu sein. Das öffnet unser Herz, und ein kindliches Staunen nimmt in uns Raum. Dieses lässt uns dankbar sein, gelassen, humorvoll und in unserer Mitte ruhend, unabhängig davon, was sonst noch in und um uns ist. Alles ist wichtig. Alles ist richtig für den, der es erlebt und so, wie es ist. Es gibt immer mehrere Möglichkeiten.

Was haben die vielen Inkarnationen und ihre Auswirkungen auf dieses Leben nun mit dem Isis-Schlüssel zu tun? Es kann sein, dass du dich eben gerade aus diesem Grund mit Ägypten und im Speziellen mit Isis verbunden beziehungsweise dich davon angezogen fühlst. Es kann sein, dass dich dieser Schlüssel dabei unterstützt, genau diese früheren Inkarnationserfahrungen oder parallelen Leben zu berühren, möglicherweise zu heilen und zu integrieren. Deshalb wird es sich wahrscheinlich auch erst zu einem späteren Zeitpunkt herausstellen, ob der Isis-Schlüssel dich kurz begleiten wird und du dich dann wieder ganz anderen Dingen zuwenden, oder ob du dich länger mit ihm beschäftigen, ihn nutzen und auf deine Art und Weise weiterentwickeln und -geben wirst.

Die vorliegenden Informationen stellen keine Widersprüche zu anderen Lehren, Aussagen und Techniken dar, sondern sind aus meiner Sicht eine Erweiterung, die uns die Möglichkeit gibt, das große Ganze wieder ein wenig mehr zu erfassen und zu erfahren. All das gehört zu unserem Weg bis 2012 und auch noch Stückchen darüber hinaus. Denn es wird 2012 keinen großen Knall geben. Wir werden nicht plötzlich erwachen, und dann ist alles anders. Wir sind jetzt schon in der Schwingungsqualität von 2012, von dem, was vorher sein wird, also jetzt ist, dem, was 2012 noch mehr Raum nehmen und was nach 2012 sein wird. Das heißt, wir sind bereits im Hier und Jetzt in verschiedenen Dimensionen zu Hause, bewegen uns in und wechseln zwischen ihnen. Das geschieht bewusst und unbewusst. So dürfen wir dies auch nach 2012 noch weiter umsetzen, unsere Meisterschaft leben und nutzen, um den Neuen Morgen zu stabilisieren und zu entfalten. Wir werden also nicht „arbeitslos".

Durch den Bewusstwerdungsweg, den wir gerade beschreiten, verändern wir die Schwingung in uns und dadurch in weiterer Folge um uns. Das ist der Aufstieg in die Fünfte Dimension, die Erweiterung unseres Bewusstseins, die für 2012 vorausgesagt ist. Zu diesem Weg gehört die Zeit bis 2012, 2012 selbst und die Jahre darüber hinaus. Der Aufstieg wird häufig auch als Abstieg in die Materie bezeichnet. Das bedeutet, dass wir in und mit unseren physischen Körpern auf der Erde und gemeinsam mit ihr diesen Schritt der Schwingungsveränderung vollziehen. Dabei erfahren wir den Dimensionswechsel ein Stück weit so, wie wir davon überzeugt sind, dass er Raum nehmen wird, beziehungsweise spiegeln sich darin auch unsere eigenen Prägungen und Glaubenssätze wider. Denn wir gestalten, schöpfen innerhalb der kollektiven Schwingungserhöhung unseren persönlichen Aufstieg mit. Hier gelten die Resonanzgesetze des Universums in der gleichen Form wie in allen anderen Bereichen unseres Lebens.

Nun möchte ich dich einladen, unsere gemeinsame Reise beginnen zu lassen. Sie fängt in Avalon an. Avalon ist nicht nur ein Verbindungsort von Erde und Himmel, sondern auch ein Ort der Begegnung, der Kommunikation, der Berührung und dient der Heilungsarbeit.

Avalon, Sirius und Photonen

Das ist nun unser Ausgangspunkt. Avalon war, ist nach wie vor und wird immer strahlen. Es ist ein Ort der Begegnung, der Kommunikation, der Weisheit und der Verbindung. Wenn Avalon zu deinen Wurzeln gehört, kannst du diese durch das Reisen, Beschäftigen und Einlassen auf Avalon wiederfinden, stärken und bei Bedarf heilen. Dadurch eröffnet sich für dich der Zugang zu dem alten Wissen, und dann steht es dir als Erbe auch im Hier und Jetzt zur Verfügung.

Dieses Mal ist Avalon nicht das Ziel unserer Reise, sondern eine Durchgangspforte. Wir verbinden uns darüber mit Sirius. Für die Geburt des Kosmischen Menschen ist das Erinnern und Annehmen unserer Sternenheimaten und Sternenherkunft wichtig. Denn dieses Kosmische Kind, das wir (wieder) verkörpern dürfen, ist ein Erden- und Sternenkind. Avalon dient hier als Brücke und verbindet Himmel und Erde.

Wie du wahrscheinlich weißt, gehen wir davon aus, dass Glastonbury in England die dreidimensionalen Überreste von Avalon sind. Das Zentrum stellt(e) der Hügel dar, wobei ursprünglich dort noch ein alter Steinkreis stand, der nun nur noch energetisch vorhanden ist. Die Geistige Welt zeigte mir ein Bild, das mir die Verbindung zwischen Avalon und Sirius erklärte, was ich gerne mit dir teilen möchte. Sie sagte, ich solle mir den Hügel, den alten Steinkreis, also das Zentrum von Avalon vorstellen. Die Priesterinnen und Druiden stehen im Kreis. Dadurch aktivieren sich die

Erdkräfte, und ein Lichtkanal baut sich auf, der weit in den Kosmos geht und nun hier in unserem Kontext bis nach Sirius reicht. Im Inneren des Hügels, das einen Teil der genannten Erdkräfte repräsentiert, atmet und lebt ein wundervoller Drache beziehungsweise die Mutterschlange. Sie verkörpert die göttliche Urweiblichkeit, die Energie der Großen Mutter und der Erde. Sie steht mit den Erdgitternetzen und Leylines in Verbindung, und darüber mit anderen Drachenwesen, Schlangenenergien und auch der Erd-Kundalinikraft.

Avalon hatte immer schon einen regen Austausch mit sirianischen Geschwistern, denn viele der Priesterinnen und Druiden, die dort wirkten, kamen von Sirius. Es war eine ihrer Sternenheimaten. Bekannte Siriuswesen, die uns auch heute noch intensiv begleiten und berühren und denen wir in diesem Buch noch begegnen werden, sind beispielsweise Isis, Maria von Nazareth und Sirilia von Sirius. Sirilia gilt zum Beispiel als großer Wissensspeicher oder als Bibliothekarin von Sirius. Des Weiteren sind Delfine Sternenwesen von Sirius, die die Aufgabe haben, Energieverbindung und –fluss zwischen der Erde und Sirius aufrechtzuerhalten.

Jetzt möchte ich auf einige Begriffe, die für das weitere Verständnis der Zusammenhänge und dieser Zeitqualität wichtig sind, eingehen. Wenn wir die Entwicklung der Erde seit Atlantis betrachten, tauchen immer wieder die „Photonen“ auf. Das sind kleine Lichtteilchen. Es gab Phasen, in denen sich die Erde innerhalb des Photonengürtels befand, und diese wurden von jenen abgelöst, die sich außerhalb dieses Schwingungsfelds bewegten. Man sagt beispielsweise, dass sie zur Blütezeit von Atlantis in dieser Photonenenergie war und der Untergang von Atlantis mit dem Herauslösen aus dem Photonenband einherging. Nun kommen wir gerade wieder vermehrt in die Photonenenergie hinein beziehungsweise sind zum Teil schon mittendrin. Das gehört zum kollektiven Erwachen, und gleichzeitig fördert es den Aufstieg in die Fünfte Dimension. Denn das Einstrahlen der Photonenschwingung unterstützt unsere Entwicklung zum Kosmischen Wesen, die Erweiterung unseres Bewusstseins, die Durchlichtung der Materie, das Wiederentdecken unseres Potenzials und die Aktivierung der Zwölf-Strang-DNS.

Die andere Seite dieser Entwicklung ist, dass die Lichtteilchen aber auch vieles in Bewegung, in die Heilung, eben ans Licht, bringen, was zu Unruhen und vermehrten Spannungsfeldern führen kann. Das findet in uns statt und spiegelt sich in unserem Umfeld und auf der Erde wider. Deshalb kann es in dieser Zeit auch zu Erdbewegungen (in Form von Beben oder ähnlichem) kommen. Hier erinnert uns die Geistige Welt ganz klar an unsere Mitschöpferkraft. Sie fordert uns auf, keine Ängste zu haben, im Vertrauen zu sein und auf unsere Gedanken, Aussendungen und Manifestationen zu achten. Wir sind mit allem, was auf der Erde geschieht, verbunden. Wir gestalten es mit. Es liegt in unseren Händen. Wir beeinflussen die Auswirkungen der Photonenenergie auf die Entwicklung der Erde mit. Deshalb bittet uns die Geistige Welt, die Veränderungen, die unseren Aufstieg begleiten, anzunehmen, zu durchleben und bewusst darauf zu achten, unseren Fokus und unsere Aufmerksamkeit auf Frieden und Harmonie ausgerichtet zu halten. Das bedeutet zum Beispiel, immer wieder die Vision mit Leben zu speisen, dass die Erde ohne Beben und Überschwemmungen auskommt, dass es Frieden unter den Menschen gibt, alle genügend Nahrung und Wasser haben, die Grundbedürfnisse gedeckt sind usw.

Es gibt verschiedene Theorien zu den Photonen. Um die Plejaden wird ein Photonenring wahrgenommen. Deshalb nimmt man an, dass die Photonenenergie von den Plejaden aus die Erde berührt. Eine plejadische Sonne heißt Alcyone. Da eine weitere Annahme davon ausgeht, dass die Photonenschwingung von der Zentralsonne auf uns einwirkt, wird Alcyone manchmal mit dieser gleichgesetzt. Das möchten wir in diesem Buch nicht tun. Wenn wir hier von der Zentralsonne sprechen, meinen wir damit eine Schwingungsqualität, die alle solaren Energien dieses Universums in sich vereint, beziehungsweise aus der alle kommen. Es ist für uns eine Ursprungsenergie, eine solare Quellenergie. Sie ist für uns wie ein großes solares Bewusstsein, auf das man sich einschwingen und einlassen kann, in dem man sich vorstellt, durch unsere Muttersonne, die am Himmel scheint, hindurchzureisen. Durch die laufende Schwingungserhöhung und somit ständig steigende Einstrahlung der Photonenenergie kommt es aber auf jeden Fall zu einer Erweiterung der Verbindungskanäle zu Sirius. Deshalb wird der Kontakt zu unseren sirianischen Geschwistern in der Zeit des Übergangs noch mehr an Bedeutung gewinnen.

In dieser Zeit verändern sich nicht nur unsere menschlichen Körper, sondern auch die Körper der Erde. Bereits seit vielen Jahren werden die Gitternetze der Erde neu geordnet. Die Geistige Welt sagte, dass wir uns Gaia als blauen Planeten vorstellen sollten, der von einer wunderbaren, kristallin leuchtenden geometrischen Form umgeben ist. So erklärte sie uns das Kristallgitternetz der Erde, das auch als Christusgitternetz bezeichnet wird. Wenn das Kristallgitternetz der Erde kräftig pulsiert, geht es mit unserem Kristalllichtkörper in Resonanz und aktiviert diesen. Wir können uns das so vorstellen, dass unser Lichtkörper verschiedene Schichten hat. Die Aktivierung unseres Lichtkörpers ist kein linearer Prozess. Der Kristalllichtkörper bezeichnet für uns in diesem Zusammenhang alle Aspekte unseres Lichtkörpers, er umfasst seine Gesamtheit. Er wächst und leuchtet umso mehr, je strahlender unser Lichtkörper entfaltet ist. Häufig wird auch erwähnt, dass er 144 Schichten hat, und daraus ergibt sich seine uratlantische Ausrichtung. In den folgenden Kapiteln werden wir noch näher darauf eingehen.

An dieser Stelle schließt sich der Kreis zu Sirius und den Photonen. Die sirianischen Delfingeschwister unterstützen beispielsweise die Erde dabei, ihr Kristallgitternetzkleid zu tragen. Es ist unsere Aufgabe, ihnen dabei zu helfen. Deshalb ruft uns die Geistige Welt in dieser Zeit so oft dazu auf, mit den Delfinen zu kommunizieren, zu schwimmen und zusammenzuarbeiten. Gleichzeitig aktiviert sich dadurch unser eigener Kristalllichtkörper. Dieser wird auch Christus(licht)körper genannt und steht in direktem Zusammenhang mit unserer Mitschöpferkraft. Die Photonenenergie wiederum wird gerne als Christusenergie bezeichnet beziehungsweise als Aussendung der Christusenergie. Daraus ergibt sich erneut, dass die Photonenschwingung die Aktivierung unseres Kristalllichtkörpers fördert. Wir können erneut erkennen, wie schlüssig eigentlich alles zusammengehört und sich gegenseitig bedingt und ermöglicht. Die sirianischen Geschwister, die Photonenenergie, der Kristalllichtkörper – all das begleitet uns in den nächsten Kapiteln.

Doch nun möchte ich mit dir nach Avalon reisen. Es stellt unsere Basis, unsere Erde dar. Darauf aufbauend und verschiedene Aspekte mit einbeziehend werden wir uns immer weiter dem Sternenlicht von Sirius öffnen und uns der Führung von Isis hingeben. Das ist unser Weg.

In Avalon ankommen

Ziel der Meditationen in diesem Buch ist es, bestimmte Schwingungsqualitäten aufzubauen und Raum nehmen zu lassen, um mit ihnen in Kontakt zu kommen und sie zu nutzen. Die Energien berühren und aktivieren etwas in uns, was unser Er-Innern fördert. Er-Innern bedeutet, in uns zu gehen und in uns zu sein, in unserer Mitte, in unserem Herz, in unserem wahren Wesen anzukommen, darin zu ruhen und daraus zu schöpfen, zu leben und zu sein. Das geschieht durch das bewusste, vielleicht langsame oder auch laute Lesen. Du kannst dir die Meditationen aber auch selbst auf Band sprechen und sie hören, so oft du möchtest. Oder du lässt sie dir vorlesen und kannst sie ebenso anderen vorsprechen, beispielsweise in deinen Meditationsgruppen und Lichtkreisen. Des Weiteren können sie dir als Anregung dienen, wie ein Leitfaden, den du in der Verbindung mit deinem Hohen Selbst und der Geistigen Welt selbst erweiterst. Und nun lass uns nach Avalon reisen.

☆☆

Dazu mache es dir bitte bequem. Halte kurz inne, atme einige Male bewusst ein und aus und entspanne dich auf deine eigene Art und Weise. Komm im Hier und Jetzt an. Gehe mit deiner Aufmerksamkeit zu deinem Herzen und lass dort deinen göttlichen Funken strahlen. Dehne ihn aus, sodass er die Gesamtheit deines Herzens erfüllt. Er öffnet und weitet dein Herz. Jetzt.

Das Licht deines göttlichen Funkens breitet sich weiter in dir aus, bis er die Gesamtheit, die du bist, durchwirkt. Es durchströmt deine Wurzeln, deinen Erdkanal, und vereint dich so mit der Erde. Bitte nimm wahr, wie durch die Ausrichtung auf deinen göttlichen Funken Harmonie und Gleichgewicht in deinen Körpern und Energiezentren Raum nehmen. Du bist ein Lichtwesen. Werde dir dessen gewahr. Du bist ein Kind der Quelle. Jetzt und allezeit.

Erlaube dir wahrzunehmen, dass die Liebe der Quelle zu dir strömt. Sie nährt dich und versorgt dich mit allem, was du im Hier und Jetzt benötigst, um dich wohlzufühlen und dich ganz auf dich selbst einlassen zu können. Die Liebe der Quelle lässt alles heilen, was in diesem Augenblick in dir Heilung braucht. Du darfst frei sein. Jetzt.

Die Liebe der Quelle stellt dir so viel Zärtlichkeit, Selbstannahme, Mitgefühl und Frieden zur Verfügung, wie es dir guttut. Atme bitte tief ein und aus, um die Geschenke der Quelle an- und aufzunehmen. Jetzt.

Bitte nimm wahr, dass durch die Ausrichtung auf dein wahres Wesen die feinstofflichen Geschwister, die deine Seele auf ihrem Weg begleiten, beginnen, Raum zu nehmen. Alle Engel, alle Aufgestiegenen Meister, deine Geistführer, deine Sternengeschwister, die dir bereits vertraut sind, und auch jene, derer du dir noch nicht bewusst bist. Sie sind nun mit dir. Sie vermitteln dir, dass du ein vollkommenes, wundervolles Wesen des Lichts bist, geliebt und angenommen so, wie du bist, und ein Teil einer großen (kosmischen) Gemeinschaft.

Nimm deine Begleiter bitte auf deine eigene Art und Weise wahr. Sie sagen zu dir, dass sie wissen, dass du einen weiten Weg hinter dir hast und die Erfahrungen, die du wähltest, nicht immer einfach für dich gewesen sind. Sie durchströmen dich mit ihrem Licht, um dir zu vermitteln, dass du all dieses ablegen darfst, um in eine neue Schwingungsqualität einzutreten. Dabei wird die Schwere der alten Zeiten gewandelt, und Leichtigkeit kann wachsen und beginnt zu sein. Sie bitten dich erneut, bewusst zu atmen, um ihre Gegenwart tief in dich aufzunehmen. Jetzt.

Lege bitte deine Hand auf dein Herz. Spüre deinen Rhythmus und sei mit deiner ganzen Aufmerksamkeit dort. Nun erschaffe ein Bild in deinem Herzen. Es soll dir Avalon so zeigen, wie du die Erinnerung daran in dir trägst. Die Geistige Welt bittet dich, es so anzunehmen, wie es ist. Deine Lichtgeschwister laden dich ein, dieses Avalon deines Herzens nun zu betreten. Sei ein Teil von Avalon. Atme Avalon ein und aus. Atme alles, was für dich zu Avalon gehört, ein und aus. Lass dich darauf ein und erinnere dich.

Wisse, dass Erzengel Raphael Raum nimmt. Wenn es Speicherungen in deinen Körpern gibt, die bezugnehmend auf Avalon nun Heilung benötigen, so werden diese jetzt von Raphael berührt. Sein grünes Licht strömt ein und wandelt sie sanft und liebevoll. Bitte schenke Raphael die Erlaubnis, diese Prägungen verändern zu dürfen, sodass dir Kraft und Weisheit aus deinen Erinnerungen an Avalon zur Verfügung stehen können.

Während Raphael weiter in deinem Sein wirkt, nimm bitte wahr, dass du dich gemeinsam mit deinen feinstofflichen Geschwistern im Zentrum von Avalon befindest. Erkenne den alten Prozessionsweg, der auf den Hügel führt, und den Steinkreis. In seinem Zentrum wirst du von Priesterinnen aus Avalon und Druiden erwartet. Sie heißen dich willkommen, und berühren deine Stirn, um das Zeichen von Avalon, den blauen Halbmond, zu aktivieren. Sie nehmen dir deine Kleider ab und reinigen dich. Im Anschluss daran erhältst du neue, die deinen Zugang zu Avalon fördern. Du wirst in der Gemeinschaft auf- und angenommen. Du bist (erneut) ein Teil von Avalon.

Du bildest mit den Priesterinnen und den Druiden einen Kreis. Nun beginnt ein weißblaues Licht aus den Weiten des Kosmos in das Kreiszentrum einzustrahlen. In und aus dieser Energie formt und zeigt sich dir Morgana. Sie tritt aus dem Lichtstrahl, der bestehen bleibt, heraus, und ihr Segen fließt zu dir. Erneut wird dabei dein Herz berührt, und Morgana spricht zu dir: „Du, die du uns Schwester und der du uns Bruder bist, wir grüßen dich in deinem Sein. Wir möchten in dein Herz sowohl die Liebe der Mutter, als auch die Energie des himmlischen Vaters einfließen lassen, sodass es darüber eine Weitung erfährt. Denn wisse, dass es, um in das neue Schwingungsfeld, von dem gesprochen wurde, eintreten zu können, wichtig ist, in der Reinheit deines Herzens zu sein. Reinheit bedeutet, frei von Verletzungen zu sein. Deshalb darf nun alles, was dich kränkte, was dein Herz verschloss und es sich zusammenziehen ließ, gelöst und transformiert sein.

Das geschieht durch die Berührung der Erde und des Himmels. Bitte wähle ein Symbol für dein Herz, das seine Reinheit ausdrückt. Lass es in deinem Herzen erscheinen und in ihm sein. Jetzt.

Diese Reinheit, die du annehmen darfst, gleicht einer Schwingungsqualität, die wir als göttliche Unschuld beschreiben und bezeichnen möchten. Der Kosmische Mensch, der du eigentlich bist, ist ein Wesen der Unschuld. So lass bitte das Licht der Mutter und des Vaters in deinem Herzen wirken, damit du dich an diese Unschuld wieder erinnerst und sie strahlen kann. Alles, was dich belastet, lass los. Jetzt. Sei gesegnet."

Nun lädt Morgana dich ein, aus dem Kreis herauszutreten, um dich in die Mitte, direkt in den weißblauen Lichtkanal zu stellen. Tue dieses bitte jetzt.

Der Lichtstrahl ist auf Sirius ausgerichtet. Über ihn fließt nun sirianische Energie zu dir und durchströmt die Gesamtheit deines Seins. Deine Körper beginnen zu vibrieren. Vielleicht vernimmst du einen Ton? Du wirst auf das Eintreten in die Neue Energie vorbereitet. Für diesen Moment bist du eingeladen, dir die sirianische Energie vertraut zu machen. Lass sie einfach fließen, so lange du möchtest. Der Lichtstrahl ist gut im Inneren der Erde geankert, und deine Lichtgeschwister bitten dich, dich einfach dem Fluss der Energien hinzugeben. Atme tief und bewusst ein aus.

Wann immer es für dich stimmig ist, bedanke dich bei den Wesen und Energien, die dich berührten, und verabschiede dich für den Moment von ihnen. Löse dich aus dem Lichtstrahl, aus dem Zentrum von Avalon, um, von deinen Lichtgeschwistern begleitet, zurückzukehren in dein Sein im Hier und Jetzt. Erde dich und lass deine Wurzeln weit in den Schoß von Gaia wachsen. Sei präsent und zentriert.

☆☆☆

Jederzeit kannst du so nach Avalon reisen und in den Lichtkanal zu Sirius eintreten. Wozu dieses dient, werden wir zu einem anderen Zeitpunkt näher erklären, denn auch wir werden noch einige Male mit dir gemeinsam diesen Ort der Verbindung besuchen. Das ist erst der Anfang. Sei gesegnet. Amen.

Der Energiefluss zwischen Avalon und Sirius

Die Geistige Welt sagt, dass du dir, so oft du möchtest, das Zentrum von Avalon vorstellen kannst. Als Lichtwesen, das du bist, stehe dann in seiner Mitte. Nimm wahr, wie du dich dabei in dem Lichtkanal befindest, der aus dem Erdmittelpunkt bis zu Sirius reicht. Lass die Energien zwischen Erde und Himmel frei fließen. Du bist ein Vermittler. Spüre die Kraft, die aus dem Inneren von Gaia strömt. Sie gibt dir Stabilität, Vertrauen und nährt dich mit allem, was du benötigst, um dich im Hier und Jetzt wohlzufühlen.

Des Weiteren kannst du dabei mit der Urschlange, dem roten Drachenwesen, das im Herzen von Avalon ruht, Kontakt aufnehmen. Je mehr Menschen mit der Mutterschlange kommunizieren, umso lebendiger wird Avalon wieder und kann sein Licht leuchten lassen. Durch das Einlassen auf die Erdenergie wird der Lichtkanal in den Kosmos immer strahlender. Das wiederum fördert die Kommunikation und den Austausch mit den Sternengeschwistern von Sirius. Blauweiße, kristalline Energie von Sirius kann so die Materie berühren und durchdringen.

Die Urschlangenkraft steht mit deiner Kundalinienergie in Verbindung. Wenn du mit ihr wirkst, aktivierst du dadurch gleichzeitig auch die Schlangenkraft in dir. Das Licht von Sirius wiederum unterstützt die Entfaltung deines Kristalllichtkörpers und der Erde. Verweile in dem Energiefluss zwischen Avalon, der Erde und Sirius, so lange du möchtest.

Abschließend bedanke dich bei den Kräften und komme mit deiner Aufmerksamkeit ganz zurück in dein Sein im Hier und Jetzt, um dich zu erden und zu zentrieren.

Den verwundeten Heiler heilen

Avalon ist ein Ort der Heilung. Die Priesterinnen und Druiden wurden nicht nur in ihrer Hellsicht geschult, sondern ebenso als Heilerinnen und Heiler ausgebildet. Erzengel Raphael wird als Heilungsengel bezeichnet. Deshalb kannst du für deine Reisen nach Avalon jederzeit auch Erzengel Raphael einladen, dich zu begleiten und zu führen. Avalon ist aufgrund seiner heilenden Kräfte intensiv mit dem grünen Strahl verbunden. Wenn du dich in seinem Zentrum befindest, ist es möglich, um Heilung zu bitten, beziehungsweise leicht, die Freundschaft und den Austausch mit Raphael zu pflegen. Es gehört zum Aufstieg in die Fünfte Dimension, ein neues Verständnis für Heilung und Heilsein wiederzufinden. Es ist unser natürliches, kosmisches Geburtsrecht, heil zu sein.

In der folgenden Meditation vertiefen wir den Kontakt mit unserem inneren Heiler, indem wir uns selbst als Heilerin und Heiler annehmen. Das regt unsere Selbstheilungskräfte an. Doch noch viel mehr ermöglicht es uns, durch das Loslassen alter, einschränkender Erfahrungen neue Heilungswege zu beschreiten. Es ist eine Basis, die ein neues Bewusstsein des Heilens in uns schafft, das in weiterer Folge wiederum die Durchlichtung der Materie fördert und somit den Kontakt zu den Sternengeschwistern vertieft.

☆☆☆

Dazu mache es dir bitte bequem und entspanne dich auf deine eigene Art und Weise. Komme ganz an. Spüre dich und den Fluss der Energien in deinem Sein so, wie er ist. Jetzt.

Atme grünes Licht ein und aus. Grüne Energie durchströmt und hüllt dich ein. Es schenkt dir Geborgenheit und Vertrauen. Über das grüne Licht nimmt Erzengel Raphael mit dir Kontakt auf. Er berührt dich, nimmt dich an die Hand und lädt dich ein, dir vorzustellen, wie du nun mit ihm gemeinsam nach Avalon reist. Gemeinsam kommt ihr im Zentrum, im Lichtkanal, der Erde und Himmel (Sirius) verbindet, an. Atme bewusst ein und aus, um dich auf den Fluss der Energien einzulassen. Jetzt.

Nun bittet Raphael dich, deine innere Heilerin, deinen inneren Heiler, einzuladen. Erlaube dir, sie oder ihn auf deine eigene Art und Weise klar und deutlich wahrzunehmen. Deine innere Heilerin und dein innerer Heiler vereinen in sich die vielen Erfahrungen, die du in deinen früheren Inkarnationen als Heilerin und Heiler gemacht hast. Sie tragen das gesamte Heilwissen in sich, das du in verschiedenen Ländern, Ausbildungen und Einweihungen gesammelt und genutzt hast. Das beinhaltet sowohl die kraftvollen und erlösten, als auch die noch schmerzhaften und unerlösten Erfahrungen. Die Zweiten wirken im Hier und Jetzt in der Form, dass sie dich an deinen Fähigkeiten und Möglichkeiten zweifeln lassen und dadurch die Annahme und die Aktivierung deiner Selbstheilungskräfte einschränken. Raphael möchte dich unterstützen, diese zu wandeln. Jetzt.

Er bittet dich, deine Heilerin, deinen Heiler, einfach zu betrachten. Der Engel fragt dich, ob du erkennst, dass sie dein eigenes, heilendes Potenzial repräsentieren. Bist du bereit, es anzunehmen? Bist du bereit, den Weg des Heilens in der neuen Form zu gehen? Wenn du diese Frage mit einem „Ja" beantworten kannst, lädt Raphael dich ein, deiner Heilerin und deinem Heiler die Hände zu reichen. So beginnt sich das grüne Licht, das dich immer noch durchwirkt, auszudehnen. Es fließt über deine Hände zu deiner Heilerin und deinem Heiler. Dadurch beginnen sich die alten, belastenden, unerlösten Erfahrungen und Verletzungen zu wandeln. Atme tief ein und aus. Jetzt.

Die grüne Heilenergie steht nun zur Verfügung und wirkt, wie auch immer es dir guttut und für dich heilsam ist. Während sie fließt, spricht Raphael zu dir. Er sagt, dass der neue Weg des Heilens bedeutet, dass die Heilungen, die du für dich selbst als auch für andere vollziehst, in Leichtigkeit sein dürfen. Du brauchst dabei beispielsweise nichts mehr zu übernehmen, denn die Heilungen sind nicht mehr an die Gesetzmäßigkeiten und an die Energie des Fischezeitalters gebunden. Wisse, es geht darum, dass du als Heilerin und Heiler mutig sein sollst. Das, was manches Mal unmöglich zu sein scheint, darfst du als Heilerin und Heiler für möglich halten. Tritt ein in die Weite deines Bewusstseins. Sei grenzenlos in den Vorstellungen deiner Möglichkeiten. Denn das, wovon du als Heilerin und Heiler überzeugt bist, gibt einen Rahmen vor, ist eine Manifestation, die deine Heilungen mit bestimmt.

Wenn du als Heilerin und Heiler glaubst (oder den Glau-

benssatz als Speicherung in dir trägst), dass eine Disharmonie beispielsweise zu bremsen aber nicht zu heilen ist, manifestierst du dieses mit. Deshalb bitten wir dich, dein Bewusstsein zu weiten und alles für möglich zu halten. Das hat nichts mit Hochmut oder einer überhöhten Selbsteinschätzung zu tun. Wir laden dich ein, dass du mit der grundsätzlichen Einstellung, dass alles möglich ist, deine Heilarbeit vollziehst und sie auch immer mehr verinnerlichst. Während du dieses tust, stellst du dich als Kanal und somit als Werkzeug zur Verfügung. Somit kann alles geschehen, was sein soll, was nicht deinem persönlichen Willen, sondern dem deiner Seele entspricht. Auch für die Veränderungen, die in dieser Zeit im medizinischen Bereich Raum nehmen dürfen, für die Manifestation der sogenannten Neuen Medizin, ist es wichtig, grenzenlos in deinem Bewusstsein zu sein. Warum sollte ein Organ, das entfernt wurde, nicht nachwachsen können? Gehe einfach davon aus, dass es möglich ist.

Des Weiteren gehört es zum Heilen in der neuen Form, dass Geben und Nehmen dabei in der Balance sein dürfen. Du brauchst dich in deinem Wirken nicht mehr zu verausgaben. Du darfst mit dir selbst achtsam, liebevoll und wertschätzend sein. Durch die Heilung deiner Heilerin und deines Heilers und die momentane Berührung, die einer Annahme gleicht, nimmst du die neue Art zu heilen in dir auf und beginnst, sie zu integrieren. Das grüne Heilungslicht durchströmt dich, deine Heilerin und deinen Heiler. Jetzt. Dabei wird alles, was dem neuen Weg des Heilerseins nicht mehr dient, sanft in die Wandlung und Transformation gebracht.

Erzengel Raphael bittet dich nun, deine Heilerin und deinen Heiler als erfüllte, zufriedene, glückliche und kraftvolle Wesen wahrzunehmen. Die Last der Vergangenheit, die Erinnerungen an Unterdrückungen und Verfolgungen, die Einsamkeit, mögliche Versprechen, Glaubenssätze und Gelübde, die du in diesem Zusammenhang erschaffen und abgelegt hast, die versuchten den Schmerz zu unterdrücken, oder ihn bestätigten, können sich nun in der grünen Energie verwandeln und heilen. Deine Heilerin und dein Heiler dürfen frei sein.

Atme bitte tief ein und aus. Jetzt ist die Zeit der Heilung. Raphael berührt dein Sein und stärkt deine Wurzeln, sodass sich das Alte leicht verabschieden kann. Der Engel bittet dich, keine Angst vor deinem Potenzial zu haben. Du darfst deine Fähigkeit zu heilen wieder ganz annehmen und leben. Erlaube dem grünen Licht, deine diesbezüglichen Unsicherheiten, Selbstbewertungen und Selbstzweifel nun zu durchwirken und zu verwandeln. Raphael stellt dir dafür alles zur Verfügung, was du benötigst: Anerkennung, Wertschätzung, Angenommensein, Bestätigung und Vertrauen. Durch die Unterstützung des grünen Strahls kannst du dich mehr und mehr auf deine strahlende Heilerin und deinen leuchtenden Heiler einlassen. Sie gehören zu dir, sind Teile von dir.

Je mehr das grüne Heilungslicht wirkt, umso leichter wird es jetzt für dich, deine Heilerin und deinen Heiler liebevoll in deine Arme zu schließen. So beginnst du, dich ganz mit ihnen zu vereinen. Werde eins mit deiner Heilerin. Werde eins mit deinem Heiler. Werde eins mit der heilenden Kraft, die in dir ist. Werde eins mit der Fähigkeit, dich selbst zu heilen. Werde eins mit deiner Aufgabe, anderen Heilung zu sein, so, wie es deinem Seelenplan entspricht. Werde eins mit deiner Fähigkeit, Kanal für heilende Energien zu sein, und lass deine Handchakren kraftvoll pulsieren und sich erweitern, um dir dabei zu dienen. Werde eins mit der Fähigkeit, zu sehen und klar zu erkennen, was im jeweiligen Moment benötigt wird. Werde eins mit all deinem alten Wissen, das du dir in deinen früheren Inkarnationen und Seinsformen erworben und erarbeitet hast. Werde eins mit der neuen Form des Heilerinnen- und Heilerseins. Jetzt.

Grünes Licht durchströmt dich. Atme bewusst ein und aus, um die Vereinigung zu fördern. Jetzt.

Nun bittet Raphael dich, die folgende Affirmation so oft zu wiederholen, bis du spürst, dass du sie in allen Ebenen deines Seins, bis hinein in die Zellen deines physischen Körpers annehmen kannst. Sie lautet:

„Ich bin eine Heilerin, ich bin ein Heiler der Neuen Zeit, in der neuen Form. Jetzt und allezeit.“

Lass die Worte in der Gesamtheit, die du bist, nachklingen und wirken. Raphael erklärt dir, dass die Grundschwingung von Avalon hilft, das heilende Potenzial, das in dir ist, anzunehmen. In diesem Zusammenhang kannst du es, so oft du möchtest, besuchen. Durch diese Annahme erweitern sich wiederum deine Verbindung zum Kosmos und deine Fähigkeit, Botschaften von deinen Sterngeschwistern zu empfangen.

Raphael bedankt sich bei dir. Er ist voller Freude, dich von nun an als ein bewusstes Werkzeug des Heilens hier auf der Erde zu wissen. Grünes Licht durchströmt dich und die Heilerin und den Heiler, die und der du bist. Atme tief ein und aus und lass die Energien frei fließen.

Wenn es für dich stimmig ist, verabschiede dich aus dem Zentrum von Avalon und komme mit einer bewussten Entscheidung, von jetzt an diese Heilerin und dieser Heiler in der neuen Form zu sein, zurück in dein Hier und Jetzt. Bedanke dich bei dir selbst, deiner Heilerin und deinem Heiler, bei Erzengel Raphael, dem grünen Strahl der Heilung, dem Licht von Avalon und allen anderen Wesen und Energien, die dich unterstützten.

Raphael ist an deiner Seite, wann immer du möchtest. Erde und zentriere dich nun. Verkörpere dein Heilersein in der Materie. Jetzt und allezeit. Sei gesegnet. Amen.

Sirianisches Kristalllicht

Wie wir bereits erwähnten, unterstützt die Grundschwingung von Avalon die Annahme deiner heilenden Fähigkeiten und Möglichkeiten. Je mehr du dir erlaubst, die Heilerin und der Heiler zu sein, die und der du bist, und damit deine Selbstheilungskräfte stärkst, umso intensiver entwickelt sich daraus deine Verbindung zum Kosmos, in unserem Fall hier zu Sirius. Deshalb laden wir dich nun zu einer weiteren Meditation ein. Wir schließen an die letzte an und gehen noch ein Stück tiefer, in die Integration deiner heilenden Kräfte, und lassen das Licht von Sirius mit einfließen. Dadurch wird die Aktivierung des Kristalllichtkörpers initiiert. Er ist ein Ausdruck deiner Vollendung und wird uns in den nächsten Kapiteln immer wieder begegnen. Wir bitten dich, dich einfach darauf einzulassen, ihn auf deine eigene Art und Weise wahrzunehmen und seine Bedeutung für dich zu erkennen.

Die nächste Reise dient dir, um deine Entwicklung zu beschleunigen und deinen Energiefluss im Sinne der Zeitqualität zu erweitern.

☆☆☆

Dazu mache es dir bitte bequem. Atme bewusst ein und aus, um dich zu entspannen. Sei mit deiner Aufmerksamkeit ganz in und bei dir. Nimm dich einfach wahr. Spüre über dein Basiszentrum deine Wurzeln und deinen Erdkanal. Lass deine Erdverbindung stark und strahlend sein. Erinnere dich daran, dass du Licht bist. Dieses dein göttliches Licht lass nun in allem, das du bist, leuchten: in deinem Basiszentrum, in deinen Wurzeln, in deiner Verbindung und in deiner Einheit mit der Erde. Alle deine Chakren und Körper sind Licht. Du bist ein Lichtwesen, und als dieses bitten wir dich nun, dein Herz wahrzunehmen. Öffne es ganz sanft und lass die unendliche Liebe, die in seinem Zentrum ist, fließen. Sie strömt aus, um die Gesamtheit, die du bist, zu durchdringen. Bade in dieser Liebe. Jetzt.

Durch diese Liebe lösen sich Formen der Strenge, der Bewertung, der Kritik im Umgang mit dir selbst auf, und ein tiefes Annehmen deiner Selbst, so, wie du bist, beginnt in dir zu wachsen. Atme einige Male tief ein und aus. Lass die Liebe wirken.

Nun betritt Erzengel Raphael deinen Raum. Sein grünes Licht berührt und hüllt dich ein. Es fördert die Freiheit, die Weite und Leichtigkeit in deinem Sein. Raphael bittet dich, jetzt deine Heilerin und deinen Heiler einzuladen, sich zu verkörpern und bewusst zu sein. Richte dich darauf aus und sei mit jeder Faser, mit jeder Zelle, mit allem, was du bist, nun die Heilerin und der Heiler der Neuen Zeit.

Dann führt Raphael dich als Heilerin und Heiler, die und der du bist, durch die Schleier der Illusion in das Zentrum des Kraftorts, der Avalon ist. Der Engel kommt mit dir dort an. Nimm einen bewussten Atemzug und lass dich auf den dir bereits vertrauten Lichtkanal ein. Er reicht tief hinein in den Schoß der Erde, berührt die Urschlangen-

kraft, die dich stärkt und unterstützt. Gleichzeitig führt er in den Kosmos und berührt Sirius. Gemeinsam mit Raphael stehst du in diesem Lichtstrahl, der für dich nun wie ein Aufzug ist, mit dem du reisen kannst.

Erzengel Raphael hebt dein Bewusstsein. Er breitet seine Flügel aus, um dich durch den Lichtkanal höher und höher zu tragen, um die Schwingungsebene von Sirius zu berühren und zu betreten. Hier bringt der Engel dich zu einem Kristalltempel, der aus unzähligen funkelnden und leuchtenden Kristallen geformt ist. Klarheit strahlt von ihm aus: Kristallklarheit. Spüre die Vibration, die von ihm ausgeht. Atme sie ein, nimm sie auf und gleite ganz sanft in das Innere des Kristalltempels. Auch hier leuchten überall strahlende Kristalle. Sie funkeln. Dabei erzeugen sie hohe Töne, die du vielleicht nicht alle hören kannst, doch sie sind spürbar. Delfinwesen heißen dich willkommen, und auch sie scheinen aus reiner, kristalliner Energie zu sein. Sie zeigen dir zwei Kristallspitzen. Eine davon schaut ein wenig aus dem Boden, und die andere strahlt von oben herab. Ihr Spitzen zeigen zueinander, und zwischen ihnen ist so viel Platz, dass du dich leicht und bequem hineinstellen kannst, was wir dich bitten, nun zu tun. Es sind zwei Transmitterkristalle.

Während du bei den Kristallspitzen verweilst, kommen noch andere sirianische Lichtgeschwister zu dir in den Kristallraum. Durch Handbewegungen und über das Zeichnen von Symbolen aktivieren sie die Kristalle, zwischen denen du dich befindest. Ihre Energien beginnen zu fließen. Von der Spitze, die aus dem Boden ragt, tanzt eine Spirale des Lichts durch die Gesamtheit, die du bist, empor. Auch von der oberen Kristallspitze geht jetzt ein Lichtstrahl aus, der eine Spirale bildet und durch dich nach unten strömt. Deine Begleiter sagen, dass nun die Neuordnung in deinem System beginnt.

Das kristalline Licht bewegt sich durch deine Wirbelsäule. Es bringt Entlastung und fördert den Durchfluss. Es unterstützt die Wahrnehmung und die Aktivierung deiner Kundalinienergie. Das Kristalllicht durchströmt die Gesamtheit deines physischen Körpers. Die sirianischen Lichtgeschwister bitten dich, mögliche Disharmonien, die im Moment in deinem Körper sind, von dieser Kristallenergie ganz bewusst durchstrahlen zu lassen. Dabei nimm wahr, wie sich die Dichte und dadurch die Speicherungen lösen, in Licht auflösen. Des Weiteren laden sie dich ein, das Kristalllicht allen Organen und Zellen deines physischen Körpers zur Verfügung zu stellen. Lass eine Durchleuchtung sein, wodurch sich auch hier Prägungen und Speicherungen von möglichen Affinitäten zur Manifestation von physischen Disharmonien auflösen. Das Kristalllicht durchströmt deine Drüsen. Programmierungen, die deinen Hormonhaushalt so beeinflussen, dass dadurch Alterungsprozesse und Sterbevorgänge in dir gefördert werden, lösen sich in Licht auf, um sich in die Annahme der Unendlichkeit des Seins zu wandeln. Das Kristalllicht löst alle Einschränkungen, die deinen physischen Körper bisher hinderten, sein volles göttliches Potenzial zu leben.

In deinem Körper erwacht nun ein neues Bewusstsein. Dabei bitten dich deine Begleiter, noch vorhandene mögliche Widerstände gegen die Materie und deinen physischen Körper loszulassen, auszuatmen. Sei zufrieden, das heißt, sei im Frieden mit deinem wundervollen, physischen Körper. Nimm ihn als Lichtkörper wahr. Schenke ihm die Erlaubnis und die Möglichkeit zu sein, was er eigentlich ist. Atme tief ein und aus. Nun dehne das Kristalllicht aus. Erfülle alle emotionalen, mentalen und spirituellen Schichten und Ebenen jetzt mit dieser Energie. Dadurch beginnen sich Schwingungsunterschiede zwischen deinen einzelnen Körpern auszugleichen und zu harmonisieren. Ungleichgewichte und Spannungsfelder lösen sich auf. Alle Körper sind gleichwertig. Sie bilden eine Einheit. Erlaube dir und ihnen, dass diese Einheit Raum nehmen darf. Das Kristalllicht manifestiert diese Einheit jetzt. Deine Lichtgeschwister laden dich ein, dich in der Gesamtheit, die du bist, erneut als Lichtwesen wahrzunehmen. Sie sagen, dass du immer ein Lichtwesen gewesen bist. Erinnere dich wieder daran.

Während das Kristalllicht durch deine Körper strömt und Einheit schafft, durchwirkt es ebenso alle deine Energiezentren, sowohl deine personalen, wie auch deine transpersonalen Chakren, deine Hauptenergiezentren, wie auch deine Nebenchakren. Atme bitte tief ein und aus.

In jedem deiner Energiezentren setzt das Kristalllicht nun einen Impuls des Lichts. So können sich auch hier Verengungen und Einschränkungen, die dir nicht mehr dienen, lösen. Deine Begleiter bitten dich, nichts festzuhalten. Erlaube dir, im Fluss zu sein. Sie sagen, dass sie wissen, dass für uns Menschen das Loslassen von Leid-

informationen manches Mal schwierig ist. Es ist uns so vertraut. Wir sind es schon so gewohnt, weil wir uns so viele Leben über das Leid identifiziert haben. Wir haben uns über das Leid gespürt, wahrgenommen, und es war uns auch eine Motivation, um zu lernen, uns zu entwickeln und zu wachsen. Deshalb macht es uns auch immer wieder Angst, alte Erfahrungen und Belastungen loszulassen. Es verunsichert Aspekte von uns.

Deine Lichtgeschwister möchten dich unterstützen und lassen ihre Liebe zu dir strömen. Liebe darf das in dir ersetzen, was vorher Leid gewesen ist. Sie laden dich ein aufzuhören, dich über leidvolle Erfahrungen zu definieren. Erfahre dich bitte über die Freude, auch wenn es noch etwas ungewöhnlich und ungewohnt für dich sein sollte. Das Kristalllicht, das dich nach wie vor durchwirkt und erfüllt, möchte dir dabei helfen.

Durch die Durchlichtung deines Seins, durch die Ausrichtung auf die Freude, beginnt nun der Aufbau und die Aktivierung deines Kristalllichtkörpers. Dazu berühren dich die sirianischen Wesen an deiner Seite. Atme tief ein und aus und erlaube dir, deinen Kristalllichtkörper auf deine eigene Art und Weise wahrzunehmen. Lass dir dafür so viel Zeit, wie du möchtest. Abschließend manifestiere im Namen deiner Ich-Bin-Präsenz die Wandlung in der Materie. Das heißt, dass du auch im Hier und Jetzt ein Lichtwesen bist, das einen Lichtkörper trägt und als Ausdruck seiner Vollkommenheit seinen Kristalllichtkörper aktiviert hat.

Für den Moment ist es nun genug. Die Gesamtheit, die du bist, benötigt etwas Zeit, um die Veränderungen zu integrieren und auf die Erde zu bringen. Deshalb bitten wir dich, dich in deinem Tempo und auf deine Art und Weise von den sirianischen Lichtgeschwistern zu verabschieden. Bedanke dich bei den Kristallen und tritt aus ihrem Energiefluss heraus. Löse dich aus dem Kristalltempel und lass dich von Raphael über den Lichtkanal zurück in das Zentrum von Avalon bringen. Von dort kehre mit ihm gemeinsam zurück in dein Sein im Hier und Jetzt.

Danke auch Raphael für seine Unterstützung. Im Anschluss daran erde und zentriere dich, um in der Gesamtheit, die du bist, vollkommen präsent zu sein. Ruhe dich noch ein wenig aus, um den Veränderungen in deinem Sein nachzuspüren. Wir werden zu einem späteren Zeitpunkt das Wirken mit deinem Kristalllichtkörper fortsetzen. Sei gesegnet. Jetzt und allezeit. Amen.

Avalon – Erdkundalini – Erdheilung

An dieser Stelle möchten wir die Themen der letzten Seiten noch einmal zusammenfassen, damit wir dann einen Schritt weitergehen können. Die Reise nach und die Energie von Avalon unterstützt dich also, um dein Heilerpotenzial anzunehmen und die Kommunikation mit den Naturwesen zu fördern. Des Weiteren vertieft das Licht von Avalon den Kontakt zu den Drachengeschwistern, der Mutterschlange und der Erdkundalini. Das ist dann für dich besonders hilfreich, wenn es zu deiner Seelenaufgabe gehört, Orte dieser Erde zu bereisen, die Unterstützung benötigen. Es kann sein, dass sie nicht mehr so kraftvoll pulsieren wie einst, weil ihre Verbindung zur Erdkundalini aus den verschiedensten Gründen gestört ist. Vielleicht ist es deine Erdheilungsaufgabe, den Energiefluss wieder zu aktivieren. Dazu fordert die Geistige Welt Menschen immer wieder auf, an diese Plätze zu gehen und dort zum Beispiel Drachengeschwister, die im Inneren schlafen, zu erwecken. Manchen von ihnen wird für die Erfüllung dieses Auftrags auch ein Drachenei übergeben, das sie in die Heimat des Drachenwesens zurückbringen dürfen. Das kann ein Erdenort sein oder irgendwo im Kosmos.

Die Erdkundalini ist auch ein großes, liebesvolles und mächtiges Schlangen- und Drachenwesen. Sie hat sozusagen viele Kinder auf der ganzen Erde verstreut. Das sind die Schlangen- und Drachenenergien, denen du beispielsweise an einzelnen Kraftplätzen wie Avalon begegnen kannst. Wenn nun die Kommunikationslinien zwischen dem Mutterwesen und ihren Drachenkindern frei, stabil und heil sind, fühlen sich die Plätze und die Menschen, die an ihnen leben oder dort wirken, wohl. Beide können ihr ganzes Potenzial entfalten und nutzen, sind in der Balance, und ihre Entwicklung wird gefördert.

Die Verbindungslinien zwischen der Erdkundalini und ihren Schlangenkindern bilden sozusagen ein Drachen(linien) netz rund um die Erde. Es besteht aus kleineren und größeren, bekannteren und unbekannteren Energie- und Kraftlinien. Man könnte es auch als ein Meridiansystem von Gaia bezeichnen. Es ist mit den verschiedenen Gitternetzen verbunden. Je kräftiger, durchlässiger und leuchtender dieses Drachennetz ist, umso schneller baut sich der Kristalllichtkörper der Erde auf und stabilisiert sich. Da wir mit unserer Sternenschwester Gaia Hand in Hand in die Fünfte Dimension gehen, spiegelt sich hier wider, was dadurch auch in uns geschieht. Erdheilung bedeutet also die Vernetzung der Drachen- und Schlangenenergien, die Aktivierung der Kraftorte und die Erweiterung und Stabilisierung von Gitternetzen.

Was wir vielleicht bisher vergessen haben zu erwähnen ist, dass die Erdkundalini und ihre Schlangen- und Drachenkinderwesen liebevolle und weise Töchter der Shekaina sind. Shekaina ist der Name der Urweiblichkeit dieses Universums, eine Bezeichnung für Muttergott. Für die Veränderungen, die bezugnehmend auf den Neuen Morgen, also auf die Zeit nach 2012, angekündigt sind, heißt es, dass die weibliche Energie einen neuen Stellenwert hier auf der Erde erhalten wird. Doch darauf möchten wir in den späteren Kapiteln noch näher eingehen.

Jetzt kehren wir dazu zurück, dass das, was im Außen beispielsweise über und durch die Erdheilung geschieht, auch Auswirkungen auf die Beteiligten und letztendlich auf alle Menschen hat. Wenn nämlich das Meridiansystem der Erde in Harmonie ist, aktiviert beziehungsweise intensiviert sich dadurch die Energie der Erdkundalini. Das wiederum regt in uns das Erwachen unserer Kundalinienergie an, was in weiterer Folge die Aktivierung unseres Kristalllichtkörpers unterstützt. Früher war es wenigen geschulten Auserwählten möglich, die eigene Schlangenkraft zu nutzen. In dieser Zeit gehört es auch zum Aufstieg in die Fünfte Dimension, dass sie in jedem Menschen aktiviert werden soll und auch wird. Denn das Kundalinilicht steht mit unserer Mitschöpferkraft und somit Christuspräsenz in Verbindung. Deshalb wird uns die Kundalinienergie auch immer wieder begegnen und durch dieses Buch begleiten.

Die Geistige Welt erklärte, dass das Erwecken unserer Schlangenkraft, so, wie letztendlich alle unsere Entfaltungen, auch die Kristalllichtkörperaktivierung, kein linearer Weg ist. Es findet in Wellen, Kreisen und Spiralen statt. Je lebendiger unsere Kundalini ist, umso stärker ist unsere Manifestationskraft. Unsere feinstofflichen Begleiter bitten uns, uns ihrer mehr gewahr zu werden und zu sein. Sie regen an, sie vermehrt bei unseren alltäglichen Arbeiten zu nutzen. Wir dürfen darauf achten, vermehrt im Jetzt und dabei, was wir gerade tun, zu sein. Das bündelt und fokussiert die Energien.

Als Nächstes können wir laut oder leise beginnen,

das zu affirmieren, was wir für uns und das große Ganze stärken möchten. Wenn wir beispielsweise staubsaugen, wäre es möglich, dabei „Ich kläre alle Ebenen, Räume und Schwingungsfelder, sodass die Fünfte Dimension in Leichtigkeit und Sanftheit Raum nimmt und ist!“ zu wiederholen. Sie macht den Vorschlag, zum Beispiel beim Kochen mehrmals zu formulieren, dass jeder, der diese Nahrung aufnimmt, liebevolle Heilung in allen Ebenen seines Seins erfährt. Die Geistige Welt bittet, unsere Manifestationskraft auf diese Art zu nutzen, auch wenn wir Bilder malen, Dinge formen, mit dem Auto fahren oder bügeln. Des Weiteren schließt sie den Kreis nochmals zu Avalon und lädt dich ein, in sein Schwingungsfeld einzutreten und es in dir wirken zu lassen, so lange du möchtest, wenn du dich beispielsweise in deinem Körper, auf dieser Erde oder in deiner Familie nicht wohlfühlen solltest. Denn Avalon schenkt dir das Gefühl von Heimat, von Angekommensein und von Ganzheit. Avalon ist Geborgenheit. Avalon ist Hoffnung. Avalon ist Mut. Avalon ist Zuhause. Avalon ist in dir. Sei gesegnet. Amen.

Sirius Kristalllicht – Lichtsprache – Delfingeschwister

Nun möchten wir uns nochmals dem Sternenlicht von Sirius öffnen. Wann immer du im Zentrum von Avalon stehst, in Kontakt mit den Drachenenergien bist, kannst du wahrnehmen, wie sich der Lichtkanal in den Kosmos aufbaut. Über ihn fließt Sternenlicht in die Materie. Du hast aber auch die Möglichkeit, ihn wie einen Lichtaufzug zu nutzen, um nach Sirius zu reisen, beispielsweise in den Kristalltempel, den du bereits kennst. Die kristalline Sternenenergie von Sirius, die dich dabei durchströmt, schafft Einheit in deinen Körpern, fördert ihre Durchlässigkeit und Schwingungserhöhung. Es unterstützt dich, dich aus der noch nicht geheilten Dualität herauszulösen, um in die Schwingungsqualität der Fünften Dimension einzutreten.

Die Siriusenergie lädt dich ein, vermehrt mit Kristallen zu wirken und fördert die Kommunikation mit den Kristallwesen. Das sirianische Sternenlicht lässt dich Klarheit finden, in welchem Zusammenhang auch immer du sie benötigen solltest.

Ein weiterer wichtiger Aspekt, der zu dieser Zeitqualität und zum Aufstieg in die Fünfte Dimension gehört, ist die Entwicklung und das Nutzen von Lichtsprachen. Teile der (irdischen) Lichtsprachen sind beispielsweise Keimsilben aus den Ursprachfamilien, wie das Mantra OM. Die Geistige Welt bittet dich an dieser Stelle, in der Verbindung mit und im Energiefluss von Sirius zu sein, dich hinzugeben, um weitere kosmische Töne auf die Erde zu bringen. Die

Lichtsprachen bauen ein Lichtnetz und somit eine Energieschwingung auf, die den Dimensionswechsel erleichtern, ebenso unterstützen sie die Entwicklung unserer Fähigkeiten und neuer Technologien. Deshalb lass, wann immer du möchtest, sirianisches Sternenlicht durch dich wirken, fokussiere dich auf „Lichtsprache“ und dann erlaube dir, die Impulse, die du erhältst, zu übersetzen und zu übermitteln. Dabei kannst du sie sprechen oder tönen. Ebenso ist es möglich, sie einfach zu spüren und als Vibration, als Energie, über deine Hände oder die Gesamtheit, die du bist, auszustrahlen und in die Materie zu lenken. Vielleicht nimmst du dabei Farben, geometrische Formen, Muster oder Symbole wahr. Sie gehören auch zu den kosmischen Lichtsprachen. Die Geistige Welt bittet dich, beim Empfangen dieser Zeichen auf deine Intuition zu hören. Sie sagt dir, wie du sie nutzen sollst. Es gibt Symbole und Formen, die nur für den Augenblick wichtig sind. Andere wiederum sind für einen längeren Zeitraum hilfreich und können entsprechend weiter und öfter mit einbezogen werden. In der Verbindung mit Sirius wirst du ihre jeweilige Bedeutung erkennen. Vertraue dir selbst. Die Kornkreise sind auch eine Form von Lichtsprache. Wir laden dich also ein, dich auf die Lichtsprachen einzulassen, sie zu „sprechen“ und zu nutzen.

Des Weiteren vertieft das sirianische Sternenlicht den Kontakt zu den Siriusgeschwistern, die die Delfine sind. Dazu regen die feinstofflichen Begleiter dich an, in den Sirius-Kristalltempel zu reisen und dort selbst die Form eines strahlenden, kristallinen Delfins anzunehmen. Kehre dann gemeinsam mit anderen Delfinlichtwesen in die Meere und

Ozeane der Erde zurück. Hier begegnet ihr den irdischen Delfingeschwistern. Lass nun das sirianische Licht in das Meerwasser ausstrahlen. Deine Delfinbegleiter tun dieses auf ihre Art und Weise. Dadurch klärt und verändert ihr das Wasser, in dem ihr euch bewegt, und erinnert es an die göttliche Harmonie. So können Verschmutzungen aufgelöst werden. Die Reinheit des Wassers kann dadurch sowohl auf energetischer als auch auf physischer Ebene wieder Raum nehmen.

Die Geistige Welt bittet dich, auf diese Weise, so oft du den Impuls dazu verspürst, die Gewässer dieser Erde zu durchlichten. Du unterstützt dabei letztendlich alle Meeresbewohner, ihre Aufgaben zum Wohl aller in Freude und Leichtigkeit weiter ausführen zu können. Sie brauchen hier unsere Hilfe beziehungsweise Zusammenarbeit. Die Reinheit der Meere stärkt das Wassergitternetz der Erde, dieses wiederum ist mit dem Kristallgitternetz verbunden. Wir können erneut erkennen, dass alles miteinander verwoben ist, sich bedingt und zusammenhängt.

Des Weiteren laden dich die feinstofflichen Geschwister ein, das Kristalllicht von Sirius durch dich wirken zu lassen und dabei den Klängen und Gesängen von Delfinen und auch Walen zu lauschen. Das fördert die Erinnerung an deine Sternenheimaten und den Kontakt zu ihnen, hilft, den zellulären Kode in deinen Körpern zu entschlüsseln und deinen Kristalllichtkörper in der Materie zu manifestieren. Tue dieses für dich allein oder gemeinsam mit anderen Menschen. Es dient dir und dem großen Ganzen. Die Geistige Welt dankt dir. Sei gesegnet. Amen.

Die Aktivierung deines Kristalllichtkörpers

In der folgenden Meditation möchten wir dir deinen Kristalllichtkörper noch vertrauter machen. Je mehr du ihn erfahren kannst, je aktivierter er dadurch ist, umso mehr manifestierst du Einheit in deinen Körpern. Das unterstützt vor allen Dingen deinen physischen Körper in dieser Zeit. Es lässt ihn durchlässig sein, und so kann er seine Schwingung erhöhen, sodass ihm der Aufstieg leichterfällt. Durch die Aktivierung deines Kristalllichtkörpers intensiviert sich allerdings auch deine Verbindung zu Sirius und zu sirianischen Energien. Somit ist es der nächste Schritt, um dann in weiterer Folge mit Isis und anderen Siriusgeschwistern im Austausch zu sein.

☆☆☆

Wir bitten dich nun erneut, es dir bequem zu machen, dich berühren zu lassen und mit uns auf eine Reise zu gehen. Atme tief ein und aus und entspanne dich auf deine eigene Art und Weise. Erlaube dir anzunehmen, dass alles gut ist so, wie es ist. Visualisiere das Zentrum von Avalon. Stelle dich in seine Mitte, und dort erde und zentriere dich.

Erzengel Raphael kommt zu dir und begrüßt dich. Sein grünes Licht der Heilung hüllt dich ein, durchströmt dich und schenkt dir Weite, Befreiung, Selbstannahme und Selbstliebe, so, wie du es im Moment benötigst, um ganz bei und in dir zu sein. Erinnere dich daran, dass du ein göttliches Lichtwesen bist. Jetzt.

Nun nimm bitte den Lichtkanal zu Sirius wahr. Gemeinsam mit Raphael reise über ihn nochmals zu dem dir bereits vertrauten Kristalltempel. Dort komm an und lass dich von deinem Engel in sein Inneres führen. Erneut wirst du eingeladen, dich zwischen die zwei Kristallspitzen zu stellen. Dadurch aktivieren sie sich wieder und lassen ihre Lichtspiralen von oben nach unten und von unten nach oben durch dich tanzen und wirken. Alle deine Körper und alle deine Energiezentren werden von diesem Licht durchströmt.

Richte dich mit deiner Aufmerksamkeit nun auf deinen Kristalllichtkörper aus. Er formt sich. Er zeigt sich dir. Er bildet und aktiviert sich. Atme bewusst ein und aus und nimm ihn bitte auf deine eigene Art und Weise wahr. Jetzt.

Dein Kristalllichtkörper pulsiert, strahlt, leuchtet und ist lebendig. Erinnere dich daran, dass du, als du vor langer Zeit das erste Mal die Erde betreten hast, auch einen Lichtkörper getragen hast. Er war leicht, durchlässig und transparent. Er glich deinem Kristalllichtkörper. Die Aktivierung deines Kristalllichtkörpers ermöglicht es in dieser Zeitqualität, dass eine erneute Manifestation von dieser Leichtigkeit und Transparenz in deinem physischen Körper ist. Die sirianische Energie unterstützt dich sozusagen, um deinen Kristalllichtkörper in die Materie zu bringen, was eine Wandlung bis hinein in die Zellen deines physischen Seins bedeutet. Deshalb bitten wir dich, dem sirianischen Licht zu erlauben, weiter durch und um dich fließen zu dürfen, während wir dir noch zusätzliche Informationen zum Kontakt mit Siriusgeschwistern geben möchten. Denn all dieses unterstützt und bedingt sich gegenseitig. So lausche und lass gleichzeitig die Lichtimpulse wirken. Dazu laden wir dich ein, die Delfinwesen wahrzunehmen, die sich mit dir in dem Kristalltempel befinden. Sie sind um dich. Jetzt.

Die Delfine sind so etwas wie kosmische Reiseführer. In Verbindung mit deinem Kristalllichtkörper verfeinern sie deine Wahrnehmung, führen dich in verschiedene Dimensionen und surfen mit dir in ihnen herum und durch sie hindurch. Wir bitten dich zu verstehen, dass es zur gleichen Zeit und am gleichen Ort mehrere Welten und Dimensionen gibt, die sich überschneiden und überlappen. In der Verbindung mit Sirius wirst du darin geschult, sie wahrzunehmen. Deine Delfingeschwister unterstützen dich dabei. Somit gibt es beispielsweise am Meeresgrund nach wie vor Kristallstädte, die besucht werden können. Genauso, wie es dort auch Eingänge in die innere Erde gibt. Dort leben Geschwister des Lichts und Sternenwesen. Durch die Aktivierung deines Kristalllichtkörpers, durch das Nutzen sirianischer Energien und die Kommunikation mit Siriusgeschwistern förderst du die Entwicklung und Stabilisierung des Kristallgitternetzes der Erde. Das strahlt auf alle Menschen aus. Immer mehr werden sich dadurch an die Kristallstädte erinnern. So werden sie sichtbar werden und die Zugänge frei. Die Manifestation deines Kristalllichtkörpers vertieft deine Verbindung zu deinen Sternenheimaten. Ihr Licht beginnt sich über dich zu kanalisieren und strömt in die Erde ein. Gleichzeitig verkörperst du dadurch mehr und mehr das Sternenwesen, das du bist, im Hier und Jetzt. Auch so erfüllst du einen weiteren Beitrag zur Bildung und Stärkung des Kristallgitternetzes der Erde, was wiederum dem großen Ganzen dient.

Bitte atme tief ein und aus. Das sirianische Licht durchströmt dich, und erneut laden wir dich ein, deinen Kristalllichtkörper auf deine eigene Art und Weise wahrzunehmen. Jetzt.

Wisse, dass deine Seele allezeit frei ist. Du kannst dich also in Leichtigkeit von allen Begrenzungen lösen. Du bist eins mit deiner Seele. Somit durchdringt diese Freiheit jede Zelle, jede Faser und alles, was du bist. Und wir sagen: Du bist ein wundervolles Kristallkind. Du bist ein wundervolles Sternenwesen. Du bist ein leuchtender Diamant. Du bist ein funkelndes Juwel. Du bist einzigartig und einmalig.

Erlaube dir, dass das sirianische Licht nun aus dem Inneren des Kristalltempels ausströmt und alle deine Lebensbereiche und –umfelder durchfließt. So kann es sich deiner neuen Energie anpassen, eure Frequenzen gleichen sich sozusagen an. Lass es bitte einfach geschehen. Jetzt.

Verweile zwischen den beiden Kristallspitzen so lange, bis dir die Wahrnehmung deines Kristalllichtkörpers ganz vertraut geworden ist. Dann empfange den Segen deiner sirianischen Geschwister. Bedanke dich bei ihnen und beginne, dich sanft zu verabschieden. Der Lichtspiralentanz der Kristallspitzen, zwischen denen du dich befindest, wird weniger und hört langsam auf. Sie deaktivieren sich. Dein Kristalllichtkörper leuchtet immer noch. In Verbindung mit ihm setze einen bewussten Schritt aus dem Inneren des

Kristalltempels. Halte nochmals kurz inne und spüre der Veränderung in deinem Energiefluss nach.

Erzengel Raphael erwartet dich wieder. Er reist mit dir gemeinsam über den Lichtkanal zurück in das Zentrum von Avalon. Nimm wahr, wie deine Füße den heiligen Boden berühren. Im Inneren des Hügels ruht die Mutterschlange. Erinnere dich an sie und lenke deine Aufmerksamkeit zu ihr. Sie erfüllt deine Wurzeln mit ihrem Segen, ihrer Kraft und ihrer Liebe. Sie erdet dich und fördert die Manifestation der Neuen Energie, des Kristalllichtkörpers in der Gesamtheit, die du bist.

Mit deinem nächsten Atemzug bedanke dich bei dem Licht von Avalon, löse dich aus seinem Zentrum und fokussiere dich auf dein Herz. Erzengel Raphael hüllt dich in eine grüne Lichtkugel ein, die die Integration des Kristalllichtkörpers in deinem Sein im Hier und Jetzt weiter unterstützt und fördert. Wann immer du den Impuls verspürst und du deinen Kristalllichtkörper weiter aktivieren möchtest, kannst du dazu erneut in den Kristalltempel reisen. Raphael segnet dich.

Bedanke dich auch bei Erzengel Raphael für seine Begleitung. Atme bewusst ein und aus. Zentriere dich auf deine eigene Art und Weise und sei vollkommen präsent im Hier und Jetzt. Sei gesegnet. Amen.

Die Mutterschlange berührt deine Kundalinienergie

Wie bereits in einem früheren Kapitel erwähnt, besteht eine direkte Verbindung zwischen der Erdkundalini, den Drachenwesen und den Schlangenkräften, die in der Erde wirken, und unserer eigenen Kundalini. Diese wird meist als eine schlafende Schlange in unserem Kreuzbein beschrieben. Sie ist unsere Lebenskraft, aber auch ein Teil unserer Mitschöpferkraft und somit unserer Ich-Bin-Präsenz in der Materie. Der Kosmische Mensch nutzt seine aktive Kundalinienergie, um zu erschaffen und zu manifestieren. In früheren Zeiten konnte die Aktivierung der Kundalinienergie sehr unangenehm sein. Das hatte damit zu tun, dass die Grundschwingung unserer (physischen) Körper noch viel dichter war. Es benötigte deshalb viele Schulungen, Vorbereitungen und Übungen, um unsere Zellschwingungen zu erhöhen und uns auf unser wahres Wesen auszurichten, bevor wir unsere Schlangenkraft aufsteigen lassen und einsetzen konnten.

Wenn sich unsere Kundalinienergie entfaltet, durchwirkt sie dabei alle unsere Chakren und darüber hinaus unseren Körper. Falls sich die erschaffende Kraft zu spontan oder in einem Menschen bewegte, der noch nicht genügend darauf vorbereitet gewesen war, konnte sie durch ihre transformatorische, göttliche Essenz das System sehr in „Unordnung" bringen. Manchmal waren Schmerzen und Verwirrungen die Folge davon. Heute ist es anders. Die Grundenergie unseres Körpers ist aufgrund der Zeitqualität, unserem persönlichen und kollektiven Bewusstsein, viel leichter. Wir erinnern uns mehr an die uns innewohnenden, schöpfenden Kräfte und haben begonnen, sie wieder zu nutzen. Dadurch haben sich auch der Zugang, die Wahrnehmung und das Wirken mit unserer Kundalini verändert, was sich auch in den nächsten Jahren noch fortsetzen wird. Was früher vor allen Dingen, unter anderem aus den bereits erwähnten Gründen, Eingeweihten und Initiierten vorbehalten war, betrifft jetzt alle Menschen beziehungsweise können und sollen alle wieder leben und nutzen.

Auch die Priesterinnen der Isis waren geschult, ihre Kundalinikraft zu nutzen und einzusetzen. In vielen Mysterienschulen wurde zu besonderen Anlässen und für heilige Rituale Schmuck mit Schlangensymbolen, beispielsweise als Hand- und Armreifen, getragen. Es war Ausdruck und Symbol für das Wirken mit der Kundalinienergie. In den verschiedenen Zeremonien, die alleine, zu zweit oder in Gruppen durchgeführt wurden, aktivierten die Priesterinnen und Priester der alten Zeit ihre Schlangenkraft, so, wie sie es gelernt hatten. Dadurch erweiterte sich ihr Bewusstsein und ihre Schwingung veränderte sich. Es kam zu einer Vereinigung von Himmel und Erde in ihrem Sein. Das strahlten sie aus und bauten dadurch ein Kraftfeld auf. Dieses wurde dann für Heilungen und Manifestationen genutzt, die der Gemeinschaft und dem großen Ganzen dienten.

Auch wir werden in diesem Buch immer wieder der Kundalinienergie und ihrer erschaffenden, heilsamen Kraft begegnen. Es gehört zu unserem Weg in die Fünfte Dimension. Deshalb möchten wir dich an dieser Stelle nochmals einladen, mit uns nach Avalon zu reisen. Durch die Begegnung mit der Mutterschlange, die im Zentrum von Avalon ruht, soll eine Aktivierung und Berührung deiner Kundalinienergie stattfinden. Das gehört erneut zur Erschaffung unseres Bodens, unserer Erde, unserer Basis, die uns dann in eine vertiefte Kommunikation mit Sirius und Isis führen wird.

☆☆☆

Dazu bitten wir dich, es dir erneut bequem zu machen. Entspanne dich auf deine eigene Art und Weise. Atme tief ein und aus und erlaube dir, ganz bei und in dir zu sein. Jetzt. Erinnere dich an deine Göttlichkeit.

Nun stelle dir bitte als Lichtwesen, das du bist, das Zentrum von Avalon vor. Betritt es und komme in seiner Mitte an. Dabei bist du von den liebe- und lichtvollen Begleitern deiner Seele umgeben. Sie unterstützen dich und sind an deiner Seite.

Erzengel Raphael nimmt Raum. Sein grünes Licht berührt dein Sein und durchwirkt die Gesamtheit, die du bist. Der Engel bittet dich, deine Aufmerksamkeit auf das Innere der Erde zu lenken. Erlaube dir, den Erdkanal wahrzunehmen, der von dem Ort aus, an dem du stehst, tief hinein in den Schoß der Erde reicht. Er führt direkt zur Mutterschlange beziehungsweise zum roten Erddrachen, der darin lebt. Nimm dieses Wesen, diese Schlangenkraft, bitte auf eine Art und Weise wahr, die für dich stimmig und annehmbar ist.

Erzengel Raphael beginnt die Urschlange sanft und liebevoll zu rufen. Der Klang seiner Stimme dringt direkt in das Herz des mächtigen Wesens. Es fängt an, sich zu bewegen. Es wird geweckt und lebendig. Die Drachenkraft atmet tief ein und aus und erhebt sich langsam. Sie folgt Raphaels Führung, die sie aus der Erde lockt und emporsteigen lässt. Sie schlängelt sich durch den Erdkanal hoch. Der Hügel, auf dem du dich befindest, erzittert unter deinen Füßen. Die Erde öffnet sich, und die Mutterschlange nimmt Raum.

Erlaube dir, ihre Kraft wahrzunehmen, genauso wie ihre unendliche Liebe, Weisheit und Ermächtigung. Sie ist eine Hüterwesenheit, die seit Anbeginn der Zeiten immer der Großen Göttin diente. Erinnere dich daran, dass diese Wesenheit mit all den anderen Schlangen- und Drachengeschwistern, die an Kraftorten, Erdchakren und kosmischen Portalen leben und ihre Aufgabe erfüllen, verbunden ist, wie auch mit der Erdkundalini[1]*. Sie bilden ein Netz aus Erdlinien, die die unterschiedlichen Gitternetze speisen, aufbauen und stabilisieren, und unterstützen so den Aufstieg in die Fünfte Dimension.*

Die Mutterschlange von Avalon heißt dich willkommen und nimmt dich als eine bedeutende Seele in und für diese Zeit an. Sie erkennt dein wahres Wesen, dein Lichtwesen-

---

1 Die Erdkundalini hat sich aus dem Himalaya nach Chile bewegt, wo sie sich nun befindet. Ein sehr schönes Buch dazu ist *Schlange des Lichts* von Drunvalo Melchizedek, Koha Verlag. Allerdings gibt es über den neuen Aufenthaltsort der Erdkundalini auch andere Meinungen, beispielsweise, dass sie nun in Guatemala ist. Dein Herz wird dir sagen, was für dich im jeweiligen Moment stimmiger ist. Die Liebe, die Weisheit und die Kraft der Erdkundalini sind unabhängig von ihrem physischen Ankerpunkt.

sein, und lädt dich dadurch ein, ihre Kräfte zu nutzen und mit ihnen zu wirken.

Erzengel Raphael bittet dich, dir nun einige Augenblicke zu schenken, um auf deine eigene Art und Weise Freundschaft mit dieser Schlangenkraft zu schließen. Erlaube dir wahrzunehmen, dass durch diesen Austausch dein Basiszentrum und deine Wurzeln geweitet und deine Verbindung zur Erde, zu den Erdkräften, den Elementen und den Naturwesen gestärkt und vertieft werden.

Das Drachenwesen bietet dir an, nun alle bestehenden und früheren Situationen aus diesem und anderen Leben, in denen du deine Kraft verloren und abgegeben hast, mit seinem Feueratem zu berühren. Durch die Transformation und die darauf folgende Befreiung lösen sich Bindungen, und deine Lebenskraft kehrt zu dir ins Hier und Jetzt zurück. Nimm sie als einen Teil von dir an, und integriere sie. Die Mutterschlange sagt, dass sie dir gerne behilflich ist, den Mut zu entwickeln, deine Aufgabe als Lichtwesen in dieser Zeit zu erfüllen.

Nun bittet dich Erzengel Raphael, eine Herz-zu-Herz-Verbindung zu dieser Drachenwesenheit aufzubauen. Dazu bilde einen weißgoldenen Lichtstrahl, der aus deinem zum Herzen der Drachenschlange führt. Darüber strömt nun deine göttliche Liebe. Die Mutterschlange formt ebenso einen weißgoldenen Strahl aus ihrem Herzen zu deinem, und die Liebe der Quelle fließt darüber zu dir. Nimm den Austausch der Herzensenergien wahr. Die Verbindung zu der Drachenwesenheit fördert deine Mitschöpfer- und Manifestationskraft.

Nach einem kleinen Verweilen lenkt die Mutterschlange ihren Feueratem behutsam zu deinem Kreuzbein. Hier ist deine Kundalinienergie. Erlaube dir, sie auf deine eigene Art und Weise wahrzunehmen, und halte kurz inne. Sie ist deine erschaffende, kreative und schöpfende Lebenskraft. Sanft dehnt sich der Atem des Drachen über dein Kreuzbein in deiner Wirbelsäule weiter aus. Er berührt dein Steißbein und jeden einzelnen Wirbel, bis hinauf zu deiner Medulla Oblongata. Er fördert den Durchfluss in deiner Wirbelsäule. Er weitet und entspannt sie. Vielleicht hast du dabei auch das Bedürfnis, sie leicht zu bewegen: behutsam, in deinem Rhythmus, auf deine Art, unterstützend.

Das Drachenwesen berührt deine Kundalinischlange. Sie ist für es wie ein kleines eigenes Abbild. Deine Schlangenkraft wird eingeladen, sich zu entfalten und aktiv zu werden. Nimm wahr, wie deine Kundalini beginnt, sich als eine aufsteigende, spiralförmig tanzende Energie durch deine entspannte, weite Wirbelsäule emporzuschlängeln. Sie wirkt bis zu deinem Stammhirn, und darüber erfüllt sie mit ihrem Licht die Gesamtheit deines Kopfbereichs. Wir bitten dich, den Energiefluss deiner Kundalinikraft einfach wahrzunehmen. Atme tief ein und aus und spiele mit ihr. Sie strömt deine Wirbelsäule entlang, von deinem Kreuzbein bis zu deinem Kopf und auch wieder zurück. Gehe in die Kommunikation mit deiner Schlangenenergie und lass dir dafür so viel Zeit, wie du möchtest. Erinnere dich daran, dass du über sie mit den anderen Schlangen- und Drachenwesen, mit der Erdkundalini und somit mit den

Kraftplätzen dieser Erde verbunden bist. Vielleicht verändert das auch deine Wahrnehmung vom Austausch und der Einheit mit der Erde, von ihrer Kommunikation mit den Sternen und ihrer (und somit deiner) Verbundenheit mit allen Menschen und Wesen, die hier auf, in und um Gaia sind. Verweile in dieser Beobachtung und in dem Energiefluss, so lange es für dich stimmig ist.

Dann atme tief ein und aus. Deine Schlangenkraft beginnt sich wieder zurückzuziehen und kommt auf der Ebene deines Kreuzbeins zu Ruhe. Halte kurz inne und nimm dich einfach wahr. Nun bedanke dich bitte bei der Mutterschlange, die dich unterstützte, und bei Erzengel Raphael. Beide verabschieden sich für den Moment von dir und segnen dich. Das Drachenwesen kehrt in den Schoß der Erde zurück. Erzengel Raphael schließt sich dem Kreis deiner anderen lichtvollen Begleiter an.

Atme bitte bewusst ein und aus, löse dich aus dem Zentrum von Avalon und kehre ganz in dein Sein im Hier und Jetzt zurück. Nimm dich nach wie vor als das Lichtwesen wahr, das du bist. Spüre dem Fluss der Energien und der Wandlung in deinen Körpern nach. Du kannst diese Meditation wiederholen, sooft du möchtest und sie dir guttut. Sie fördert den Durchfluss in deinem Sein, stärkt deine Wirbelsäule und macht dir deine erschaffende Kundalinikraft vertraut. Dann erde und zentriere dich bitte auf deine eigene Art und Weise. Sei vollkommen präsent. Jetzt. Sei gesegnet. Amen.

Wie du deine Schlangenkraft nutzen kannst

An dieser Stelle möchten wir gerne noch einige weitere Anregungen zur Aktivierung deiner Kundalinienergie geben. Unsere Kundalini ist (ursprünglich) eine lebenserschaffende, uns immer wieder regenerierende, heilende und erneuernde Kraft. Sie ist in der Balance zwischen der männlich-göttlichen und der weiblich-göttlichen Energie. Deshalb kannst du sie dir beispielsweise als eine große goldene Schlange vorstellen, die beide Aspekte in sich vereint. Oder du hättest auch die Möglichkeit, sie als zwei Schlangen wahrzunehmen, die sich entlang deiner Wirbelsäule emporschlängeln. Eine wäre dann die dynamische und die andere die rezeptive Energie der Quelle. Wenn sie beim Aufsteigen unsere Chakren durchströmen, kreuzen sie sich. Daraus entsteht eine Spirale, die unsere DNS symbolisiert. So unterstützt die Aktivierung unserer Kundalini auch die Entschlüsselung unserer Zellinformationen. Diese beiden Schlangenenergien können ebenfalls golden strahlen. Es kann aber auch sein, dass du eine als weißgold und die andere als schwarz oder rot wahrnimmst. In diesem Fall würde die weißgoldene Schlange die männliche und die schwarze oder rote die weibliche Kraft Gottes repräsentieren.

Nimm mit deiner Kundalinienergie Kontakt auf, und erfahre so, was für dich stimmig ist. Des Weiteren hast du mehrere Möglichkeiten, deine Kundalinienergie tanzen zu lassen. Auch hier bitte ich dich, auf eine liebevolle und sanfte Art und Weise auszuprobieren, was für dich unterstützend ist. Achte dabei auf deinen tiefen und entspannten Atem, er fördert den Fluss der Energien.

Übung 1

Dazu sitze aufrecht oder liege entspannt am Boden. Gehe nun mit deiner Aufmerksamkeit zu deiner Wirbelsäule. Stell dir vor, sie ist eine Schlange. Erlaube ihr nun, sich so zu bewegen, sich sanft zu dehnen, sich zu schlängeln, zu kreisen und zu schaukeln, wie sie möchte. Die Bewegungen entstehen wie von selbst von und aus deiner Wirbelsäulenschlange. Dadurch entspannt sie sich, und der Energiefluss wird erweitert. Deine Wirbelsäule darf sich so lange bewegen, wie sie möchte. Sie hört selbstständig damit auf. Nun halte noch ein wenig inne, und spüre in deinen Körper. Dabei kannst du mit der Aufmerksamkeit zu deinem Kreuzbein gehen und wahrnehmen, wie deine Kundalini von dort ausstrahlt. Dann nimm einige tiefe Atemzüge und erde und zentriere** dich auf deine eigene Art und Weise.*

Übung 2

Mache es dir bequem und atme einige Male tief ein und aus. Entspanne dich. Nun gehe mit deiner Aufmerksamkeit zu deinem Kreuzbein und nimm mit deiner Kundalinienergie Kontakt auf. Stell dir vor, wie du deine Schlangenkraft aufweckst und sie sich dadurch sanft zu bewegen beginnt. Zuerst schlängelt sie sich durch das untere Ende deiner Wirbelsäule, durch deine Wurzeln und deinen Erdkanal in das Innere von Gaia. Sie durchwandert den solaren Kern der Erde, bevor sie wieder nach oben zu dir zurück steigt. Nun durchwirkt sie den oberen Teil deines Wirbelsäulenkanals. Sie tanzt behutsam von deinem Kreuzbein, Wirbel für Wirbel, bis zu deinem Kopf. Sie fließt durch dein Kronenzentrum und kehrt dann wieder zurück bis auf die Ebene deines Kreuzbeins. Nun kannst du deine Schlangenenergie sich erneut in die Erde schlängeln lassen und die Übung sozusagen von vorne beginnen. Dadurch entsteht ein Energiekreislauf, der aufbauend, stärkend und ausgleichend ist. Wiederhole ihn, so oft du möchtest. Abschließend kommt deine Kundalini in deinem Kreuzbein wieder zur Ruhe. Halte kurz inne, spüre in deinen Körper und nimm die Veränderungen im Energiefluss wahr. Atme tief ein und aus. Dann erde und zentriere dich bitte wieder auf deine eigene Art und Weise.

Übung 3

Diese Anregung ist eine Erweiterung der zweiten Übung. Sie beginnt genauso. Wenn deine Kundalini dein Kronenzentrum berührt, wandert sie allerdings über dieses hinaus. Sie tanzt über deinen Scheitel, durch deine transpersonalen Chakren, wobei es in diesem Fall nicht erforderlich ist, sie zu kennen, hinaus in den Kosmos. Dabei bildet sie sozusagen einen Lichtkanal, der von deinem Scheitelchakra ausgeht. Dieser führt beispielsweise zu Sirius, zur Zentralsonne oder zu einer deiner Sternenheimaten. Nimm das, was für dich im Moment stimmig ist. Vertraue deiner Intuition. Auch für diese Entscheidung ist es nicht wichtig, nähere Informationen zu den Sternene-

benen zu haben. Lass dich führen und darauf ein, wenn du möchtest.

Dann wandert deine Schlangenkraft beispielsweise durch das Schwingungsfeld von Sirius hindurch und kehrt über den Lichtkanal zu deinem Scheitelpunkt zurück. Sie durchströmt dich weiter und kommt wieder zu deinem Kreuzbein. Auch dadurch entsteht ein Energiekreislauf, den du mehrmals hintereinander wiederholen kannst. Der Abschluss ist dann wie bei der vorhergegangenen Übung, einschließlich des Erdens und Zentrierens. Diese Anregung fördert deine Verbindung zum Kosmos und den Durchfluss zwischen Himmel und Erde in dir. Sie lässt Sternenlicht in dein Sein fließen, erweitert und öffnet.

Übung 4

Dieses ist eine Paarübung zur Aktivierung des Dritten Auges und somit für die Erweiterung deiner Wahrnehmung. Bitte führe sie nur aus, wenn es für beide wirklich stimmig ist. Sei dabei behutsam und achtsam. Die Anregung kann gerade zu Beginn Kopfdruck auslösen. In diesem Fall trinke ein wenig Wasser, atme einige Male tief ein und aus und erde dich nochmals gut. Für die Übung selbst sitzen sich die Partner gegenüber. Beide entspannen und zentrieren sich und lassen ihre Wurzeln tief hinein in den Schoß der Erde wachsen. Nun nehmen sie mit ihrer Kundalinienergie Kontakt auf. Sie lassen sie über das Kreuzbein, die Wirbelsäule entlang, durch das Stammhirn, bis ins Dritte Auge wandern.

Nun verlässt die Schlangenenergie dein Stirnzentrum,

um über das Dritte Auge deines Gegenübers in sein System einzuströmen. Dann gleitet sie in deinem Partner durch sein Stammhirn zu seiner Wirbelsäule. Sie durchfließt sie bis zu seinem Basiszentrum. Auf der Ebene des Wurzelchakras löst sie sich wieder von deinem Gegenüber, um in dein Basiszentrum und somit zu dir zurückzukehren. Über dein Wurzelzentrum schlängelt sie sich wieder zu deiner Wirbelsäule, und der Kreislauf entsteht von neuem. Dein Partner macht in der Zwischenzeit das gleiche.

Die Schlangen kreisen auf diese Art und Weise durch eure Systeme, so lange es für euch stimmig ist. Wenn ihr möchtet, könnt ihr euch in dieser Zeit auch die Hände reichen. Was den Energiefluss auf jeden Fall intensiviert, ist ein gleichmäßiger, tiefer Atemrhythmus, während sich die Schlangenenergien bewegen. Wenn es für euch stimmig ist, bedankt euch bei einander und löst die Verbindung bewusst wieder auf. Dazu findet jede Kundalinikraft in ihrem Kreuzbein wieder Ruhe. Spürt in euren Körper und der Veränderung im Energiefluss nach. Lasst alle aufgenommenen Energien, die nicht zu euch gehören, abfließen. Mit der klaren Absicht, ganz ihr selbst zu sein, zentriert und erdet euch, um in den eigenen Raum zurückzukehren und in diesem zu sein. Diese Anregung ist sehr innig und erfordert viel Vertrauen. Deshalb mach sie bitte nur, wenn du beziehungsweise ihr euch wirklich wohl dabei fühlt. Die Übung ist sehr energetisierend.

Übung 5

Diese kannst du wieder alleine ausführen, und sie aktiviert deine Handchakren und somit den Fluss der heilenden Energien, die über dein Sein strömen können. Sie beginnt wie die vorhergegangenen.

Mach es dir bitte bequem, erde, zentriere und entspanne dich. Dann nimmst du mit deiner Kundalinienergie Kontakt auf. Du kannst sie zuerst wieder durch den solaren Kern der Erde schlängeln lassen. Dann steigt sie deine Wirbelsäule empor, bis in dein Herzzentrum. Von dort fließt sie durch deinen linken und deinen rechten Arm, bis zu deinen Handflächen. Hier strahlt und aktiviert sie. Wenn die Energien in deinen Handchakren zu intensiv werden sollten, lässt du sie darüber abfließen. Deine Schlangenkraft wirkt auf diese Weise, so lange du möchtest und es für dich stimmig ist. Abschließend kehrt deine Kundalinienergie aus deinen Handflächen, über deine Arme, durch dein Herz wieder zurück zu deinem Kreuzbein. Halte erneut kurz inne, um dich und die Veränderungen in deinem Energiefluss zu spüren. Dann erde und zentriere dich nochmals bewusst.

Um dir deine Kundalinienergie vertraut zu machen, ist es hilfreich, mit ihr zu „spielen". Die Übungen sind Anregungen dazu. Bei allen kannst du selbst ausprobieren, ob du sie lieber mit einer oder mit zwei Schlangen machen möchtest. Lass dich einfach darauf ein und erfahre dich selbst. Ein empfehlenswertes Buch, in dem du noch mehr Informationen über die Nutzung deiner Kundalinienergie erhalten kannst, ist *Das Manuskript der Magdalena* von Tom Kenyon und Judi Sion, Koha Verlag. Was in der Verbindung mit dem Wirken deiner Schlangenkraft auf jeden Fall auch sehr wichtig ist, ist dein Beckenboden. Je kräftiger und vertrauter er dir ist, umso bewusster kannst du mit ihm umgehen. Deshalb wäre es sehr hilfreich, dich auch mit diesem Thema zu beschäftigen.

Eine Tänzerin und Beckenbodenlehrerin sagte mir, ich solle mir den Beckenboden als eine goldene Schale vorstellen. Sie ist wie eine Basis, die meine Wirbelsäule und meinen ganzen Körper hält und trägt. Ich finde das Bild sehr stimmig und unterstützend. Vielleicht möchtest du es ja auch nutzen. So kannst du während des Tages, egal, ob du gerade sitzt, stehst oder dich bewegst, mit deiner Aufmerksamkeit zu deinem Beckenboden gehen, indem du dir am Ende deiner Wirbelsäule auf Höhe deiner Hüften diese goldene Schale visualisierst. Achte dabei darauf, dass sie immer wieder so in der Balance ist, dass, wenn eine imaginäre Flüssigkeit darin wäre, diese nicht über den Rand schwappen würde. Dabei wirst du feststellen, dass, wenn die Beckenbodenschale auf diese Art und Weise im Gleichgewicht ist, sich unsere Wirbelsäule automatisch entspannend ausrichtet und sich unsere Haltung verbessert. Das wiederum fördert den Durchfluss zwischen Himmel und Erde und unterstützt unser Vermittler- und Botschaftersein. Probiere es einfach aus, wenn du möchtest. Sei gesegnet. Amen.

*** Erden**

Bitte erde dich zu Beginn jeder Anregung und Meditation, die in diesem Buch ist, wie auch zum Schluss jeder Übung. Das ist wichtig für dein Präsentsein im Hier und Jetzt. Falls du keine für dich stimmige Erdungsübung kennen solltest, ist es nach wie vor am einfachsten, dir vorzustellen, dass aus deinem Basiszentrum, deinen Hüft-, Knie-, Knöchel- und Fußsohlenchakren dicke, kräftige und stabile Wurzeln bis hinein in den Erdmittelpunkt wachsen. Diese verankern sich dort, werden von der Liebe der Erdenmutter genährt und erweitern sich dadurch noch mehr. Die Verwurzelung bleibt bestehen und wird nicht aufgelöst.

**** Zentrieren**

Genauso wie das Erden, gehört das Zentrieren zu jedem Beginn und Abschluss einer Meditation, eines Rituals, einer Energiearbeit usw. Falls du keine eigene Zentrierungsübung kennen solltest, wäre die folgende vielleicht eine Möglichkeit für dich.

Gehe mit deiner Aufmerksamkeit in dein Herz. Stell dir vor, im Zentrum deines Herzens zu sein. Nun atme viermal tief ein und aus. Mit jedem Atemzug lädst du bewusst einen deiner Körper ein, in dein Herz einzutreten, um ganz zentriert im Hier und Jetzt zu sein. Mit dem ersten Atemzug bringst du deinen spirituellen Körper in dein Herz, mit dem zweiten deinen mentalen, mit dem dritten deinen emotionalen und mit dem vierten deinen physischen. Du kannst dabei Bilder oder Wahrnehmungen haben, wie sich deine Körper in deinem Herzen einfinden. Es ist aber nicht von Wichtigkeit oder Bedeutung. Genauso wenig, wie es dafür erforderlich ist, deine Körper näher zu kennen oder mit ihnen bereits einen tieferen Kontakt gehabt zu haben. Es genügt und benötigt deine klare Absicht dazu, und die Energie wird der Aufmerksamkeit folgen.

Unterstützen kannst du das Zentrieren deiner Körper in deinem Herzen, indem du bei jedem die entsprechende Affirmation, begleitend zu deinem bewussten Atemzug, sprichst. Die erste würde lauten: „Mein spiritueller Körper ist in meinem Herzen zentriert. Jetzt." Die weiteren: „Mein mentaler Körper ist in meinem Herzen zentriert. Jetzt. Mein emotionaler Körper ist in meinem Herzen zentriert. Jetzt. Mein physischer Körper ist in meinem Herzen zentriert. Jetzt."

Wenn alle deine Körper in deinem Herzen zentriert sind, bildet sich in deinem Herzzentrum eine weißgoldene Lichtkugel. Sie dehnt sich aus und hüllt dich ein. Sie umgibt dich und ist eine Bestätigung für deine Zentrierung. Diese ist somit abgeschlossen, und du kannst damit fortfahren, was du als Nächstes tun wolltest.

Begegnung mit Isis

Nun möchten wir dich wieder zu einer Meditation einladen. Isis erwartet dich.

Mach es dir bitte bequem. Atme einige Male bewusst ein und aus, um ganz im Hier und Jetzt anzukommen. Mit deinem Ausatmen lass alles abfließen, was dich im Moment beschäftigt, und über dein Einatmen nähre dich mit Frieden, Ruhe und Gelassenheit. Lege eine Hand auf dein Herz, um deinen Herzschlag zu spüren. Gehe mit deiner Aufmerksamkeit in das Innere deines Herzens. In seinem Zentrum lodert die Flamme deiner Göttlichkeit. Nimm sie bitte wahr und erlaube, dass sie sich ausdehnt, um die Gesamtheit, die du bist, zu erfüllen. Jede Zelle, jeder Körper, jedes Energiezentrum, das zu dir gehört, ist eins mit diesem deinem göttlichen Licht. Und dein göttliches Licht ist Liebe, Weisheit, Unendlichkeit und somit die Fülle aller Möglichkeiten.

In der Einheit mit deinem wahren Wesen bitten wir dich nun, erneut nach Avalon zu reisen. Wie du weißt, ist es ein Sternentor, das die Kommunikation mit dem Kosmos fördert. Stell dir den alten Steinkreis der heiligen Zeit vor und komm dort an. Spüre die Kraft und die Vertrautheit dieses Ortes.

Nun laden wir dich ein, in Kontakt mit deiner Kundalinienergie zu gehen. Nimm sie auf deine eigene Art und Weise wahr. Dadurch beginnt dein Kreuzbein hell zu strahlen und zu pulsieren. Deine Schlangenkraft aktiviert sich sanft und liebevoll. Sie beginnt sich zu bewegen, was deinen gesamten unteren Rücken stärkt. Die Kundalinienergie dehnt sich aus und schlängelt sich zuerst über das Ende deiner Wirbelsäule und über deinen Erdkanal tief hinein in den Schoß von Gaia. Hier berührt sie die Mutterschlange und den solaren Kern der Erde. Mit beiden ist sie im Austausch und in tiefer Verbundenheit.

Dann kehrt sie zurück, um sich deine Wirbelsäule entlang emporzubewegen. Wirbel für Wirbel schlängelt sich deine Schlangenkraft höher. Sie durchwirkt dein Stammhirn. Von dort durchstrahlt sie deine Epiphyse, deine Hypophyse und letztendlich deinen gesamten Kopfbereich. Deine Kundalini berührt dein Kronenzentrum. Dadurch wandelt es sich in einen tausendblättrigen Lotus, der weit geöffnet ist, bereit für die Kommunikation mit dem Kosmos. Die Schlangenenergie tanzt über die Blüte hinaus und bildet dabei einen stabilen Lichtkanal. Er führt zu Sirius. Die Kundalinikraft verbindet sich mit dem Licht von Sirius und lässt seine Energie über den Lichtstrahl zu dir fließen. Gemeinsam mit dem Siriuslicht kehrt sie zurück zu deinem Lotus.

Nun atme bitte bewusst Siriusenergie ein und aus. Bade richtig gehend darin. Sie dehnt sich in der Gesamtheit, die du bist, aus. Alle deine Körper, Energiezentren sowie deine Verbindung zur Erde sind von sirianischem Licht durchdrungen. Lass dich ganz auf die Siriusschwingung ein.

Erlaube dir nun wahrzunehmen, dass Isis über die Verbindung zu Sirius Raum nimmt. Sie kommt von den

Sternen auf die Erde. Ihre Präsenz erfüllt und berührt dich. Jetzt.

Isis begrüßt dich. Isis erkennt dich wieder. Isis nimmt dich auf und an. Spüre den Austausch mit Isis. Empfange die Weisheit von Isis. Höre ihr zu und lass dich auf die Begegnung mit ihr ein.

Isis sagt: „Geliebtes Kind des Lichts. Wir sind nicht nur deine Schwester, sondern wir nähern uns dir auch in unserem mütterlich nährenden Fokus. Lass dich in unsere Arme nehmen und erfahre die Fülle, die wir für dich bereithalten. Wir nähren die Gesamtheit deines Seins. Erlaube, dass sich dadurch in dir alle Erfahrungen auflösen, in denen du zu wenig von dem bekommen hast, was du benötigt hättest. Viele von ihnen reichen über dieses jetzige Leben hinaus, fanden dort ihren Ursprung und wiederholten sich in mannigfaltigen Formen, Inkarnation für Inkarnation. Dabei ist es nicht von Bedeutung, ob es ein Mangel an materiellen Gütern, an Nahrung, Heim und Heimat, Sicherheit, Geborgenheit, Liebe, Zuwendung, Wertschätzung, Respekt, Achtung und Fürsorge, Freunden, Wissen, Fähigkeiten und Möglichkeiten, Gesundheit, Lebensfreude und an der Verbundenheit mit der eigenen Quelle war und ist. In unseren Armen findet es Erfüllung und somit Heilung. Wir bitten dich, tief zu atmen und dieses Geschenk anzunehmen. Jetzt.

So erlaube dir nun, von allem genug zu erhalten und zu empfangen. Dadurch kannst du deine eigene Vollkommenheit (wieder) erkennen und deine Größe annehmen. Beides ist für den Weg der Meisterschaft, den du beschrei-

test, erforderlich. Bitte wisse, dass du dich in diesem Zusammenhang sozusagen in der Abschlussklasse befindest. Du stehst kurz vor deinem Examen. Doch hab keine Furcht, du bist gut vorbereitet und wirst deine Aufgabe meistern. Um deine Mitschöpferkraft so zu lenken, dass sie dem Leben dient, ist die Annahme der Fülle, die in dir und somit überall in diesem Universum ist, erforderlich. Deshalb möchten wir dich nähren, damit du sie wieder wahrnehmen und entdecken kannst. So bereiten wir auch die Geburt des kosmischen Kindes, das du bist, vor. Wir berühren dich und sind mit dir auf dem Weg, um dich an dein wahres Wesen und deine Bestimmung zu erinnern. Schritt für Schritt gehen wir mit dir, und wann immer du möchtest, halten wir mit dir inne, um dich erneut in unsere Arme zu schließen und dich wieder und weiter zu nähren. Alles, was du benötigst, um du selbst zu sein, steht dir jeden Augenblick deines Lebens zur Verfügung. Das Licht von Sirius bringt Erkenntnis. Es öffnet deine Augen und dein Herz. Es lässt dich erwachen. Jetzt und allezeit. Wir segnen dich. Wir nähren dich. Wir sind Isis. Wir kommen von den Sternen, um dir zu begegnen."

Während Isis mit dir spricht, hält sie dich in ihren Armen. Sie wiegt dich. Sie streichelt dich. Sie trocknet deine Tränen. Die alten Erfahrungen finden ihre Erlösung. Neubeginn ist möglich. Neubeginn ist jetzt. Erkenne dich selbst. Sei das Lichtwesen, das du bist. Sei die Seele, die sich vor langer Zeit auf die Reise gemacht hat, diese Erde zu betreten. Du hattest einen Plan, ein Ziel, eine Vision. Entdecke sie wieder. Du bist hier, um sie zu vollenden.

Verweile in diesem Austausch, so lange es dir guttut und du es möchtest. Das sirianische Licht durchfließt dich weiterhin und hüllt dich ein. Isis stellt dir alles zur Verfügung, was du benötigst, um den Weg des Lichts von nun an in Leichtigkeit und Freude gehen zu können. Erlaube dir anzunehmen. Atme bitte tief ein und aus, um zu empfangen.

Wenn es für dich stimmig ist, beginne dich für den Moment von Isis zu lösen. Bedanke dich bei ihr und dem Licht von Sirius. Isis freut sich auf die weiteren Begegnungen mit dir und den gemeinsamen Weg. Sie dankt dir, dass du bereit bist, ihr zuzuhören und das Wissen zu erhalten. Zusätzlich möchte sie dir in deinen Träumen begegnen und dich, während du schläfst, immer wieder mit auf eine Reise zu den Sternen nehmen. Jetzt zieht sie sich gemeinsam mit der Siriusenergie etwas zurück.

Atme bitte erneut bewusst ein und aus. Lass die Energien abfließen. Werde dir gewahr, dass du im Zentrum von Avalon bist. Verabschiede dich von der Lichtstätte. Lege eine Hand auf dein Herz. Spüre deinen Rhythmus. Es unterstützt das Zurückkehren in deinen Raum, in dein Sein im Hier und Jetzt. Halte kurz inne, um der Veränderung in deinem Energiefluss nachzuspüren. Werde dir deiner Kundalinikraft gewahr, die auf der Ebene deines Steißbeins ruht. Erde und zentriere dich auf deine eigene Art und Weise, um ganz anzukommen und vollkommen da zu sein. Isis ist an deiner Seite. Sei gesegnet. Jetzt und allezeit. Amen.

Botschaft von Isis

Geliebtes Kind des Lichts, erlaube, dass wir dein Drittes Auge berühren, um es zu segnen. Dadurch erweitert sich deine Sicht, und du beginnst, Zusammenhänge zu erkennen. Wisse, dass die Erde und alles, was auf der Erde ist, aus Sternenlicht geboren ist. Immer hat Kommunikation und Begegnung mit Sternenwesen und Sternenkräften stattgefunden und Evolution ermöglicht. Auch nach dem Untergang von Atlantis und in Zeiten, in denen sich die nicht geheilte Dualität auf der Erde ausbreitete, gab es Orte, Kulturen, Gemeinschaften und einzelne Menschen, die die Verbindung zu den Sternen aufrechterhielten. So konnte das Sternenlicht Gaia weiter begleiten und unterstützen.

Wir bitten dich wahrzunehmen, dass Gold eine heilige Farbe ist. Es ist eine Kraft der Integration, symbolisiert die geheilte Dualität und repräsentiert die Verbindung zum Kosmos und damit zur Quelle allen Seins. Die goldene Schwingung fördert die Annahme deiner eigenen Göttlichkeit. Deshalb laden wir dich ein, dich immer wieder mit goldenem Licht zu umgeben, es durch dich strömen zu lassen und dich darin einzuhüllen. Lass es auch über dich ausfließen, sodass es deine Lebensräume, Situationen und möglichen Herausforderungen wie auch deine Träume und Visionen durchwirken kann. So kann das goldene Licht seine Aufgabe erfüllen und dich unterstützen.

Zu deiner Kundalinikraft möchten wir dir Folgendes mitteilen: Stell dir dein Kreuzbein als einen goldenen Tempel vor, in dessen Zentrum die Kundalini ruht. So unter-

streichst du die Heiligkeit dieser Lebenskraft. Um deine Kundalinienergie kennenzulernen und zu nutzen, nimm den goldenen Tempel wahr, den du auch betreten kannst. Von dort aus kann sie sich deinen Wirbelsäulenkanal entlang emporschlängeln.

Einen weiteren goldenen Tempel, mit dem der deines Kreuzbeins verbunden ist, kannst du dir auf der Höhe deines Herzens beziehungsweise in ihm vorstellen. Diese beiden Lichtstätten in dir sind miteinander verbunden. So kann deine Kundalinienergie vom Tempel deines Steißbeins in deinen Herzenstempel aufsteigen und sich auch dort zur Ruhe begeben. Wenn du nun von deinem Herzen aus durch deine Arme und Hände heilende Energien fließen lässt, kannst du deine Kundalinikraft bitten, ihre erneuernden, regenerierenden und lebenserschaffenden Qualitäten mit einströmen zu lassen. Das kannst du beispielsweise tun, wenn du dir selbst oder auch anderen die Hände auflegst. Es intensiviert deine Heilkraft. Dabei brauchst du nichts zu wollen, denn sonst würde die Möglichkeit bestehen, dass du dabei deine eigene Lebenskraft für die Heilung zur Verfügung stellst, was dich selbst aus dem Gleichgewicht bringen könnte. Lade deine Schlangenkraft ein, dir zu helfen, und sie wird wirken. Sie weiß selbst, was zu tun ist. Du bist in diesem Zusammenhang nur wie ein Gefäß, ein Vermittler. Du lässt geschehen. Du lässt fließen. Du lässt deine Kundalinienergie heilsam sein. Dann kann sie sich während der Heilarbeit gleichzeitig auch selbst wieder stärken, aufbauen und erneuern. Darauf bitten wir dich zu achten.

Nun möchten wir über den Lotus deines Kronenzentrums sprechen. Die Darstellung der tausendblättrigen geöffneten Lotusblüte ist ein Symbol der erwachten Kundalinienergie. Wann immer du in der Stille bist, erlaube dir bitte, dich auf dein Scheitelzentrum zu fokussieren und den tausendblättrigen geöffneten Lotus wahrzunehmen. Erkenne, dass er Wurzeln hat. Diese führen durch deine Chakren und lassen auch dort wundervolle, strahlende Lotusblüten blühen. Des Weiteren wachsen die Wurzeln durch die Wirbelsäule bis in den goldenen Tempel deines Steißbeins. Dort fühlen sie sich wohl. Von hier beziehen sie Nahrung, die sie an die Blüten weiterleiten können. Die Wurzeln der Lotusblume reichen allerdings noch tiefer. Sie dringen tief hinein in den Schoß der Erde, wo sie abermals Nahrung erhalten. Die Lotusblüten selbst verströmen einen einzigartigen Duft, der in den Kosmos reicht und sich mit den Sternen verbindet. Verweile in diesem Bild sooft und so lange du möchtest und erlaube, dass dadurch die Erkenntnis, bezüglich deines wahren Wesens in dir, wächst.

Nun möchten wir noch einige Worte über das Ankh sprechen. Das Ankh ist ein Lebensschlüssel. Es ist ein Symbol, das Himmel und Erde verbindet beziehungsweise diese Verbindung versymbolisiert. Es ist ein Zeichen, das du nutzen kannst, um dich auf den Kosmischen Menschen, der du bist, auszurichten. Dazu stelle dir ein Ankh vor, das so groß ist, dass es die Gesamtheit, die du bist, umfasst. Der Berührungspunkt, an dem die Schlaufe den Querbalken berührt, ist dabei auf der Höhe deines Her-

zens. Bitte wisse, dass die Schlaufe den unendlichen Kreislauf des Lebens darstellt, die Verbindung zur Quelle, aus der alles Leben entstanden ist und entsteht. Sie ist wie ein Blütenblatt der Blume des Lebens, die in Allem-was-ist, enthalten ist.

Wenn du dir das Ankh um dich vorstellst, kann dieser Quellentropfen dabei Sirius und auch andere Sternenheimaten durchdringen, unabhängig davon, ob du sie benennen kannst oder nicht. Das heißt, du kannst sie als leuchtende Sterne oder Planeten wahrnehmen, die sich auf der Schleife befinden beziehungsweise von ihr durchwirkt werden. So fließt das Sternenlicht mit ein, während du dich innerhalb dieses Symbols befindest. Denn dieses Blütenblatt, wie wir es auch schon nannten, zeigt ebenso deine Seeleneinheit, wie sie sich aus der Quelle löste, und ihren Inkarnationsweg, der sie durch den Kosmos bis zur Manifestation auf der Erde führte. Dieser Teil des Ankh erinnert dich daran, dass du selbst Sternenlicht bist. Der Berührungspunkt in deinem Herzen, von dem aus ein zielgerichteter Strahl nach unten geht, zeigt die klare, gelenkte Manifestationskraft, aus der erschaffen wird. Er ist wie der Stamm des Baums des Lebens.

Während du dich innerhalb des Ankh befindest, bitten wir dich, den Längsstrahl so auszudehnen, dass er dich von deinem Herzen aus durchwirkt und hinein in die Erde reicht. Somit unterstützt er nicht nur deine Verbindung zu Gaia, sondern dein Präsentsein, dein Sein im Hier und Jetzt. Er fördert Klarheit und Ausrichtung und hilft dir bei der Umsetzung deiner Lebensaufgabe. Der Querbalken repräsentiert die Linearität und ist ein Ausdruck von Zeit und Raum. Das heißt, er sagt aus, dass du deine unendlich schöpferischen Möglichkeiten in die Materie hineingelenkt und das Sternenlicht gebündelt hast, um hier zu formen. Gleichzeitig gibt er Halt und Stabilität. Wir bitten dich also, wann immer du möchtest, das Ankh auf diese Art und Weise um dich wahrzunehmen. Dabei kann es sich auch leicht drehen, oder es bleibt ruhen, beides ist möglich. Wähle, was für dich stimmig ist. Auf jeden Fall bringt es dich ganz zu dir. Es zentriert dich, und du wirst dir des Kosmischen Menschen, der du bist, gewahr. Es lässt deinen göttlichen Funken in deinem Herzen strahlen. Die Energie des Symbols fließt so lange zu dir und durch dich, wie du möchtest. Dann kannst du es wieder auflösen und damit fortfahren, was du im Begriff zu tun gewesen bist.

Wir danken dir für deine Bereitschaft des Zuhörens und der Umsetzung. Atme bitte tief ein und aus. Bewege unsere Worte in deinem Herzen und empfange den Segen von Sirius. Wir sind Isis. Geliebtes Kind des Lichts, sei gesegnet. Jetzt und allezeit. Amen.

Ankh-Chakren-Meditation

Durch diese Meditation möchte Isis dir die Wirkungsweise des Ankh vertraut machen. Sie stärkt deine Chakren und fördert den harmonischen Energiefluss in der Gesamtheit deines Seins.

Dazu mache es dir bitte wieder bequem. Erde und zentriere dich und komme ganz im Hier und Jetzt an. Werde dir deiner Göttlichkeit gewahr. Sei eins mit deiner Göttlichkeit.

Nun gehe mit deiner Aufmerksamkeit zu deinem Herzen und lass von dort einen Lichtstrahl in den Kosmos, genau zu Sirius, entstehen. Reise über den Lichtkanal zu Sirius. Er führt dich zu einem Kristalltempel. Nimm bitte einen tiefen Atemzug und lass dich ganz auf das Schwingungsfeld von Sirius ein. Der Kristalltempel funkelt und glitzert. Betritt ihn und erlaube dir, ihn mit allen deinen Sinnen zu erfahren. Ein Klang erfüllt ihn. Die Frequenz erhöht sich, und Isis nimmt Raum. Sie heißt dich willkommen, und bringt dich an einen Ort, an dem du dich innerhalb des Kristalltempels bequem hinlegen kannst. Sie bittet dich, einen tiefen Atemzug zu nehmen und dich zu entspannen. Nun beginnt Isis, an und mit dir zu wirken. Dazu hält sie ein goldenes Ankh in ihren Händen. Sie berührt damit dein Basiszentrum und lässt seine lebenserschaffende Kraft dort hineinfließen. Dein Wurzelchakra wird genährt und erweitert.

Isis verweilt darin, so lange es für die Harmonisierung deines Basischakras stimmig ist. Dann führt sie das Ankh zu deinem zweiten Chakra. Auch hier strömt die lebenserschaffende Energie des Lebensschlüssels ein. Dein Sakralzentrum beginnt zu leuchten, wird weit und ausgeglichen. Nun berührt Isis deinen Solarplexus. Die lebenserschaffende Kraft des Ankh fließt ein. Sie lässt deine innere Sonne strahlen und pulsieren. Als Nächstes hält Isis das Symbol zu deinem Herzen. Auch hier strömt die lebenserschaffende Energie ein. Dein Herz heilt, wird mit Vertrauen erfüllt und öffnet sich.

Bei jedem Chakra verweilt Isis so lange, wie es für den Ausgleich und die Harmonisierung erforderlich ist. Atme dabei immer wieder tief und bewusst ein und aus. In diesem Sinn berührt Isis auch noch dein Kommunikationszentrum, dein Drittes Auge und dein Kronenchakra. Überall wirkt die lebenserschaffende Kraft des Lebensschlüssels. Die Energiezentren werden genährt und strahlen kraftvoll und frei. Nimm bitte wahr, wie sich deine Hauptchakren dadurch miteinander verbinden und ein einheitliches, gleichwertiges Schwingungsfeld bilden.

Isis berührt dich weiter mit ihrem Ankh. Zuerst an der Stelle deines Kreuzbeins, um deine Kundalinienergie zu segnen. Dann lässt sie es in deinen Fußsohlenchakren wirken. Dadurch kommst du noch mehr in deine göttliche Präsenz. Sie bittet dich, deine Ich Bin-Gegenwart wahrzunehmen und sie im Hier und Jetzt zu verkörpern. Im Anschluss daran führt sie es erneut zu deinem Herzen und in weiterer Folge zu deiner rechten und linken Handinnenfläche. Sie reinigt deine Handchakren und aktiviert sie. Isis lässt ihren Segen einfließen, indem sie dir in jede Hand ein kleines Abbild ihres Ankh als Zeichen ihrer Verbundenheit mit dir schenkt. Diese goldenen Lebensschlüssel sind, wenn du es möchtest, von nun an in deinen Handzentren. Du kannst sie durch deine mentale Ausrichtung aktivieren und die lebenserschaffende Kraft des Ankh weiter für dich und andere nutzen. Dabei wirst du immer auch im Kontakt mit Isis sein, und sie wird dich bei deinem Wirken begleiten und unterstützen, wenn es für dich stimmig ist. Das ist ein Geschenk von Isis an dich, um den Fluss der Heilkraft in dir zu intensivieren.

Wir laden dich ein, tief zu atmen, um es anzunehmen. Erlaube dir auf deine eigene Art zu spüren, wie deine Handzentren sich erweitern, pulsieren und das goldene Ankh in ihnen leuchtet. Isis bittet dich, bezugnehmend auf deinen spirituellen Weg Hingabe zu sein und dich ganz deiner Seele anzuvertrauen und dich von ihr führen zu lassen. Isis stellt dir nun die lebenserschaffende Kraft des Lebensschlüssels in jenen Bereichen deines Systems zur Verfügung, wo es dir guttut und du es im Moment benötigst. Deine Körper werden von ihr durchströmt. So finden auch in ihnen Ausgleich und Harmonisierung statt. Sie vereinen sich zu einem Sein. Ihre Schwingung erhöht sich und wird sanft der Fünften Dimension des Neuen Morgens angepasst. Dabei fließt das blauweiß-kristalline Licht von Sirius durch und um dich. Vielleicht hörst du dabei einen leichten, hohen Ton. Er aktiviert deinen Lichtkörper und somit deinen Kristalllichtkörper. Nimm deinen Kristalllichtkörper jetzt bitte auf deine eigene Weise wahr. Isis sagt, dass das eine gute Einstimmung für die Programmierung der Kristalle des Schlüssels der Isis ist. Deshalb lädt sie dich ein, dich immer wieder auf die sirianische Energie einzulassen und deinen Kristalllichtköper wahrzunehmen. Es erhöht deine Sensibilität im Umgang mit Kristallen, kristallinen Formen und Schwingungsqualitäten. Die Kommunikation und das Wirken mit ihnen werden sich dadurch erweitern.

Verweile nun noch ein wenig in der Stille, um dir die Siriusenergie und deinen Kristalllichtkörper noch vertrauter zu machen. Im Anschluss daran segnet Isis dich. Für den Moment zieht sie sich ein wenig zurück. Atme bitte tief ein und aus. Es ist Zeit, die Reise zu vollenden. Dazu bedanke dich bei Isis und verabschiede dich aus dem Tempel und dem Schwingungsfeld von Sirius. Kehre über den Lichtstrahl zurück in dein Herz und komme ganz in deinem Raum an. Erkenne die Veränderung in deinem Energiefluss und nimm die goldenen Ankhzeichen in deinen Händen wahr. Du bist ein Lichtwesen im Hier und Jetzt. Du bist göttliches Sein im Hier und Jetzt. In dieser Ausrichtung und in diesem Bewusstsein erde und zentriere dich, um vollkommen da zu sein.

Auf den nächsten Seiten möchte Isis dir noch mitteilen, wie du mit den erhaltenen Ankh-Symbolen wirken kannst. Dann ist die Einstimmung und somit der erste Teil des Buches vollendet. Anschließend lädt Isis dich ein, den „Schlüssel der Isis“ für dich zu entdecken. Der zweite Teil unseres gemeinsamen Wegs beginnt. Sei gesegnet. Jetzt und allezeit. Amen.

Wie du mit dem Ankh in deinen Händen wirken kannst

Isis sagt, dass du mit dem Ankh Blockierungen und Verdichtungen in Fluss bringen und Ungleichgewichte im System ausgleichen kannst. Du hast die Möglichkeit, es als eine eigene Behandlungsform zu nutzen, oder du integrierst es in einen bereits bestehenden Ablauf deiner Heilarbeit. Tue es so, wie du möchtest und es für dich stimmig ist.

Bevor du die lebenserschaffende Kraft des Ankh fließen lässt, bitten wir dich, dich zu erden, zu zentrieren und zu entspannen. Werde dir deiner Göttlichkeit im Hier und Jetzt bewusst. Verkörpere sie. Dann gehe mit deiner Aufmerksamkeit zu deinen Handflächen. Nimm die beiden goldenen Ankhzeichen wahr. Aktiviere sie, indem du beispielsweise sagst: „Im Namen meiner ICH-BIN-Präsenz aktiviere ich nun die goldenen Ankhsymbole in meinen Händen. Möge die lebenserschaffende Kraft mit dem Segen von Isis, in der Verbindung mit Sirius zum Wohle aller frei fließen. Jetzt. Amen." Dadurch beginnen sie zu pulsieren und zu leuchten.

Isis nimmt Raum, um dich zu unterstützen. Über den goldenen Strahl, also aus der Längsachse, fängt Licht an zu strömen. Wenn du dich im Vorfeld bereits mit Erzengel Raphael oder anderen Geschwistern des Lichts verbunden hast und ihre Energien über deine Hände ausstrahlen, integriert sich der Lichtfluss des Ankh harmonisch darin. Falls du deine Chakren- und Energiezentren ausgleichen möchtest, könntest du deine Hände nun an die betreffenden Stellen führen und das Ankhlicht einwirken lassen, bis du den Impuls verspürst, dass es ausreichend ist. Oder aber du folgst deiner Intuition und kannst so Verengungen im Energiefluss in der Gesamtheit deines Systems, also auch in den unterschiedlichen Ebenen deiner Körper, erkennen, berühren und auflösen.

Zum Schluss bitten wir dich, innezuhalten, um der Veränderung nachzuspüren. Dann bedanke dich bei Isis und der Siriusenergie. Die Ankhzeichen und der Lichtfluss hören auf zu pulsieren und zu strömen. Erde und zentriere dich und schließe deine Heil- und Energiearbeit wie gewohnt ab.

Auf die gleiche Art und Weise kannst du auch andere Menschen berühren. In diesem Falle würdest du dir (logischerweise ☺!) nach der Aktivierung der Ankhzeichen nicht selbst die Hände auflegen, sondern dem anderen Menschen. Du hättest auch die Möglichkeit, damit Fernbehandlungen durchzuführen. Es gibt noch zwei Erweiterungen zu dem bisher Empfohlenen. Es kann sein, dass du, während du mit den Ankhsymbolen wirkst, den Impuls verspürst, sie drehend zu nutzen. Wenn eine Verdichtung beispielsweise besonders tief oder festsitzend ist, unterstützt das Drehen des Ankhs im Uhrzeigersinn, also nach rechts, die Lösung. Das fördert die Ausleitung und unterstützt dabei, in Fluss zu kommen. Weitung und Öffnung finden statt. Wenn es sich bei der Verengung möglicherweise sogar um eine Energie handeln sollte, die nicht zum System gehört, bitten wir dich, sie durch die Drehbewegung ganz herauszulösen. (Vertraue dabei deiner Führung und deiner Intuition. Es ist erneut nicht erforderlich, weitere oder genauere Hintergründe zu kennen. Es geht primär um die Veränderung im Energiefluss, durch die der Impuls gegeben wird, dass sich die göttliche Ordnung und Harmonie innerhalb eines Systems wieder von selbst aufbauen können.) In diesem Fall wäre es allerdings wichtig, dass du die herausgelöste Energie entweder direkt in Isis' Hände übergibst, oder aber Erzengel Gabriel rufst, ihn bittest, neben dir Raum zu nehmen und sie ihm in die Hände legst. So kann sie gewandelt beziehungsweise dorthin zurückgebracht werden, wo sie eigentlich zu Hause ist.

Sobald du etwas aus einem System entfernt hast, ist es für das energetische Gleichgewicht erforderlich, auch wieder etwas einzufügen. Deshalb wäre es in einem solchen Fall wichtig, im Anschluss an das Herauslösen etwas einzuleiten. Dazu könntest du beispielsweise das nun ruhende Ankhsymbol auf die betreffende Stelle halten, um sie mit goldenem Licht zu füllen. Die zweite Möglichkeit, die du beim Wirken mit den Ankhzeichen hättest, ist, dass du sie bewusst zum Beispiel auch zum „Schließen" nutzen könntest. Nehmen wir an, dass ein Mensch einen viel zu weit geöffneten Solarplexus hat und dadurch alles ungefiltert direkt auf ihn einwirkt. So wird er regelrecht mit Informationen überflutet, sodass er nicht mehr unterscheiden kann, was zu ihm gehört und was nicht. Er kann sich nicht mehr in einem natürlichen und gesunden Ausmaß abgrenzen, was diesen erwähnten Kreislauf weiter fördert. Hier könnte es hilfreich sein, das Ankh durch (sanfte und behutsame) linksdrehende Bewegungen zu nutzen, damit sich der Solarplexus wieder auf ein Maß einstellen kann, das letztendlich für die Gesamtheit des Systems stimmiger und harmonischer ist. Durch diese Drehbewegung findet ein Zusammenziehen, ein Konzentrieren und Zentrieren von Energien statt. Isis sagt, dass du dieses beispielsweise bei blutenden Wunden ausprobieren kannst. Sie hören dadurch schneller auf zu bluten und heilen leichter.

Wenn du das Ankhsymbol auf die beschriebenen Arten anwenden möchtest, ist dazu deine klare Absicht von großer Bedeutung. Sie ist es, die zum Beispiel besagt: die Verengung in die Auflösung bringen, die Chakren auf ein harmonisches Maß schließen, den Blutfluss stoppen und die Wunde heilen lassen. Durch die Linksdrehung deiner Ankhzeichen könntest du auch eine Stelle, die einen besonderen Energiemangel zeigt, so auffüllen, dass das Halten und Bewahren der (neuen) Energiefüllung leichter ist. Das, was du an heilenden Kräften hast einströmen lassen, fließt nicht gleich wieder ab, sondern kann so genutzt werden, dass tatsächliche Veränderungen in der Materie sichtbar werden können. Während sich dein Ankh dabei also nach links bewegt, strömt entweder sein eigenes goldenes, lebenserschaffendes Licht mit ein, oder aber du lässt durch deine klare Absicht zusätzlich noch andere Energiequalitäten zur Füllung mitfließen. Lebensfreude, Selbstliebe usw. Das geschieht so lange, bis die Stelle beziehungsweise der Mensch „satt“ ist.

Am Ende einer Behandlung, die du mit einem anderen Menschen gemacht hast, bitten wird dich, die Sitzung abzurunden, indem du zum Beispiel ein goldenes Lichtei um den Menschen visualisierst, seine Aura ganz liebevoll glattstreichst und ihn an den Füßen berührst, um ihn zu erden. Dann lade seinen Schutzengel ein, Raum zu nehmen, bitte ihn, ihn zu begleiten und übergib ihn bewusst seiner Obhut. Du selbst weißt ja schon, was du dabei für dich tun darfst, und an dieser Stelle möchten wir nur erwähnen, dass es hilfreich ist, zusätzlich noch deine Hände zu waschen. Die klare Absicht, die wir vorher bereits erwähnten und auf die wir nochmals kurz zurückkommen möchten, entsteht aus der guten Verwurzelung und somit der Annahme deines Seins im Hier und Jetzt. Ebenso aus der bewussten Wahrnehmung der Einheit mit deiner Seele, der du dich hingibst und die dich führen darf. Es ist ein Ausdruck, der sich jenseits unseres alltäglichen Denkens der so vertrauten, ständig überlegenden schnatternden Gänse in unserm Kopf befindet. Es ist eine innere, sichere Gewissheit, die genau weiß, was zu tun ist, ohne zu zweifeln oder zu denken. Es ist ein Sein im Hier und Jetzt.

Mögen das heilbringende Licht und die lebenserschaffende Kraft der Ankhsymbole in deinen Händen allezeit mit der Liebe und der Weisheit deines Herzens verbunden sein und somit dem Wohl aller und allem dienen! Sei gesegnet. Jetzt und allezeit. Amen.

Teil 2: Der Schlüssel der Isis

Isis und Sirius

Isis ist vielen von uns aus der ägyptischen Mythologie vertraut. Nachdem ihre große Liebe, Osiris, zerstückelt und an verschiedenen Orten verteilt worden war, machte Isis sich auf den Weg, sie wieder einzusammeln und zusammenzusetzen. Nur seinen Penis konnte sie nicht mehr finden. Deshalb formte sie einen neuen aus Gold. Dann hauchte sie Osiris wieder Leben ein. Im Anschluss daran zeugten sie gemeinsam Horus. Diese Geschichte enthält viel Weisheit, die auch für die heutige Zeit und die Wiederkehr der Großen Göttin nach wie vor große Bedeutung hat. Sie wird uns beim zweiten Schlüssel der Isis nochmals begegnen.

Des Weiteren wird Isis als Große Mutter und unter anderem als Göttin der Magie, Heilkunst und Alchemie verehrt. Doch Isis ist auch ein Sternenwesen, eine Sternenschwester von Sirius. So gehört(e) es zu ihren Aufgaben, die Verbindung zu Sirius aufrechtzuhalten und den Menschen immer wieder das Sternenwissen von Sirius zu bringen, um in ihnen die Erinnerung daran lebendig zu halten.

Sirius ist für viele von uns eine vertraute Sternenheimat. Die Herausforderung für Menschen, die eine sehr sirianische Grundschwingung mitbringen, ist häufig, aus der Vielzahl an Ideen, die ihnen im Kopf herumschwirren, eine auszuwählen und sie wirklich auf die Erde zu bringen. Es fällt ihn manchmal schwer, Prioritäten zu setzen. Oft sind es sehr lebhafte und quirlige Menschen, die gerne tanzen und in Bewegung sind. Vieles geht ihnen zu langsam, und Geduld ist eine Qualität, die sie immer wieder üben dürfen, auch im Umgang mit sich selbst.

Vielzählige Pflanzen sind aus dem Sternenlicht von Sirius erschaffen worden, wie zum Beispiel die Hortensien, die Ananas und andere Bromeliengewächse, die Lupinien usw. Viele Hunde, einige Katzen, aber vor allen Dingen unsere Delfine sind Sternenwesen von Sirius. Zu ihren Aufgaben gehört(e) es auch, Energieverbindungen zu und die Kommunikation mit Sirius aufrechtzuerhalten.

Meistens haben Menschen mit tiefen sirianischen Wurzeln eine große Zuneigung zu Tieren und bringen eine ausgeprägte Fähigkeit, mit ihnen zu kommunizieren, mit auf die Erde. Sie haben das Talent, als Tierheiler, Tierheilpraktiker und Tierkommunikator zu wirken. Genauso oft werden sie beispielsweise von Krafttieren wie Delfinen begleitet, oder sie verspüren eine große Anziehung zu Delfinen. Einige dieser Menschen besitzen einen besonderen Ausdruck in ihren Augen. Wenn man hineinschaut, sieht man die Weite der Meere und hat das Gefühl, in die Augen eines Delfins zu blicken. Manchmal kann man darin auch spielende oder springende Delfine erkennen.

In dieser Zeit des Aufstiegs hat die Schwingung von Sirius für uns folgende Bedeutung: Sie stellt uns ein blauweißes, kristallines, durchlässiges Licht zu Verfügung, das die Manifestation unseres Kristalllichtkörpers und des kristallinen Christusbewusstseins, so, wie wir es bereits erwähnten, fördert. Dadurch werden die Materie und unser materieller Körper durchlässiger, was beispielsweise die Wahrnehmung und die Kommunikation mit Kristallen und Kristallwesen erweitert und intensiviert. Gleichzeitig eröffnen sich uns dabei weitere Tore in das Naturreich; und das Wirken beispielsweise mit den heilenden Kräften von Pflanzen wird eine neue Dimension für uns erreichen. Isis ist in diesem Zusammenhang als Tochter der Shekaina (= der weibliche Aspekt der Quelle) und Teil der Großen Göttin unsere Vermittlerin. Sie lässt uns an den immerwährenden Mysterien des Lebens und der Erschaffung des Universums teilhaben. So kann uns eine bestimmte (sirianische) Lichtfrequenz berühren, wir integrieren sie und geben sie über und durch unser Sein weiter. Das hilft uns, letztendlich die gesamte Menschheit, zu der wir gehören, und die Erde in die Fünfte Dimension zu gebären. Der Schlüssel der Isis unterstützt uns dabei.

Der Schlüssel der Isis

Wie bereits erwähnt, bezeichnet der Schlüssel der Isis neun Bergkristalle, die eine bestimmte Programmierung in sich tragen. In den nächsten Kapiteln möchte Isis die Anleitung dazu geben. Im Anschluss daran wird sie dir noch etwas über die Anwendung, wie du sie für dich nutzen und in dein Wirken mit anderen integrieren kannst, mitteilen. Zuerst bittet sie dich, dir neun stehende, geschliffene Bergkristallspitzen (ca. 4 – 5 cm) auszuwählen, die den Schlüssel mit dir bilden möchten. Zum Finden deiner Kristalle ist es hilfreich, wenn du dich kurz erdest, zentrierst und dich auf dein wahres Wesen fokussierst und es verkörperst. Dann formuliere in deinem Herzen die klare Absicht und Bitte, zu diesen Kristallen geführt zu werden beziehungsweise wahrzunehmen, wo sie auf dich warten und du sie finden wirst, die sich für die folgenden Programmierungen zur Verfügung stellen möchten. Atme den Wunsch aus deinem Herzen aus und lass ihn frei, sodass er sich umsetzen kann. Nun (auch in den nächsten Tagen) achte auf deine Intuition, deine inneren Impulse und lass dich führen.

Wenn du deine neun Bergkristalle gefunden hast, bitten wir dich, sie folgendermaßen auf ihre neue Aufgabe vorzubereiten: Jeder von ihnen ist wie ein einzigartiges Wesen, das sich dazu bereit erklärt hat, Teil des Schlüssels der Isis zu werden und zu sein. Nimm bitte jeden Einzelnen bewusst in deine Hände. Spüre ihn auf deine eigene Art und Weise, lass eine Kommunikation und einen Kontakt mit ihm entstehen. So baut sich eine Verbindung zwischen dir und dem Kristall auf. Bedanke dich bei ihm, für seine Bereitschaft, mit dir gemeinsam zu wirken, und segne ihn im Namen deiner göttlichen ICH-BIN-Präsenz. Dann stelle ihn für den Moment wieder zu den anderen zurück.

Die Geistige Welt bittet dich, dass du dir, bevor du mit der Programmierung der einzelnen Steine beginnst, auch ein Bild eines goldenen Ankhs auswählst. Solltest du keins haben, kannst du dir eins auf ein Blatt Papier malen und im Anschluss daran laminieren. Es sollte so groß sein, dass du alle neun Bergkristalle leicht auf dem Symbol verteilen kannst und sie darauf Platz haben, wobei zum jetzigen Zeitpunkt die Reihenfolge, wie du sie stellst, noch keine Bedeutung hat. Als nächsten Schritt lädt dich die Geistige Welt ein, das Ankh wie folgt aufzuladen und zu aktivieren.

☆☆☆

Halte bitte sein Abbild in deinen Händen. Atme bewusst ein und aus. Entspanne dich, erde und zentriere dich. Sei eins mit deiner göttlichen Essenz und nimm dich als das Lichtwesen wahr, das du wahrlich bist. Goldenes Licht strömt zu dir in deinen Raum. Es erfüllt dich und alles, was mit dir und um dich ist. Wisse, dass es direkt aus dem Tempel von An, aus dem mittleren Gürtelstern des Orions, zu dir fließt. Atme es tief in dich ein und aus. Es richtet dich auf den Neuen Morgen und die geheilte Dualität aus. Es unterstützt dich, dich zu erkennen und deine Bestimmung zu leben. Jetzt.

Über das goldene Licht von An nehmen nun deine Sternengeschwister, die Og Min, mit dir Kontakt auf. Große, strahlende Lichtwesen treten zu dir. Sie begrüßen dich. Einer von ihnen legt seine Lichthände auf deine, in denen du das Ankh hältst. Er verbindet es mit dem Tempel von An. So wird es aktiviert. Erlaube dir wahrzunehmen, wie es zu pulsieren, zu leuchten und zu strahlen beginnt. Es wird in deinen Händen lebendig. Die Og Min segnen das Ankh. Somit dient es dem Leben, dem Licht und der Quelle allen Seins.

Liebevoll und sanft lösen und verabschieden sich die Og Min von dir. Das goldene Licht von An hört auf einzustrahlen. Dein Ankh bleibt allerdings mit dem Tempel von An verbunden. Von nun an ist es ein Zeichen der Fünften Dimension und unterstützt ihre Manifestation. Die Geistige Welt bittet dich, einige bewusste Atemzüge zu nehmen und dich dann wieder zu erden und zu zentrieren. Die Aktivierung deines Ankh-Symbols ist somit abgeschlossen. Lege es bitte zur Seite.

Nun werden die neun Bergkristalle gereinigt. Du kannst sie dazu einzeln in die Hand nehmen oder auch alle gleichzeitig, so, wie du möchtest und es für dich stimmig ist. Schließe bitte kurz deine Augen. Entspanne, erde und zentriere dich. Sei dir deiner Göttlichkeit, die du bist, gewahr. Als Lichtwesen hältst du die Kristalle in deinen Händen. Nun lade Erzengel Gabriel ein, mit seinem weißen Strahl der Reinigung Raum zu nehmen. Atme tief ein und aus. Weißes Licht berührt dich, hüllt dich ein und durchströmt dich. Nimm Gabriel bitte auf deine eigene Art und Weise wahr. Der Engel begrüßt dich, und nun legt er seine Hände auf deine. Die Energie der Klarheit fließt aus ihnen, durch dich, in die Steine hinein. Sie wandelt, löscht und weht alles sanft davon, was nicht zu den Kristallen und ihrem Wesen gehört und den neuen Aufgaben nicht mehr dient. Sie lässt ihr ursprüngliches reines, göttliches Licht strahlen. Sie bereitet sie darauf vor zu empfangen und bringt sie liebevoll wie eine Knospe zum Blühen. Spüre die Lebendigkeit der Bergkristalle in deinen Händen.

Lass Gabriels Licht so lange fließen, bis die Steine hell leuchten und pulsieren und du den Impuls erhältst, dich bei dem Engel für seine Unterstützung zu bedanken. Gabriels Segen erfüllt die Kristalle. Er verabschiedet und löst sich von ihnen und dir. Das weiße Licht zieht sich wieder zurück. Atme nochmals bewusst ein und aus. Stelle die Steine auf das Ankh. Die Reihenfolge ist im Moment nach wie vor nicht von Bedeutung. Nun erde und zentriere dich erneut und schließe die Reinigung der Kristalle ab. Der nächste Vorbereitungsschritt für den Schlüssel der Isis ist vollendet.

☆☆☆

Die Geistige Welt bittet dich, bevor du mit der Programmierung der einzelnen Steine beginnst, sie, auf dem Ankh stehend, noch cirka drei Tage mit Sonnenenergie aufzuladen. Dazu stelle sie einfach in die Sonne. Wenn diese gerade nicht scheinen sollte, laden dich deine feinstofflichen Geschwister ein, eine energetische Verbindung mit ihr aufzubauen. In diesem Fall sei dir wieder des Lichtwesens gewahr, das du bist. In der Einheit mit deiner ICH-BIN-Präsenz rufe nun die solaren Kräfte dieses Universums. Bitte sie Raum zu nehmen, um mit ihrer Strahlkraft die Kristalle auf dem energetisierten Ankh zu berühren und mit ihrem Licht zu durchfluten. Bitte die Sonne, die Steine zu weihen, sodass sie Teile des Schlüssels der Isis werden und sind. Dabei stell dir vor, wie unsere Muttersonne am Himmel leuchtet. Sie ist mit vielen anderen Sonnen in diesem Universum verbunden, und somit auch mit der Zentralsonne, als Ausdruck der Einheit aller solaren Energien.

Die Muttersonne lässt ihre Sonnenstrahlen direkt in die Bergkristalle und auf das Ankh scheinen. Das tut sie so lange, bis du dich bei ihr (beispielsweise nach den drei empfohlenen Tagen) bedankst und die bewusste Verbindung zwischen ihr und den Kristallen wieder auflöst. Während dieser Zeit könntest du einen „Sonnenstein" als Ankerpunkt der solaren Energien in der Materie zusätzlich zu den Bergkristallen auf das Ankh legen. Der Sonnenstein könnte ein Citrin, eine Pyritscheibe oder ein Hämatit-Feldspat sein. Da es aber nicht erforderlich ist, sondern nur eine Möglichkeit, die den Energiefluss zwischen Himmel und Erde unterstützt, kannst du den Stein einfach dazu geben, wenn du einen hast. Du brauchst keinen zu besorgen, denn nach den drei Tagen benötigst du ihn nicht mehr.

Die Bergkristalle sind nun für den Schlüssel der Isis vorbereitet. Die Programmierung der einzelnen Steine kann beginnen. Vor jedem einzelnen Teil des Schlüssels bitten wir dich, den entsprechenden Bergkristall auszuwählen und ihn mit einem Stift oder Sticker zu nummerieren. Bei der Wahl des für dich stimmigen Zeitpunkts für eine Kristallprogrammierung lädt die Geistige Welt dich ein, deiner Intuition zu folgen. So kann es sein, dass du alle Steine an einem Tag energetisieren möchtest. Genauso wäre es möglich, dass du zwischen den einzelnen Schlüsselprogrammierungen mehrere Tage verstreichen lässt. Folge deinem eigenen Rhythmus.

Isis bittet dich, auch wenn die Vorbereitung etwas aufwändig zu sein scheint, die genannten Schritte bewusst zu setzen. Dadurch baust du bereits ein Schwingungsfeld auf, das das Einlassen auf den Schlüssel der Isis fördert und den Energiefluss auch in weiterer Folge intensiviert. Die vorbereiteten und später programmierten Kristalle haben die Aufgabe, Sternenlicht in die Materie zu bringen. Sie sind sozusagen Vermittler zwischen Himmel und Erde. Isis bittet dich zu erkennen, dass sie dir hier ähnlich beziehungsweise ein Spiegelbild sind. Bezogen auf den Schlüssel der Isis bedeutet dieses für dich, dass während der Programmierung der Steine auch in dir eine Veränderung und Wandlung stattfindet. Je mehr du mit den Kristallen wirkst, umso deutlicher wird dieses sichtbar und spürbar werden und sein.

Der Schlüssel der Isis dient der Bewusstwerdung. Letztendlich ist das Ziel des Schlüssels der Isis, dass du ihn quasi integrierst und dadurch selbst zum Schlüssel der Isis wirst. Die nächsten Kapitel sind der Weg dazu. Deshalb bittet dich Isis, nicht nur deine Kristalle auf die

Programmierung vorzubereiten, sondern auch dich selbst. Beispielsweise könntest du sieben oder neun Tage vorher mit reinigenden Salzbädern oder Basenbädern beginnen. Achte in der Zeit auf deine Ernährung und darauf, alles zu tun, was dir guttut und Freude bereitet. Lade immer wieder die weiße Flamme der Klarheit und Reinigung ein und beauftrage sie, Altes, Überholtes und Belastendes in Leichtigkeit zu durchdringen und zu lösen. Richte dich in diesen Tagen immer wieder auf dein wahres Wesen und auf deine Verbindung zu Sirius aus. Erlaube, dass dich das Siriuslicht durchströmt. Gehe immer wieder in die Stille und nimm dich wahr. Lass dich auf Isis ein. Achte auf deine Träume und auf die Botschaften, die sie dir übermitteln möchte. Sei gesegnet. Amen.

1. Schlüssel der Isis
Durchlichtung der Materie

Beim ersten Schlüssel der Isis geht es um die Annahme, dass alles, auch die materielle Welt, Energie und somit Licht ist. Wenn wir unsere Aufmerksamkeit darauf lenken, stärken wir dieses Licht, und es kommt zu einer Schwingungserhöhung. Diese wiederum fördert unsere Wahrnehmung, was wir wirklich sind. Dieses wird als Durchlichtung der Materie bezeichnet. In diesem Zusammenhang bittet dich Isis, die Verbindung zwischen „Heilen“ und „Heiligkeit“ zu erkennen. Wenn du in Allem-was-ist das Licht und somit die Göttlichkeit sehen kannst, nimmst du die Heiligkeit, die innewohnt, an. Dadurch öffnen sich dir Türen, die deine Fähigkeit des Heilens erweitern. Isis sagt, dass du alles, was du als heilig erachtest, heilen kannst, weil du in ihm die göttliche Quelle und somit die Fülle aller Möglichkeiten anerkennst. Sie möchte dich durch die Schwingung von Sirius unterstützen, zuerst die Heiligkeit deines eigenen physischen Körpers und der Gesamtheit, die du bist, zu achten.

☆☆☆

Isis lädt dich ein, kurz innezuhalten. Atme bitte bewusst ein und aus. Lege deine Hand auf dein Herz, um dich zu spüren und ganz bei und in dir zu sein. Erlaube dir, dich für einige Minuten auf deinen physischen Körper einzulassen. Wie empfindest du ihn? Wie nimmst du ihn wahr? Was ist er für dich? Was bedeutet er dir? Wie fühlst du dich in ihm? Vertraust du ihm? Ist er dir ein Freund? Oder ist er eher etwas Lästiges und Unangenehmes für dich? Wie auch immer deine Antworten dazu ausfallen, ist es in Ordnung.

Beginne nun, mit deinem Körper zu kommunizieren. Wähle deine eigenen Worte, um ihm deine Dankbarkeit zu zeigen und deine Zuwendung zu schenken. Dabei kannst du deine Hand weiter auf deinem Herzen ruhen lassen und dir vorstellen, dass deine Worte darüber einströmen und ihren Weg durch dein physisches Sein finden. So kannst du mit der Gesamtheit deines Körpers sprechen, mit einzelnen Organen oder mit einer Zelle, stellvertretend für alle. Teile ihm etwas Liebevolles und Anerkennendes mit. Halte diese Zwiesprache so lange es für dich stimmig ist.

Im Anschluss daran bitten wir dich, dir die vorangegangenen Fragen nochmals zu stellen. Nimm wahr, ob sich dabei in deinem Energiefluss, in deiner Körperwahrnehmung und in deinen Antworten möglicherweise etwas verändert hat. Dann atme tief ein und aus, erde und zentriere dich und sei wieder ganz im Hier und Jetzt.

☆☆☆

Isis sagt, dass bereits eine kleine Wandlung deiner Sichtweise und Einstellung zu dir selbst große Veränderungen in deinem Schwingungsfeld erzeugt und somit deine Wirklichkeit mitgestaltet. Erkenne, dass du bei der empfohlenen Kommunikation mit deinem Körper deine Mitschöpferkraft genutzt hast. Für die Durchlichtung der Materie regt dich die Geistige Welt deshalb an, auf die genannte Art sooft wie möglich mit dir selbst zu sein beziehungsweise mit deinem Körper zu sprechen. Je häufiger du dieses umsetzt, je dankbarer und liebevoller du mit deinem physischen Sein kommunizierst, umso leuchtender und vitaler wird es strahlen und sein. Dein physischer Körper ist der Tempel deiner Seele. Wenn er das sein darf, fühlt sich deine Seele in ihm wohl. Sie kann ihn ganz erfüllen. Dadurch lebst du automatisch deinen Seelenplan. Deshalb nimm dir für das Einlassen auf deinen Körper bitte immer wieder Zeit. Durch die Wahrnehmung und Pflege deines Körpertempels entsteht ein achtsamer, respektvoller und würdevoller Umgang mit dir selbst, mit anderen Menschen und ihren „Tempeln", wie auch mit Tieren, Pflanzen, der Natur und der Erde. Letztendlich mit allem, was lebt. Isis lädt dich deshalb ein, deine Mitschöpferkraft entsprechend zu nutzen. Bewege die Worte in deinem Herzen. Isis dankt dir. Sei gesegnet. Amen.

☆☆☆☆☆

Lichtmeditation

Die folgende Meditation soll deine Wahrnehmung, dass dein Körper Licht und ein Tempel ist, fördern.

Bitte mache es dir bequem und entspanne dich. Atme tief ein und aus. Gehe mit deiner Aufmerksamkeit ganz zu dir und nimm dich einfach wahr. Alles ist gut so, wie es ist. Lass deine Wurzeln bis in den solaren Kern der Erde, bis in ihren Mittelpunkt wachsen. Die Liebe von Gaia durchströmt sie. Sie gibt dir Halt und Stabilität. Nun erinnere dich an den göttlichen Funken in deinem Herzen. Er leuchtet und strahlt, dehnt sich aus und erfüllt die Gesamtheit, die du bist. Erinnere dich daran, dass du ein Lichtwesen bist. Verkörpere es im Hier und Jetzt.

Erlaube dir wahrzunehmen, dass weißblaues, kristallines Licht in den Raum, in dem du bist, einstrahlt. Es berührt dein Sein und hüllt dich ein. Wisse, dass Isis sich dir über diese Energie naht und sie sich dir so zeigt, dass es für dich annehmbar und stimmig ist. Isis begrüßt dich. Sie führt ihr Ankh segnend zu deinem Herzen und deinem Dritten Auge. Dann hebt sie ihre Arme und ruft in das Licht der Erschaffung, sodass sie daraus vier leuchtende, stehende Bergkristalle manifestiert, die sie in einer quadratischen Form um dich platziert. Sie bilden eine pyramidale Konstruktion, in deren Mitte du dich befindest. Nun lässt Isis noch einen weiteren Kristall entstehen, den sie dir in die Hände gibt, und sie bittet dich, ihn zu halten. Er pulsiert und verbindet sich mit den Kristallschichten im Inneren der

Erde, dem lichten Fokus von Atlantis und dem Schwingungsfeld von Sirius. Die genannten Kräfte strömen in die Pyramide, in der du bist, ein. Atme bewusst und lass dich auf die unterstützenden Energien ein. Nimm sie auf und an.

Isis ist dir nahe. Sie befindet sich mit dir in dem geschaffenen Pyramidenraum und bittet dich, den Energiefluss in dir wahrzunehmen. Der Durchfluss in deiner Wirbelsäule, deine Verbindung zwischen Himmel und Erde, deine Chakren, alle Energiezentren und -bahnen in deinem Sein, deine Körper werden von der atlantischen und sirianischen Kraft durchwirkt. Es findet eine Erweiterung, eine Klärung und eine Neuausrichtung in deinem System statt. Für dich gibt es dabei nichts zu tun. Dein mentales Sein braucht nichts zu verstehen. Erlaube dir einfach, es geschehen zu lassen.

Isis erhebt erneut ihre Hände. Dabei richtet sie die solaren Kräfte des Universums auf die Pyramide aus. Das heißt, dass sie die Strahlen der Zentralsonne durch die Muttersonne hindurchlenkt und beide Sonnenenergien über die Spitze des Pyramidenraums, in dem du bist, mit einstrahlen lässt. Sie verbindet sie mit der atlantisch-sirianischen Energie, die dich bereits durchwirkt. Atme tief ein und aus. Nimm wahr, dass sich dadurch die Schwingung um dich und in dir verändert. Der Fluss der Energien intensiviert sich. Es ist wie ein Pulsieren, ein energetischer Tanz, und du bist ein Teil davon. Dadurch können sich auch noch vorhandene Altlasten und Verengungen aus deinen Energiezentren und Körperspeichern in Leichtig-

keit lösen. Erlaube einfach, dass es ist. Je länger du in diesem Licht verweilst, umso heller und strahlender wird die Gesamtheit, die du bist.

Isis bittet dich, deine Aufmerksamkeit nun ganz bewusst den Zellen deines physischen Körpers zuzuwenden. Fokussiere dich dabei auf deine DNS. Stell dir vor, wie die Energie der Pyramide einstrahlt und diese zur Entfaltung bringt. Verknotungen, Versiegelungen und Unterbrechungen der nicht geheilten Dualität wandeln und transformieren sich. Deine DNS beginnt weißgolden zu leuchten. Gleichzeitig visualisiere deine geöffnete Zwölf-Strang-DNS auf eine Art, die für dich stimmig ist. Stell dir vor, wie sie sich in jeder Zelle befindet, und manifestiere sie dadurch in deinem physischen Körper. Jetzt. Dein physisches Sein wird leicht und durchlässig, und dennoch ist es ganz präsent. Es verbindet sich auf eine liebevolle und sanfte Weise mit deinen feinstofflichen Ebenen, sodass sich die Trennungen zwischen den Körpern aufheben. Ihre Frequenzen passen sich harmonisch an, und ein Schwingungsfeld der Einheit entsteht. Nimm die atlantisch-sirianischen und solaren Energiewellen wahr, die so durch dein Sein wirken. Dabei erzeugen sie einen Klang. Vielleicht kannst du ihn vernehmen. Falls dein Körper das Bedürfnis verspüren sollte, sich leicht zu bewegen, um den Energiefluss in der beziehungsweise bis in die Materie zu fördern, bitten wir dich, diesem Impuls nachzugeben und es zu tun.

Während die Kristall- und Sternenkräfte weiter strömen und Erweiterung bringen, beginnt Isis mit dir zu sprechen.

Sie sagt: „Geliebtes Kind des Lichts. Es ist Zeit, dich zu erkennen und wieder das zu sein, was du eigentlich bist. Du bist ein göttlicher Funke, der sich vor langer Zeit auf die Reise durch das Universum begeben hat. Du warst dir deiner Einheit mit der Quelle bewusst und hast dich dennoch auch als einen einzelnen Teil vom großen Ganzen erfahren. Du bist ein Lichtwesen und hast an der Erschaffung von Gaia mitgewirkt. So kamst du auf diese damals junge Erde. Durch die Verdichtung, die du in weiterer Folge nach dem Untergang von Atlantis erlebtest, hast du vieles davon vergessen. Wir sind gekommen, um dich an deinen göttlichen Ursprung zu erinnern. Denn durch die Erinnerung daran kannst du deine wahre Größe, deine Bestimmung und deine unendlichen Möglichkeiten (des Erschaffens) leben.

Erkenne, dass in den alten Mysterienschulen versucht wurde, die Erinnerung an den göttlichen Ursprung zurückzuholen und aufrechtzuerhalten. Die Priesterinnen und Priester hatten die Aufgabe, das Wissen um das wahre Wesen, um das Licht- und Sternenwesensein und die Verbindung zur Quelle zu erfahren, zu behüten und zu bewahren. Deshalb wurden sie geschult, initiiert und eingeweiht, letztendlich bis sich das Bewusstsein aller Menschen erneut so entwickelt hatte, dass sie für die Annahme und die Öffnung dieses Wissens bereit waren. Das ist bis zum heutigen Tag so geblieben. Das, was als Aufstieg in die Fünfte Dimension bezeichnet wird, zeigt an, dass es nun soweit ist. Deshalb werden jene unter euch, die den Weg der Einweihungen und der Priesterschaft gegan-

gen sind, dazu eingeladen, diese Aufgabe nochmals zu erfüllen. Ihr seid aufgerufen, euch an euer eigenes wahres Wesen, an eure Priesterschaft, zu erinnern. Ihr seid eingeladen, die alten Stätten und Einweihungstempel zu betreten und zu nutzen, um sie und ihre Geheimnisse zu öffnen und allen Menschen zugänglich zu machen. Durch die dir zur Verfügung gestellte atlantisch-sirianische und solare Energie wird dieses gefördert und eine Aufgabe des ersten programmierten Kristalls sein.

Nun lass die Erinnerung an dein wahres Wesen leuchten. Sei das Licht, das du bist. Sei die Seele, die du bist. Sei der Priester und die Priesterin, der und die du warst und bist. Du bist ein Vermittler, ein Kanal des Lichts. Durch dich strömt die Erdenergie in den Himmel und das Sternenlicht auf die Erde. Atme bitte tief ein und aus. Die Vereinigung der atlantisch-sirianischen und solaren Kräfte berührt dein Sein und setzt Impulse. Es erinnert dich, dass du selbst ein Licht der Quelle bist. Es lässt dich erwachen.

Wir wenden uns erneut deinem physischen Körper zu. Dein physischer Körper ist Licht. Jede seiner Zellen ist Licht. Wir bitten dich, nach jedem unserer Sätze innezuhalten und ihn nochmals wie folgt wiederzugeben:

Mein physischer Körper ist Licht. Jede meiner Zellen ist Licht.

Wir sagen: Deine Organe sind Licht. Wiederhole: Meine Organe sind Licht.

Wir sagen: Deine Muskeln sind Licht. Deine Knochen, deine Sehnen, deine Gelenke, dein Gewebe,– alles ist Licht. Dein Blut, dein Kreislaufsystem, deine Nerven und deine Lymphe, alles ist Licht. Deine Haut, deine Haare und deine Nägel sind Licht. Dein Gesicht, deine Sinnesorgane, dein Kopf sind Licht. Dein Hals und dein Oberkörper, deine Arme und Hände sind Licht. Dein Bauch, dein Unterbauch, dein Becken, deine Hüften, deine Beine und deine Füße sind Licht. Die Gesamtheit deines physischen Seins ist Licht. Deine Gefühle, deine Erfahrungen, die Speicherungen und die Aspekte deines Emotionalkörpers sind Licht. Die Gesamtheit deines emotionalen Seins ist Licht. Deine Gedanken, deine Überlegungen, deine Überzeugungen, deine mentalen Konstrukte und dein Mentalkörper ist Licht. Die Gesamtheit deines Gedankenkörpers ist Licht. Dein spiritueller Körper mit all seinen Prägungen und Glaubenssätzen ist Licht. Deine Seelenessenz ist Licht. Die Gesamtheit deines spirituellen Seins ist Licht.

Wir bitten dich, so oft wie möglich im Licht zu baden, Licht zu sein. Das hebt deine Grundschwingung. Dadurch unterstützt du die Geburt in den Neuen Morgen, die somit so sanft wie möglich geschieht. Da es dabei um einen Aufstieg in und mit der Materie geht, ist das vermehrte und regelmäßige Miteinbeziehen deines physischen Körpers in den Aufstiegsprozess von großer Wichtigkeit. Früher war es in den Mysterienschulen nötig, intensive Reinigungen sowie entsprechende Rituale und Vorbereitungen zu vollziehen, um die Wahrnehmung des göttlichen Ursprungs zu ermöglichen. Heute ist es wichtig anzunehmen, dass der physische Körper Licht ist so, wie die Gesamtheit, die du bist. Durch dieses Einlassen auf das Licht verändert sich die Einstellung zu dir selbst. Daraus entsteht die selbstverständliche Verkörperung des Lichtwesens, das du bist, wovon wir immer wieder sprechen. Als Lichtwesen betrachtest und erlebst du deinen Körper als heiliges Gefäß, als heilige Stätte, als Tempel. Er ist eine Lichtstätte.

Nun erweitere deine Sicht. Wisse, dass auch das physische Sein der anderen Menschen ein Lichttempel ist. Nimm es als solches wahr. Wenn du beginnst, alle Körper als Tempel zu sehen, wirst du bald die feinen Energielinien und den Austausch, der zwischen ihnen stattfindet, erkennen. Dadurch bildet sich ein Lichtnetz auf dieser Erde, das die Gesamtschwingung erhöht. Wisse auch, dass die ätherischen Lichttempel der Aufgestiegenen Meister und Meisterinnen, die es rund um Gaia gibt, wie ein kosmisches Pendant sind. Das heißt, dass du dich mit ihnen auf eine neue Art und Weise vernetzt, wenn du deinen eigenen physischen Körper als Lichttempel annimmst. Das fördert die Kommunikation mit den Lichtgeschwistern und den kosmischen Strahlen. Es erweitert dein Bewusstsein, und du erhebst dich sozusagen in der Gesamtheit, die du bist. Es unterstützt deinen persönlichen Aufstieg. Du beginnst, dich in der Fünften Dimension zu verankern, zu stabilisieren und dich in ihrem Schwingungsfeld selbstverständlich und dauerhaft zu bewegen. Es wird so sein, als ob du dich in einem eigenen Raum des Friedens und der Ruhe befindest. Von dort aus beobachtest du alles, was auf der Erde geschieht. Doch vieles davon berührt dich nicht mehr. So findet das vollständige Abstreifen der nicht geheilten Dualität statt. Das ist die Geburt der Fünften Dimension. Es ist deine Aufgabe, als Lichtwesen, als Priester und Priesterin daran mitzuwirken. Wir sind hier, um dich dabei zu begleiten. Wir möchten nun mit der Programmierung des ersten Kristalls beginnen. Wir sind Isis. Sei gesegnet."

Bitte bewege die Worte von Isis in deinem Herzen. Verweile in dem atlantisch-sirianischen und solaren Energiefluss so lange, bis dir die Wahrnehmung, dass dein physischer Körper ein Tempel und somit die Gesamtheit, die du bist, Licht ist, vertraut erscheint. Wenn du es annehmen kannst, bedanke dich bei Isis und den Kräften, die dich berührten. Isis verabschiedet sich von dir. Sie entlässt die Energien, nimmt den Kristall aus deinen Händen und löst den Pyramidenraum auf. Sie segnet dich erneut und zieht sich für den Moment etwas zurück.

Atme wieder tief ein und aus. Du bist immer noch ein Lichtwesen, und dein physischer Körper ist ein Lichttempel. Nun erde und zentriere dich, um ganz im Hier und Jetzt zu sein. Wisse, dass sich durch jede Ausrichtung auf dein wahres Wesen auch Gaia beziehungsweise deine Verbindung zu ihr mit verändert. Deshalb laden wir dich ein, wahrzunehmen, dass, wenn du deine Wurzeln in ihren Schoß wachsen lässt, sie ein Sternenwesen ist. Die Erde pulsiert, strahlt und leuchtet. Sie ist Licht! Du kannst die Meditation so oft du möchtest wiederholen. Dazu bitte Isis, die Pyramide zu errichten und die unterstützenden Energien fließen zu lassen. Wiederhole die Affirmationen und lass dich so lange durchwirken, bis du dich als Wesen des Lichts in der Lichtstätte, die dein physischer Körper ist, wahrnimmst. Erkenne dabei auch den Austausch mit den Lichtstätten der anderen Menschen und den ätherischen

Tempeln, sodass du dabei ein Schwingungsfeld der Neuen Zeit errichtest und Teil davon bist. Dann bedanke dich, bei allen, die dich berührten und schließe die Meditation so, wie es dir bereits vertraut ist, ab. Sei gesegnet. Amen.

☆☆☆☆☆

Kristallprogrammierung 1

Für jede Kristallprogrammierung empfiehlt es sich, sich genügend Zeit dafür zu nehmen. Wenn du möchtest, kannst du deinen Raum im Vorfeld räuchern, ein Räucherstäbchen entzünden oder mit einem reinigenden Raumspray (beispielsweise einen Engelspray von Ingrid Auer oder von Aura Soma usw.) klären. Wähle eine für dich entspannende Musik, die du im Hintergrund leise spielen lässt, und entzünde eine Kerze. Dann wähle den entsprechenden Stein aus und nummeriere ihn mit einem Stift oder einem Sticker. Die Einstimmung und der Abschluss bleiben bei jeder Steinprogrammierung gleich und werden deshalb in weiterer Folge nicht mehr in dieser Ausführlichkeit erwähnt.

☆☆☆

Einstimmung

Mache es dir bitte bequem. Nimm einige bewusste Atemzüge um ganz im Hier und Jetzt anzukommen. Erde und zentriere dich auf deine eigene Art und Weise. Gehe mit deiner Aufmerksamkeit zu deinem Herzen und lass deinen göttlichen Funken strahlen. Dehne ihn aus, sodass er die Gesamtheit, die du bist, erfüllt. Sei das Lichtwesen, das du bist. Sei das Sternenwesen, das du bist. Sei der Engel, der du bist. Jetzt. Erinnere dich daran, dass alles, was du bist, Licht ist.

Erlaube dir wahrzunehmen, dass erneut weißblaue kristalline Energie zu dir strömt, deinen Raum und dich be-

rührt. So nimmt Isis Form an. So nimmt Isis mit dir Kontakt auf. Sie begrüßt und segnet dich. Dann lädt sie dich ein, mit ihr auf eine Reise zu gehen. Dabei halte den Kristall in deinen Händen. Isis erschafft einen Lichtkanal, der direkt nach Sirius führt. Sie hebt dein Bewusstsein und trägt dich durch den Lichtstrahl in einen sirianischen Kristalltempel. Atme tief ein und aus. Richte deine Aufmerksamkeit darauf und komme dort an. Jetzt.

Der Kristalltempel hat erneut die Form einer Pyramide. Unzählige kleine und große funkelnde und leuchtende Bergkristalle sind hier versammelt und verteilt. Sie senden Impulse aus, Farben und Töne, und erschaffen so immer wieder ein neues Schwingungsmuster, das den gesamten Raum erfüllt. In der Mitte befindet sich ein Ankh-Symbol aus Kristall. Isis sagt, dass diese Stätte des Lichts ihr gleichzeitig auch als Heilungs- und Initiationsstätte dient, in die sie die Priester und Priesterinnen der alten Zeit immer wieder eingeladen hat, um ihre Einweihungen zu vollziehen. Nun hat sie den Tempel für dich geöffnet, damit der Schlüssel der Isis erschaffen werden kann.

Atme tief ein und aus. Lege deinen Stein auf das Kristall-Ankh und lass deine Hände auf ihm ruhen. Isis berührt und aktiviert es. Es durchströmt mit seiner lebensspendenden und erschaffenden Energie deinen Kristall. Nun legt Isis ihre Hände auf deine und somit auf deinen Bergkristall. Die Programmierung des Steins beginnt.

Programmierung

Isis spricht: „Wir danken diesem Kristall, dass er als Energiehalter und Ankerpunkt in der Materie dienen wird. Wir lassen die Weisheit aus der Bibliothek von Sirius mit einströmen und programmieren ihn mit dem Wissen über die Entstehung dieses Universums. Wir speisen ihn mit der Erinnerung an den göttlichen Ursprung, an die Quelle allen Seins, aus der alles Leben geboren wurde, aus der sich jede Sternensaat heraus entwickelt hat. Wir erfüllen ihn mit dem Lichtbewusstsein von Vater-Mutter-Gott. Dieses übersetzen wir in ein weißgoldenes Strahlen, das ihn von nun an belebt und einhüllt, sodass seine Aura entsprechend leuchtet. Wir verbinden ihn mit den großen mächtigen Engeln der Manifestation dieses Universums. Alles, was mit und von ihm berührt wird, beginnt sich an das Licht des göttlichen Ursprungs zu erinnern. Dadurch wandelt es sich in sein höchstes Lichtpotenzial. Es findet eine Erlösung statt. Das Gebundensein an den Kreislauf der nicht geheilten Dualität löst sich auf. Wir setzen Lichtimpulse in den Kristall. Licht. Licht. Licht. Licht. Licht. Licht. – Licht. Licht. Licht.

Der Kristall eröffnet und erschafft die Möglichkeit zu sein, was du bist. So kannst du deinen Aufstieg vollziehen. Dadurch entsteht die Heiligkeit, von der gesprochen wurde. Du erkennst sie in Allem-was-ist wieder. In ihr löst sich alles auf und vereint sich alles. Daraus gebiert sich die Stille, die Anfang und Vollendung ist. Der Kristall gibt von nun an die Erinnerung an den göttlichen Ursprung, an die Quelle allen Seins, wider. Wir machen ihn lebendig und hauchen ihm Leben ein. So kann er seine Aufgabe erfüllen. Er ist gesegnet. Wir segnen ihn. Jetzt und allezeit. Wir sind Isis."

Abschluss

Atme bitte tief ein und aus. Die Programmierung ist beendet. Isis verankert sie in dem Kristall, indem sie ein goldenes Ankh in ihn setzt. Somit bleibt sie darin enthalten, so lange dieses Symbol in ihm ist. Dann löst sie ihre Hände von dir und dem Bergkristall. Nimm wahr, dass der Stein pulsiert und weißgolden strahlt. Nun kannst du ihn vom großen Kristall-Ankh nehmen. Erlaube dir, den Kristalltempel, in dem du bist, nochmals mit allen deinen Sinnen wahrzunehmen und in dich aufzunehmen, bevor du dich von ihm verabschiedest.

Isis bringt dich über den Lichtkanal zurück in deinen Raum. Komm dort an. Sie segnet dich. Dann zieht sie sich für den Moment etwas zurück. Bedanke dich bei ihr für ihre Führung und Begleitung. Nun lass deine Wurzeln in den Schoß der Erde wachsen, zentriere dich und schließe die Meditation auf eine dir vertraute Art und Weise ab. Stelle den ersten Isis-Schlüssel auf dein Ankh zurück. Sei gesegnet. Amen.

2. Schlüssel der Isis
Rückkehr der Großen Mutter

Statt Große Mutter könnten wir auch Große Göttin sagen. Andere Bezeichnungen für sie sind: Mutter-Gott, die Urweiblichkeit dieses Universums oder Shekaina. Sie drückt sich über und durch alle weiblichen Energien, Formen und Aspekte aus. Unsere Erde, Gaia, hat eine rezeptive, nährende und mütterliche Grundenergie. Somit ist sie ein Ausdruck der Shekaina. Wir können sie als eine Göttin betrachten. Es gehört zu den Aufgaben der Erde, uns zu lehren, die göttlich-weibliche Kraft zu erkennen, anzunehmen und liebevoll zu nutzen und zu leben. Und es gehört zu unseren Aufgaben, dieses zu lernen, unabhängig davon, welchen Körper, also welches Geschlecht, wir uns für unsere Inkarnation wählten. Kein Wunder also, dass in der nicht geheilten Dualität genau diese aufnehmende Energie so in die Abspaltung und Trennung geführt wurde. Die Art und Weise, wie wir mit der Natur, ihren Ressourcen und der Umwelt umgegangen sind und es teilweise nach wie vor tun, spiegelt unsere Einstellung und Verbindung zur Großen Mutter wider. Das bezieht sich sowohl auf uns persönlich, als auch auf das Kollektiv der Menschheit.

Im Juni 2004 gab es einen Venustransit. Dieser hängt energetisch mit jenem zusammen, der im Juni 2012 sein wird. Ein Venustransit bedeutet, dass die Sonne, die Venus und die Erde in einer Linie stehen. Es ist ein besonderes Ereignis. 2004 wurde dabei die Rückkehr der Großen Göttin gefeiert. Seit diesem Zeitpunkt können wir beobachten, dass sich einiges verändert hat. Wir wurden vermehrt mit dem Thema „Partnerschaft" konfrontiert, was für viele zur Folge hatte, dass sie sich aus den bestehenden Verbindungen lösten, um neue Wege zu gehen. Die Sehnsucht nach den Seelenpartnern und Seelenfamilien erwachte. Das Bedürfnis, vermehrt in der Natur zu sein, mit den Naturwesen zu kommunizieren und die lemurianischen Wurzeln zu entdecken, wuchs. Das wird sich bis 2012 noch weiter intensivieren. Bis dahin und auch für die Zeit darüber hinaus geht es für uns darum, durch das Einlassen auf die Große Mutter und alle ihre Aspekte in uns wieder eine neue weibliche Führungsqualität zu entwickeln. Oder sollten wir sagen, dass wir eine alte, bereits vertraute, ursprüngliche, nur vergessene Kraft in uns wiederfinden werden? Das betrifft erneut alle Menschen. Diese wiedergewonnene Führungskraft wird auch als weibliche Christusenergie bezeichnet.

Vielleicht ist dir aufgefallen, dass sich in den letzten Jahren Maria Magdalena auf die unterschiedlichsten Arten vermehrt zu Wort gemeldet hat. Sie repräsentiert ein Stück weit diese weibliche Christusenergie und erinnert uns daran. Das gehört ebenfalls zu dem Venustransit-Zyklus der Rückkehr der Großen Göttin, in dem wir uns befinden. Die Geistige Welt sagt, dass sich durch die Annahme unserer weiblichen Führungsqualität der Frieden auf der Erde ausbreiten wird. Wir werden liebevoll und achtsam miteinander leben, auch mit den Tieren, und sehr bewusst im Umgang mit unserer Natur sein, sodass sich dadurch alle Umweltprobleme, die wir derzeit noch haben, auflösen werden. Es ist eine Führerschaft des Herzens und des Mitgefühls.

Wenn wir nun nochmal zur Geschichte von Isis zurückkehren, können wir Folgendes in ihr erkennen: Isis stellt die Große Göttin dar. Sie repräsentiert die weibliche Kraft dieses Universums. Osiris ist ihr Seelengefährte. Ursprünglich sind sie in der Balance und in der Harmonie. Die Zerstückelung von Osiris ist ein Symbol unseres Wegs in die Dichte, in die nicht geheilte Dualität, und somit in die Trennung von uns selbst, unserem göttlichen Ursprung und der göttlichen Mutter. Isis' Suche nach den einzelnen Teilen und deren Zusammensetzen gleicht der Rückkehr der Großen Göttin. Sie bringt und ist Heilung für uns. Der goldene Penis, den sie formt, steht für die weibliche erschaffende Führungskraft. Das alte Glied, das ein Zeichen der Kraftlenkung und des bisherigen Umgangs mit der Manifestationskraft ist, wäre nicht mehr stimmig gewesen. Es hatte zu viel Spaltung geschaffen. Nun dürfen neue Wege des Erschaffens gegangen werden.

Isis sagt, dass der goldene Penis die Reinheit und die Göttlichkeit der Mitschöpferkraft repräsentiert. Er hat eine direkte Verbindung zur Kundalinienergie und darüber eine Rückbindung an die Erde und die Shekaina. Eingebettet in die Urweiblichkeit manifestiert sich daraus die geheilte Männlichkeit. Er ist wie ein heiliges Zepter der Ermächtigung, das Gleichgewicht zwischen den Kräften bringt. Dadurch kann neues Leben gezeugt und geboren werden. Horus steht für das kosmische Kind, das wir sind. Sei gesegnet. Amen.

Gaia bittet dich

Mache es dir bitte bequem und erlaube dir, dich auf die Begegnung mit Gaia einzulassen. Atme tief ein und aus und entspanne dich. Sei geerdet und zentriert. Jetzt. Lass das göttliche Licht in deinem Herzen leuchten. Es dehnt sich aus und erfüllt deine Gesamtheit. Sei das Lichtwesen, das du bist. Jetzt.

Erschaffe vor deinem geistigen Auge nun ein Bild von einer blühenden, satten, grünen Wiese. Stell dir vor, dass du dich auf dieser Blumenwiese befindest. Nimm sie mit all deinen Sinnen wahr. Fühle den sanften Wind und die warme Sonne auf deiner Haut. Höre das liebliche Zwitschern von fröhlichen Vögeln und das Summen eifriger Bienen. Rieche den Duft des Grases und der Blumen. Frieden und Ruhe strahlen von diesem Ort aus. Berühre die Erde unter deinen Füßen und atme alles tief in dich ein.

Vom Himmel fällt Licht auf die Wiese, und daraus formt sich eine Wesenheit. Es ist Gaia. Sie kommt von den Sternen und ist somit ein Sternenwesen, so wie du. Gaia begrüßt dich. Erlaube dir, sie auf deine eigene Art und Weise wahrzunehmen. Sie möchte dich berühren und beginnt, mit dir zu kommunizieren. Sie erzählt dir, dass sich vor der Erschaffung der Erde hohe Lichtwesenheiten zusammengefunden haben, um sich über ihre Entwicklung und ihren Seelenplan abzusprechen. Gaia war Teil dieses Rates. Sie hatte sich bereit erklärt, einen Heilungsplaneten in die Form zu bringen, ein Heilungsplanet zu sein. Du kannst es damit vergleichen, wenn sich eine Seele entscheidet, auf der Erde zu inkarnieren. Auch hier findet zuerst eine Absprache statt. Die Seele tauscht sich mit Engeln und Aufgestiegenen Meistern über ihr bevorstehendes Leben aus. So wird der Seelenplan erstellt. Gleichzeitig finden Begegnungen mit anderen Seelen statt, die als potenzielle Eltern in Betracht kommen oder die sie in der Inkarnation treffen wird, um gemeinsame Erfahrungen in unterschiedlicher Form zu sammeln. Erst wenn all dieses geklärt ist, findet die Empfängnis statt, was einer Manifestation der Seele in der Materie gleicht. So war es auch mit der Entstehung der Erde.

Gaia bittet dich zu wissen, dass es zu ihrem Seelenplan gehört, in dieser Zeit in die Fünfte Dimension aufzusteigen, genauso wie es auch Teil ihres Plans war, den Weg der Dichte zu beschreiten. Erkenne, wie eng ihre Entwicklung mit der der Menschheit und somit deiner eigenen verbunden ist und ihr gleicht. Gaia war niemals Opfer. Sie hat Bewusstsein und ist bewusstes Sein. Genau wie du. Gaia sagt, dass ihr von Anfang an liebevolle Wesen des Erschaffens und Aufbauens zur Seite standen, die sie wie ihre Kinder und als einen Teil von ihr empfindet. Es sind jene Wesenheiten, die mit den Elementen verschmolzen sind, sie entstehen ließen und mit ihnen wirk(t)en, bis zum heutigen Tag. Wir Menschen bezeichnen sie als Naturwesen. Sie fördern das Leben und das Wachstum auf der Erde und sind Gaias Botschafter.

Durch unseren Aufstieg findet auch im Naturwesenreich eine Veränderung statt. Eine Folge davon ist die Intensivierung des Austauschs, der Begegnungen und der Zusammenarbeit zwischen den Menschen und Naturwesen. Die Menschenkinder werden sie unter anderem gerade durch die Entwicklung der bereits genannten weiblichen Führungsqualität vermehrt wahrnehmen, denn diese Form der Christusenergie fördert die Kommunikation und die Sicht des Herzens, und beides sind Wahrnehmungsschlüssel für das Naturreich. Gaia sagt, dass sich aber auch die Naturwesen selbst erweitern werden. Das bedeutet, dass neue Wesenheiten, vor allen Dingen von Andromeda, auf die Erde kommen werden. Sie bringen Energiequalitäten mit, die für den Aufbau der Fünften Dimension hilfreich sind. Deshalb bittet Gaia dich, in der Offenheit zu sein und ihre Impulse wahrzunehmen, denn sie suchen die Kommunikation und Zusammenarbeit mit den Menschen. Des Weiteren ist es empfehlenswert, sowohl für den Austausch mit den Naturwesen wie auch für dieses Ankommen der unterstützenden Kräfte, wenn du dich immer wieder über dein Herz mit Andromeda verbindest. Erlaube dir, seine heilsamen Schwingungen aufzunehmen. Sie weiten dein Herzzentrum, fördern deine Liebesfähigkeit und stärken deine Verbundenheit mit der Natur und mit Lemurien.

Wenn du von der Andromedaenergie vollkommen erfüllt und durchdrungen bist, möchten wir dich einladen, sie auszustrahlen. Stelle sie den Wäldern, Wiesen, Bergen, Seen und Flüssen, Bäumen, Pflanzen, Blumen, also der Gesamtheit der Natur, allen Naturwesen und ihrem Reich zur Verfügung und hülle auch immer wieder die Erde als Ganzes darin ein. Das ist ein wichtiger Liebesdienst, für den wir dir danken möchten und der als segnende Kraft zu dir zurückkehren wird. Abschließend kannst du dich vom Licht von Andromeda verabschieden und die Verbindung dazu wieder lösen.

Wann immer du einen erneuten Impuls verspürst, es zu wiederholen, tue dieses. Gaia sagt, dass deine Körper in einem ständigen Austausch mit der Erde sind. Wenn es beispielsweise irgendwo Irritationen oder Erdbewegungen gibt, hat das Auswirkungen auf dein und in deinem System. Bitte werde dir der Zusammenhänge gewahr. Erkenne die Verbundenheit, die zwischen dir, deinen Körpern und den Ländern, Städten, Dörfern, Orten, Landschaften, Meeren, Kraftlinien, Energiezentren und feinstofflichen Ebenen der Erde besteht. Je durchlässiger dein physischer Körper wird, umso mehr wirst du diese Einheit mit der Erde und somit auch die Kommunikation mit Gaia wahrnehmen. Dadurch wird dein physisches Sein viel intensiver auf die Geschenke und Möglichkeiten, die durch den Austausch mit der Natur und ihren heilenden Kräften gegeben sind, reagieren. Das fördert sein Wohlbefinden, seine Regenerationsfähigkeit und, bei Bedarf, seine Heilung. Es ist so, als würdest du beziehungsweise dein physischer Körper immer wieder damit verschmelzen, was er gerade benötigt, um in der Balance zu sein. Dabei findet eine Energieübertragung statt, über die er ausgeglichen wird.

Um dir dieser Einheit zwischen dir, deinem physischen Sein und der Erde bewusst zu werden und die Energien der Trennung und des Getrenntseins aufzulösen, bittet Gaia dich, so oft wie möglich in die Natur zu gehen. Je mehr du dich als einen Teil der Erde wahrnehmen kannst, umso leichter und umfangreicher ist die Zusammenarbeit mit den Naturwesen und den Elementen möglich. So kannst du den Aufstieg aktiv mitgestalten, und die Erde kann ihre Reinigungen sanft vollziehen.

Gaia ist eine Göttin. Sie kann dir in allen Formen erscheinen und sich dir so zeigen, wie es für dich annehmbar ist und dir guttut. Gaia betrachtet allerdings nicht nur die Naturwesen als ihre Kinder, sondern vor allen Dingen auch alle Menschen, die auf ihr leben. Und da sie eine Göttin ist, ein Aspekt der Großen Mutter, und du ihre Tochter und ihr Sohn, bist auch du eine Göttin und ein Gott. Wenn du das wirklich annehmen, begreifen und verkörpern kannst, bist du erfüllt von Liebe, genauso wie von Respekt und Achtung. Das verändert den Umgang mit dir selbst und der Erde. Es schafft neue Lebensräume und Lebensgemeinschaften. Wenn du dich selbst als Göttin oder Gott erfährst, wirst du gemeinsam mit Gaia und den Wesen der Natur die Umwelt behüten. Die Architektur und Landschaftsgestaltung werden beispielsweise wieder im Sinne der Erde und gemeinsam mit ihr stattfinden und sich dementsprechend verändern. So wird sich der Garten Eden formen und sich das Paradies manifestieren. Deshalb bittet Gaia dich, immer wieder innezuhalten, mit deiner Aufmerksamkeit zu deinem physischen Körper zu gehen und wahrzunehmen, dass er in jeder Zelle seines Seins dieses Göttinnen- und Gottbewusstsein in sich trägt. Sei die Göttin, die du bist. Sei der Gott, der du bist. Dementsprechend liebevoll gehe mit dir und der Schöpfung um. Als Göttin, die Gaia ist, kann sie dir alles sein und zur Verfügung stellen, was du benötigst, um im Hier und Jetzt deine Ganzheit und Vollkommenheit anzunehmen. Sie ist dir Mutter, Tochter, Freundin, Geliebte, Weggefährtin, Ratgeberin, Heilerin, Hebamme, Trösterin, Ernährerin und Sternenwesen. Sie ist jederzeit mit dir, um und durch dich.

Gaia ist erfüllt von Liebe für alles, was lebt. Gaia ist erfüllt von Liebe für alle Menschen dieser Erde, und somit für dich. Gaia möchte dich in ihre Arme schließen. Auf diese Art kann sie dich empfangen und mit dir teilen, was sie ist. Bitte erlaube, dass es geschieht. In dieser Umarmung kann alles heilen, was, bezogen auf die Annahme deines physischen Körpers, deiner Inkarnation, deiner Erdenwege, deinem Hiersein auf der Erde, noch der Heilung bedarf. Wisse, dass dabei auch dein Inneres Kind berührt wird und ihm so alles zufließt, was es braucht, um glücklich zu sein und sich zu einem kosmischen Kind entwickeln zu können. Die Wunde des Ungeliebtseins, die durch viele Leben auf die unterschiedlichsten Arten und in den verschiedensten Situationen immer wieder entstanden ist, schließt sich in den Armen von Gaia. Du kannst dich völlig geborgen, angenommen und geliebt fühlen. Denn du bist es.

Gaia hält dich so lange und so oft du möchtest. Manchmal singt sie dir dazu auch ein Lied. Es beruhigt und entspannt. Es erinnert dich an deinen Ursprung und an deinen Seelenplan. Es stärkt dich, baut dich auf, regeneriert dich und schenkt dir Mut und Entschlossenheit. Es gibt dir Hoffnung, Halt und Zuversicht. Gaia sagt, dass sie immer für dich da ist. So kannst du dich beispielsweise über einen längeren Zeitraum als Einschlafritual in die Arme von Gaia sinken lassen. Sie fängt dich auf und wiegt dich durch deine Träume und deine Nacht. Tue dieses, wenn du möchtest, um dir der tiefen Verbundenheit und Einheit mit ihr gewahr zu werden und das Vertrauen in den Fluss des Lebens wachsen zu lassen.

Jetzt segnet Gaia dich. Du bist ein Teil von ihr und von der Großen Mutter, die dich auch segnet. Atme bitte bewusst ein und aus. Lass die Worte und Berührungen in dir wirken. Gaia verabschiedet sich von dir. Danke ihr und löse dich von deiner Blumenwiese, um wieder ganz zurückzukommen in dein Sein im Hier und Jetzt. Erde und zentriere dich auf deine eigene Art und Weise. Sei gesegnet. Amen.

☆☆☆☆☆

Die weibliche Christusenergie erblüht in deinem Herzen

Isis lädt dich ein, ihren Kristalltempel zu besuchen, um die weibliche Führungsqualität in dir, deinem Leben und auf der Erde wachsen zu lassen. Atme bitte tief ein und aus und lass dich darauf ein. Erde und zentriere dich. Wisse, dass du in der Einheit mit Gaia, die eine Göttin ist, bist. Erinnere dich auch daran, dass du ein Lichtwesen bist. Verkörpere es mit jeder Ebene, Faser und Zelle deines gesamten Seins. Jetzt.

Nimm wahr, dass blauweißes, kristallines Siriuslicht zu dir in deinen Raum strömt. Daraus formt sich ein Lichtstrahl, der dir nun wie ein Aufzug dient. Bitte tritt in seine Mitte. Dein Bewusstsein wird sanft und liebevoll emporgehoben. Der Strahl bringt dich in den Kristalltempel von Sirius, den du bereits kennst. Komm dort an. Jetzt. Hier wirst du bereits von Isis erwartet. Atme die Schwingung des Tempels von Sirius und Isis ein und aus. Nimm sie an und in dich auf. Die sirianischen Energien hüllen dich ein und durchwirken die Gesamtheit, die du bist. Sie öffnen dich, und du bist bereit, die weibliche Christusenergie in dir zu entdecken und erwachen zu lassen.

Isis lächelt dir zu. Sie begrüßt dich und führt ihr Ankh segnend zu deinem Herzen. Dann zeigt sie dir eine große, liegende Kristallplatte, die in dem Tempel steht. Es sieht aus, als würde sie bläulichweiß aus sich selbst heraus strahlen. Isis bittet dich, es dir darauf bequem zu machen. Die Platte ist warm, und ihre vibrierende Lebenskraft durchströmt dein Sein, sodass du dich gut entspannen kannst. Alles, was dich bisher noch beschäftigt hat, woran du gedacht hast und was dich bewegte, verliert nun seine Bedeutung. Du wirst ganz leer und leicht. Atme bitte tief ein und aus. Isis legt ihre Hand auf dein Herz, und dabei erschafft sie in ihm eine zarte Kristallrose aus Siriusenergie. Sie haucht ihr Leben ein, und die Rose beginnt, im Rhythmus deines Herzens zu pulsieren. Isis spricht mit den Kristallen, die um dich sind. Sie positionieren sich und richten sich auf Altair, einen Stern im Zeichen des Adlers, aus. Sie empfangen seine Energie, bündeln sie und lenken das blaue Sternenlicht direkt in deine Kristallblüte, die sich damit auflädt. Dann strahlt sie die Altair-Energie aus, um die Gesamtheit, die du bist, damit zu erfüllen.

Isis erklärt dir dazu: „Altair ist ein Stern des Friedens. Einst gab es dort eine wichtige Schule und Ausbildungsstätte für die Friedensfürsten dieses Universums. Die Wesenheit, die später als Jesus auf der Erde inkarnierte, verweilte dort auch eine Zeit lang, um eine Schulung und Vorbereitung zu erhalten. Wir bitten dich, das Friedenslicht von Altair in deinem Leben willkommen zu heißen. Es ist ein kosmischer Friede, der von diesem Stern ausgeht, und er ist Teil der Christusenergie.

Wisse, dass es in dieser Zeitqualität darum geht, dass sich die einstigen Friedensfürsten, die hier auf Gaia leben, wieder an sich selbst und an ihre Aufgabe, die noch nicht vollendet ist, erinnern. In diesem Zusammenhang werden sie von den Engelreichen, allen voran von den Legionen des Michaels, berührt, unterstützt und eingeladen, die Zu-

sammenarbeit zu intensivieren. Dadurch wird es nicht nur auf Altair zu einer neuen Blüte der Ausbildungsstätte des Friedens kommen, sondern es wird auch um die Errichtung von Friedensschulen auf der Erde gehen, die Spiegelbilder von Altair sein werden. Wir bitten dich, das Licht von Altair anzunehmen. Jetzt. Somit gründe nun in deinem Herzen über die Kristallrose ein Zentrum des kosmischen Friedens. Vernetze dich dadurch mit allen Friedensfürsten dieses Universums. Strahle den Frieden in das Morphogenetische Feld aus und hülle den Erdenplaneten in der Gesamtheit, die er ist, damit ein. So können wir nun den Ruf erklingen lassen.

Wir sagen: Friedensfürsten dieser Erde, erwacht! Erinnert euch und erfüllt eure Aufgabe! Jetzt. Mit deiner Hilfe können wir sie nun erreichen und ihnen die Impulse übermitteln, die Friedensschulen zu gründen. Sie werden gesegnet und eng mit Altair verbunden sein. Wir danken dir dafür. Gleichzeitig laden wir auch dich ein, das Licht von Altair in deinem Leben vermehrt zu nutzen. Die Kristallrose verbleibt in deinem Herzen. Sie ist in der Verbindung mit dem Sternenlicht von Altair. Du brauchst nur deine Hand auf dein Herz zu legen, an die Blüte und an Altair zu denken, und schon steht dir das Friedenslicht zur Verfügung. Du kannst es für dich selbst nutzen oder es ausstrahlen, wo immer es benötigt wird. Auch dafür danken wir dir. Das Licht von Altair segnet dich. Atme bitte bewusst ein und aus. Wisse, dass wir nun über die Energie von Altair Jesus, den Christus, einladen, zu erscheinen. Jetzt.“

Wir bitten dich, Jesus auf deine eigene Art und Weise wahrzunehmen. Jesus freut sich, dich zu sehen. Er blickt dir mit all seiner Liebe tief in die Augen. Er schaut dir auf den Grund deiner Seele und erkennt dich. Das ist ein Augenblick der Gnade. Bitte erlaube dir anzunehmen und wahrzunehmen, dass dadurch mögliche Belastungen und Blockaden, die den Energiefluss in deinem Sein noch behinderten, gelöst werden. Es ist ein Moment der Befreiung und der Absolution. Lass es geschehen. Dein mentales Sein kann weiterhin ganz entspannt bleiben. Es braucht nichts zu denken, nichts zu verstehen, nichts zu tun. Deine Seele weiß genau, welche Bereiche und Themen es betrifft. Sie führt, lenkt und nimmt an. Atme tief ein und aus. Jetzt.

Jesus lächelt. Dann legt er seine Hand auf dein Herz und berührt dabei die kristalline Rosenblüte. Isis geht einen Schritt zur Seite. Jesus füllt deine Kristallblüte mit seiner ICH-BIN-Präsenz, seiner Kraft und seiner Liebe. Dann bittet er, seine Seelengefährtin, Maria Magdalena, Raum zu nehmen. Nimm sie auf deine eigene Art und Weise wahr. Maria Magdalena begrüßt dich. Dabei strömen unendliche Wellen der Liebe, des Mitgefühls, des Angenommenseins und Verstehens zu dir. Sie strahlt große Lebensfreude und Leichtigkeit aus, die dich durchwirkt und in dir selbst zu wachsen beginnt. Lebenskraft erfüllt die Gesamtheit, die du bist. Maria Magdalena kommt dir nahe und legt ihre Hand auf die von Jesus, auf dein Herz und deine Kristallblüte. Auch sie lächelt. Sie repräsentiert die weibliche Christusenergie, die weibliche Führungsqualität, die in dieser Zeit wieder neu entstehen darf. Diese lässt sie nun in deine Blüte einfließen. Atme bitte bewusst ein und aus und nimm das Geschenk von Maria Magdalena an. Deine kristalline Rosenblüte erweitert sich, wodurch sich deine Kristallblüte vollends aktiviert. Die neue Form der Führerschaft beginnt in dir zu leuchten. Sie dehnt sich über dein Herz aus, und alles, was du bist und zu dir gehört, wird davon durchwirkt. Die weibliche Christusenergie manifestiert sich nun in dir und über dich. Jetzt.

Durch die Annahme dieser Führungskraft verändert sich dein Leben auf eine liebevolle Art und Weise. Eine Neuordnung findet statt. Du wirst die Stimme deines Herzens deutlicher vernehmen und ihr leichter folgen können. Wir bitten dich, auch andere Menschen zu initiieren, die weibliche Christusenergie anzunehmen, denn daraus können sich die neuen Gemeinschaften entwickeln, die auf einer gleichwertigen und achtsamen Art des Miteinanders und des Austauschs basieren werden. Der Umgang mit der Erde und allem, was sie den Menschen schenkt, wird sich wieder im Einklang mit dem Fluss des Lebens und somit mit der Großen Mutter und der Quelle allen Seins gestalten. Es wird genug Nahrung für alle geben. Niemand wird mehr hungern, weder auf der physischen Ebene, noch im emotionalen, mentalen oder spirituellen Kontext. Die weibliche Führungsqualität verändert durch Präsentsein in Liebe. Das bedeutet, dass du das, was sich wandeln soll, mit der weiblichen Christusenergie durchdringen kannst. Dadurch entstehen ein neues Bewusstsein und die Veränderung.

Erlaube dir wahrzunehmen, dass Maria Magdalena und Jesus ihre Herzen nun miteinander verbinden. Dabei formt sich eine Lichtspirale, die die Einheit und das Gleichgewicht von weiblichen und männlichen Kräften symbolisiert. Sie lassen sie in deine Kristallblüte gleiten. Möge sie deine Begegnungen und Partnerschaften bereichern, zu Seelenbegegnungen und Seelenpartnerschaften formen und bei Bedarf heilen! Die kristalline Rosenblüte der weiblichen Christusenergie ist in deinem Herzen erblüht. Jetzt. Maria Magdalena und Jesus segnen dich. Sie lösen ihre Hände von deinem Herzen und treten einen Schritt zur Seite. Isis kommt zu dir und lässt das Licht von Sirius noch einmal in deine Kristallblüte strahlen. Sie bestätigt die Aktivierung deiner Kristallrose, und bittet dich, dich in den nächsten Tagen immer wieder mit der kristallinen Blüte zu verbinden. Wenn du möchtest, dann tue dieses 21 Tage lang, damit sich die Führungsqualität der Neuen Zeit wirklich in dir, in deinem Leben und somit in der Materie umzusetzen beginnt. Auch dafür reicht es aus, deine Hand auf dein Herz zu legen, die Kristallrose zu visualisieren und die weibliche Christusenergie über sie ausstrahlen zu lassen, sodass du vollkommen davon erfüllt wirst. Dann lass dich immer wieder und immer mehr von dieser Christuskraft führen und gestalte so den neuen Morgen mit.

Isis dankt dir und segnet dich mit dem Licht von Sirius. Sie nimmt ihre Hand von deinem Herzen. Atme tief ein und aus. Nimm die kristalline Blüte in dir wahr. Sie ist lebendig und strahlt. Isis bittet dich, dich von der Kristallplatte zu erheben. Verabschiede dich von Maria Magdalena und

Jesus, denn es ist Zeit, nach Hause zurückzukehren. Isis führt dich durch den Kristalltempel zu deinem Lichtkanal, den du wieder als Aufzug nutzen kannst. Löse dich aus dem Tempel und aus dem Schwingungsfeld von Sirius. Verabschiede dich für den Moment auch von Isis. Durch den Lichtstrahl wirst du sanft in deinen Raum gebracht, wo er sich im Anschluss daran wieder zurück nach Sirius zieht. Nimm dich in deinem Sein im Hier und Jetzt wahr. Deine kristalline Rosenblüte leuchtet in deinem Herzen. Die weibliche Christusenergie entfaltet sich von nun an Atemzug für Atemzug mehr in deinem Leben und somit auf dieser Erde. Wisse, dass auch sie eng mit der Erdkundalini verbunden ist. Weisheit, Liebe und Mitgefühl erfüllen dich. Schöpfe daraus. Lebe und verkörpere die weibliche Führungsqualität der Neuen Zeit im Hier und Jetzt. Erde und zentriere dich auf deine eigene Art und Weise und sei vollkommen präsent. Sei gesegnet. Jetzt und allezeit. Amen.

☆☆☆☆☆

Kristallprogrammierung 2

Nun möchten wir den zweiten Kristall programmieren. Bereite dich und deinen Raum entsprechend vor und wähle dann den nächsten Stein aus. Nummeriere ihn bitte mit einem Stift oder einem Sticker.

☆☆☆

Einstimmung

Mache es dir wie beim letzten Mal bequem. Erde und zentriere dich. Sei das Lichtwesen, das du bist. Isis berührt dich und reist mit dir in den sirianischen Kristalltempel. Lege deinen Stein auf das Kristall-Ankh und lass deine Hände auf ihm ruhen. Isis aktiviert es. Nun legt sie ihre Hände auf deine und somit auf deinen Bergkristall. Die Programmierung des Steins beginnt.

Programmierung

Isis spricht: „Wir danken diesem Kristall, dass er als Energiehalter und Ankerpunkt in der Materie dienen wird. Wir lassen das Licht von Sirius in ihn einfließen. Wisse, dass ihn die Große Mutter mit all ihrer Liebe für alles, was lebt, berührt. Sie erfüllt den Kristall mit ihrer Gegenwart und ihrem Licht. Sie wiegt ihn und singt ihm dabei das Lied der Schöpfung, das so von ihm aufgenommen und angenommen werden kann. Es ist der Kristall der Annahme von Allem-was-ist. Er schenkt Frieden und tiefes Einverstandensein. Er lehrt Hingabe. Er ist der Kristallstein des

Empfangens. Überall dort, wo Spannungen und Widerstände sind, kannst du ihn nutzen. Dann werden über ihn die Liebe, Weisheit und Güte der Großen Mutter wirken. Er öffnet die Herzen und lässt die Liebesfähigkeit wachsen. Die Menschen erfahren sich durch ihn wieder als Teil der Schöpfung. Sie erkennen ihre Schönheit und Vollkommenheit an, und die Demut und Freude zu sein beginnt in ihnen zu strahlen. Der Kristall erschafft ein tiefes Annehmen von dem, was ist. Dadurch kann alles sein, alles entstehen, sich alles erneuern und alles heilen. Tiefer Frieden geht von nun an von ihm aus, der alles durchwirkt, was du mit ihm berührst. Der Kristall ist mit der Allliebe, Akzeptanz und Annahme der Großen Mutter verbunden. Er trägt von jetzt an einen Samen der bedingungslosen Liebe in sich. Diese Liebe und somit das Geschenk des Kristalls ist jenseits der Worte. Lass dich darauf ein und erfahre sie mit deinem Herzen. Dann verkörpere sie und schenke sie anderen weiter. Die Große Mutter segnet ihn. So kann er seine Aufgabe erfüllen. Er bringt Liebe, Annahme und Frieden. Er ist gesegnet. Wir segnen ihn. Jetzt und allezeit. Wir sind Isis."

Abschluss

Atme bitte tief ein und aus. Die Programmierung ist beendet. Isis verankert sie in dem Kristall, indem sie ein goldenes Ankh in ihn setzt. So bleibt sie darin enthalten, so lange dieses Symbol in ihm ist. Dann löst sie ihre Hände von dir und dem Bergkristall. Nimm wahr, dass der Stein pulsiert und lebendig ist. Nun kannst du ihn vom großen

Kristall-Ankh nehmen. Im Anschluss daran verabschiede dich aus dem Kristalltempel. Isis bringt dich zurück ins Hier und Jetzt. Erde und zentriere dich und schließe die Meditation auf eine dir vertraute Art und Weise ab. Stelle den zweiten Isis-Schlüssel auf dein Ankh zurück. Sei gesegnet. Amen.

3. Schlüssel der Isis: Wasser des Lebens

Wie bedeutsam Wasser für uns ist, wissen wir. Wasser schenkt Leben. Dass Wasser auch ein Informationsspeicher und -träger ist und ähnlich wie Kristall bewusst programmiert werden kann, zeigte uns spätestens Dr. Masaru Emoto mit seinen einmaligen Wasserexperimenten und Fotografien. An dieser Stelle bittet uns die Geistige Welt, uns daran zu erinnern, aus wie viel Wasser unser physischer Körper besteht. Denn wenn wir sehen, wie schnell die Wassermoleküle auf Gedanken und in weiterer Folge auf Gefühle reagieren, können wir die Sensibilität unseres Körpers besser verstehen. Wir erkennen dabei gut, welchen Einfluss unsere Aussagen und Einstellungen auf unseren Körper und somit auf unser Wohlbefinden haben. Deshalb laden uns unsere feinstofflichen Geschwister ein, dieses Wissen für uns zu nutzen. Bitte sei achtsam im Umgang mit dir selbst. Sprich und denke liebevoll über dich und dein Sein. Lobe dich regelmäßig und lege den Fokus deiner Aufmerksamkeit auf das, was du bereits gemeistert hast. Umgib dich mit aufbauenden, motivierenden Menschen, Situationen, Büchern, Filmen usw. Alles andere lass (mehr und mehr) los.

Im Zusammenhang mit dem Schlüssel der Isis zeigte sie mir Tirol (ein Bundesland in Österreich), wo ich lebe. Der Inn ist unser Fluss, der durch das gesamte Land strömt. Isis sagte, dass er eine Lebensader von Tirol sei. Ich solle sehen, dass er wie eine Schlange, ein liebevolles Schlangendrachenwesen, ist, das Tirol nährt. Unter ihm in der Erde würde noch ein weiterer Strom fließen, der erfüllt sei mit der Energie von Hyperborea und eine lemurianische Grundschwingung hätte. Er hätte viele Nebenflüsse, die mit (heilsamen) Quellen in den Gebirgen verbunden wären, und sei Teil des Wassergitternetzes der Erde. Der Inn sei damit verbunden, genauso wie mit dem Licht der Plejaden.

Isis erinnerte mich daran, dass ich vor vielen Jahren begonnen hätte, Wasserheilungsrituale in Tirol zu machen. Dann hörte ich damit auf. Sie sagte, dass es jetzt wieder Zeit sei, dieses fortzusetzen und zu vollenden. Ich erzähle das, weil ich weiß, dass es nicht nur mich betrifft, sondern viele Lichtarbeiter eingeladen sind, die heilenden Kräfte des Wassers wieder zu beleben und damit zu wirken. Deshalb bitte ich dich, innezuhalten und in dein Herz zu spüren, inwieweit es damit in Resonanz geht und wo es möglicherweise in deinem Umfeld ein Gewässer oder einen Fluss gibt, der dich ruft, um mit ihm zu kommunizieren. Unabhängig davon repräsentiert das Element Wasser natürlich auch unsere Emotionen und unseren Gefühlskörper. Die Verschmutzung der Meere ist ein Spiegelbild unserer unerlösten und verletzten Emotionalkörper. Deshalb ist unsere eigene Entwicklung und Heilung letztendlich ein wichtiger Schritt für die Lösung unserer Umweltfragen. Viele unserer Meeresbewohner, wie zum Beispiel die Wale, Schildkröten, Quallen und Oktopusse, sind zum Teil alte Seelen, Bewahrer und Hüter unserer Erde, die einst selbst von den Sternen gekommen sind.

Beim dritten Schlüssel der Isis begegnen wir noch einer weiteren sirianischen Sternenwesenheit, einer Schwester von Isis. Es ist Maria von Nazareth. Der blaue Mantel, mit dem sie immer wieder dargestellt wird, dient nicht nur unserem Schutz und unserer Unterstützung. Er steht auch für das Licht von Sirius. In ihrer Inkarnation als Mutter von Jesus war sie Essenerin und Eingeweihte und Priesterin der Isis und wirkte eng mit der Großen Mutter zusammen. Sie war selbstbewusst und kraftvoll. In Tirol gibt es viele (heilende) Quellen, die Marienquellen sind. Häufig findet man sie an Wallfahrtsorten. Des Weiteren ist Maria oft auf alten Häusern abgebildet. Tirol ist also eng mit ihr verbunden. Über unserem Land gibt es einen ätherischen Marientempel, der mit anderen und größeren Lichtstätten der blauen Flamme und Erzengel Michael vernetzt ist. Deshalb übergibt Isis nun erstmals das Wort an ihre Schwester und lässt Maria an dieser Stelle ihre Botschaft verkünden. Sei gesegnet. Amen.

☆☆☆☆☆

Marias Botschaft

Atme bitte tief ein und aus. Erde und zentriere dich. Öffne dein Herz und verkörpere das Lichtwesen, das du bist. Jetzt. Erneut strömt blauweißes, kristallines Licht von Sirius zu dir, um dich zu berühren. Nimm es auf und an. Lass dich davon durchströmen, wo auch immer es dir im Moment guttut und die Harmonie in deinem Sein fördert. Über und durch diese sirianische Schwingung nähert sich dir nun Maria von Nazareth. Sie zeigt sich dir in einer Form, die für dich stimmig und annehmbar ist. Erkenne, dass sie eine Krone aus glitzernden kleinen Sternen trägt. Es ist ein Zeichen ihrer Verbindung zum Kosmos und ihrer Sternenherkunft. Sie begrüßt dich und beginnt mit dir zu sprechen:

„Sei gesegnet, geliebtes Kind des Lichts, das du uns bist. Wir sind Maria. Wir breiten unseren Mantel des Friedens um dich aus und laden dich ein, einen tiefen Atemzug zu nehmen, um dich ganz davon durchwirken zu lassen. Wir möchten dich nun bitten, mit uns auf eine Reise zu gehen. Dazu erschaffen wir eine Treppe aus Licht. Wir nehmen dich an die Hand, und gemeinsam steigen wir Stufe für Stufe empor. Es ist ganz leicht. Vertraue uns. Mit dem Schritt lässt du deinen Alltag und alles, was dich bewegt, hinter dir. Du wirst freier und freier. Unser Weg bringt uns zu einer Lichtstätte, die sich im ätherischen Bereich der Erde befindet. Es ist ein Tempel des Friedens. Erkenne, dass der Eingang von zwei großen, mächtigen Engelwesen gehütet wird. Sie öffnen den Eingang, um

uns in das Innere der Tempelstätte einzulassen. Es leuchtet alles in strahlend klarer, blauweißer Energie. Viele goldene Schalen befinden sich hier, in denen bläulichweiße Flammen tanzen. Im Zentrum lodert eine große Flamme. Darauf bewegen wir uns zu. Wisse, dass wir nun Erzengel Michael und seine Kraft einladen, zu uns zu kommen und mit uns zu sein. Wir bitten ihn, jetzt die Flammenenergien zu lenken, zu bündeln und in dein Herz fließen zu lassen. Erlaube dir, es anzunehmen, denn dadurch findet eine Klärung der Gesamtheit, die du bist, statt. Vor allen Dingen wird das Wasser und alles, was in deinem physischen Körper wässriger Natur ist, damit gereinigt.

Erlaube dir wahrzunehmen, wie das Wasserelement in deinem Sein licht wird. Göttliche Ordnung nimmt in ihm Raum und stärkt somit dein ganzes Wesen. Atme tief ein und aus und manifestiere Wohlbefinden in allen Ebenen deines Seins. Jetzt. Dann lass Michael deinen Emotionalkörper durchwirken. Deine Gefühle werden geklärt und das, was du nicht mehr benötigst, darf sich auf liebevolle und leichte Art lösen. Wir bitten dich, dazu folgende Affirmation zu sprechen: „Alles, was in mir aus dem Wasser geboren und erschaffen ist, alles, was mit dem Wasserelement in Verbindung steht und es repräsentiert, alles, was Wasser in mir ist, ist nun geklärt und gereinigt. Es ist erfüllt mit meiner Seelenenergie und dient der Umsetzung des göttlichen Plans in der Materie. So mögen Harmonie, Gesundheit und Frieden in mir sein. Jetzt und allezeit. Ich danke dafür. Amen." So sei es, und so ist es. Bitte lass es geschehen und nimm es an.

Nun dehne die Energie, die dir Michael zur Verfügung stellt, weiter aus. Verbinde sie durch deine klare Absicht mit den Gewässern in deiner Umgebung, in der du lebst. Siehe, wie sie dort einstrahlt. Sende dem Wasser aufbauende Impulse: Liebe, Harmonie, Reinheit, Balance, Dankbarkeit, Frieden, Lebensfreude, Heilung. Richte die molekulare Struktur auf die liebevolle Präsenz von Vater-Mutter-Gott aus. Visualisiere, wie das Wasser gereinigt ist, wie es lebt und leuchtet, wie sich alle Tiere und Pflanzen in und um das Wasser wohlfühlen und die Naturwesen ihre Aufgaben wieder voller Freude und Leichtigkeit erfüllen können. Stell dir vor, dass sich das auch harmonisierend und unterstützend auf die Menschen, die in der Nähe des Wassers leben oder zu ihm kommen, auswirkt.

Dann bitten wir dich, die reinigenden Energien, die dir Michael zur Verfügung stellt, noch weiter auszudehnen. Verbinde sie erneut durch deine klare Absicht mit den heiligen und heilenden Quellen dieser Erde und letztendlich mit allen Bächen, Flüssen, Seen und Meeren. Überall darf ein Aufatmen stattfinden, weil du dich jetzt dazu bereit erklärt hast, deine Schöpferkraft zu nützen und sie der Klärung des Wassers zur Verfügung zu stellen. Lass aus deinem Herzen Liebe strömen. Sie nährt das Wasserelement und erfüllt jeden einzelnen Wassertropfen. Gleichzeitig sende wieder lebensbejahende Gedanken und Impulse aus: Harmonie, Klarheit, Mitgefühl, Heilung, Dankbarkeit, Frieden, Freude, Vertrauen. Richte die Wassermoleküle auf die Quelle allen Seins aus. Nimm wahr, wie Schwere, Dunkelheit und Verschmutzung aus den Gewässern und aus allem, was fließt, herausgelöst und gewandelt werden. Das Wasser der Erde beginnt zu leuchten und zu strahlen. Es ist frisch, sauber, klar und rein. Alle Lebewesen und Pflanzen, die im und am Wasser leben, beginnen sich wieder wohlzufühlen, harmonisieren und gleichen sich aus. Die Naturwesen und Wasserengel freuen sich. Es erleichtert ihr Wirken und motiviert sie.

Das geklärte Wasserelement dieser Erde lässt nun die Information der Reinheit und des Lichts in das Morphogenetische Feld einströmen. Wisse, dass dadurch die Schichten und Ebenen, die Emotionen und Speicherungen, die mit ihm in Verbindung stehen, gereinigt werden. Es findet eine Transformation statt, die die Entwicklung des Bewusstseins der Menschheit unterstützt und fördert. Über die Veränderung, die so in der Morphogenetik stattfindet, können die Emotionalkörper aller Menschen auf eine heilsame und klärende Art berührt werden. Nimm wahr, wie die Emotionalfelder liebevoll zu strahlen beginnen. Dadurch breiten sich Frieden und ein harmonisches Miteinander auf dieser Erde aus. Der Neue Morgen nimmt Raum. Manifestiere diese Realität, indem du sie durch die Aussage: „So sei es, und so ist es. Jetzt und allzeit. Amen.", bestätigst. Bitte die Wasserwesen aus dem Reich der Natur, die Wasserengel und die Sternenwesen, die in ihm leben oder es hüten, in den nächsten Monaten und Jahren das Element achtsam zu lenken, sodass der Aufstieg und die damit verbundenen, noch notwendigen Reinigungen so sanft wie möglich sein werden. Lade sie ein, den Menschen zur Seite zu stehen, um ihre Verbundenheit mit dem Wasser wahrzunehmen und den Umgang mit ihm und mit sich selbst entsprechend zu wandeln. Achte dabei darauf, ob du von den genannten Wesenheiten noch zusätzlich einen Impuls erhältst, indem sie dich auffordern, etwas für sie oder mit ihnen zu tun, damit sie ihre Aufgabe leichter erfüllen können. Auf diese Art und Weise wirke mit den Gewässern, so oft du möchtest. Wir danken dir dafür.

Wisse, dass wir dir noch viel mehr über das Wasser erzählen möchten, denn es trägt verschiedene Aspekte in sich. Das heißt, dass es, wenn du dich beispielsweise mit dem Wasserelement in der Zusammenarbeit mit Erzengel Michael verbindest, eine klärende Qualität und Eigenschaft hat. Wasser kann aber auch eine sehr heilende Kraft in sich tragen, die von grüner Energie durchströmt ist. In diesem Fall steht es oft mit dem Urwasser in Verbindung, das, wie du weißt, als Wasser der zweiten Welt oder Hyperborea bezeichnet wird. Diese Wasserqualität lenkt und begleitet Erzengel Raphael. Deshalb laden wir dich nun ein, dich von Michael und dem blauweißen Flammenlicht zu lösen. Erzengel Michael segnet dich und verabschiedet sich. Dafür nimmt Raphael Raum. Sein grünes Licht fließt ein, um dich zu berühren und nun mit dir zu sein. Wisse, dass du dir vorstellen kannst, dass es im Inneren der Erde eine Schicht gibt, die dieses ursprüngliche Wassernetz der zweiten Welt repräsentiert. Sie ist verbunden mit den grünen Turmalinen, die die Erinnerung daran in sich tragen. Durch deine klare Absicht kannst du dich jederzeit darauf ausrichten, wenn du möchtest. Das Urwasser ist wie die Ursuppe, aus der das Leben auf dieser Erde entstanden ist. Deshalb wirkt es auf eine sehr tiefgreifende heilende Art bis hinein in den genetischen Kode der Zellen. Bei Bedarf nutze es dafür. Es ist für die physischen Körper in dieser Zeit sehr heilsam und fördert die Auflösung von begrenzenden Speicherungen, um den Weg des Lichts in Leichtigkeit gehen zu können. Über das Wasser der zweiten Welt ist es ein Leichtes, in Kontakt mit den Plejaden oder mit Andromeda zu sein, denn es ist von diesem Sternenlicht durchdrungen. Lemurien erwuchs aus der Schwingung von Hyperborea und war deshalb allezeit stark damit verwoben.

Wir bitten dich nun, diese heilende tiefgrüne Wasserschwingung anzunehmen. Raphael stellt sie dir zur Verfügung. Atme tief ein und aus. Mache sie dir vertraut und erlaube, dass sie dir Heilung schenken darf, wo auch immer du sie jetzt in deinem Sein benötigst. Dann dehne das grüne Wasser aus. Lass es in alle Gewässer dieser Erde und in alles, was fließt, einströmen. Das Heilungslicht nährt alles, was lebt. Es fördert die Harmonie, das Vertrauen und schafft ein Füllebewusstsein, das dem Wohl aller dient. Visualisiere, wie das Wasser, seine Bewohner, die Wasserwesen, die Morphogenetik, die Emotionalfelder und alle Menschen von der grünen Energie berührt werden und dadurch Heilung Raum nimmt. Jetzt. Gleichzeitig lässt du dabei das Herz von Lemurien aufleuchten. Du stärkst die lemurianischen Wurzeln und die Verbindung zu diesem Erbteil, der in jedem Menschen ist.

Wiederhole bitte auch diese Anregung für dich selbst und in deinen Licht- und Heilkreisen, so oft du möchtest. Wir danken dir dafür. Erkenne, dass, wenn du Erzengel

Raphael und das heilende grüne Wasser Lemurien zuordnest, Erzengel Michael mit der geklärten blauweißen Wasserqualität für Atlantis steht. Da das gereinigte, klare Wasser wie flüssiger Kristall ist, wäre der entsprechende Stein dazu der Bergkristall. Wisse, dass es für den Aufstieg der Erde in die Fünfte Dimension sowohl die lemurianischen als auch die atlantischen Kräfte beziehungsweise ihre Vereinigung und ihr Zusammenspiel benötigt. Über das Wirken mit dem Wasserelement hast du Zugang zu beiden Energiequalitäten und kannst sie unter anderem für die Klärung und Heilung der Gewässer nutzen. Die Atlantisschwingung hat hier die Aufgabe, kosmische Energie in die Materie zu bringen. Die Lemurienschwingung empfängt, nimmt auf und speist das Sternenlicht in die materiellen und physischen Ebenen ein. Dadurch finden eine Durchlichtung und eine Schwingungserhöhung statt, woraus sich die Fünfte Dimension formt. Das Wasser ist in diesem Zusammenhang ein verbindendes Element. Verstehst du? Wasser ist ein wichtiges Medium. Es ist also ein Informationsträger, den wir dich einladen, in der Zusammenarbeit mit anderen Menschen und deinen feinstofflichen Geschwistern zur Manifestation des Goldenen Zeitalters bewusst zu nutzen. Wir danken dir dafür.

Doch wir möchten dir noch mehr über das Wasser erzählen. Wisse, dass es beispielsweise auf Andromeda eine Schulungsstätte gibt, in der gelehrt wird, mit fließenden „wässrigen“, farbigen Energien zu heilen. Um dich daran zu erinnern, das Wissen darüber in dir zu aktivieren und es somit zu neuem Leben erblühen zu lassen, bitten wir dich um

Folgendes: Entspanne dich für eine kleine Meditation. Visualisiere einen heiligen Berg und finde eine Öffnung, die dich in sein Inneres lässt. Darin entdecke eine Höhle aus Turmalinen. Sie leuchten in allen Farben und zeigen sich in unterschiedlichen Größen und Formen. Finde deinen Platz in ihrem Zentrum. Im Namen deiner ICH-BIN-Präsenz aktiviere nun die Turmaline. Dadurch richten sie sich auf Andromeda aus, weil sie damit verbunden sind. Nimm wahr, wie sie sich verändern. Sie verflüssigen sich, und ihr Licht beginnt zu dir zu strahlen. Nutze es für die Aktivierung deiner DNS und für die Harmonisierung deiner Körper. Gleichzeitig wirst du dabei von den Sternengeschwistern von Andromeda berührt. Sie lehren dich die Farben der Fünften Dimension und auf welche Art du sie nutzen kannst. Verweile im Fluss der Energien, so lange du möchtest. Abschließend bedanke dich bei den Wesen von Andromeda und den Turmalinen. Sie verfestigen sich wieder. Kehre aus der Höhle in dein Sein im Hier und Jetzt zurück und schließe deine Reise, wie es dir vertraut ist, ab. Wir danken dir dafür.

Natürlich möchten wir an dieser Stelle noch eine weitere Sternenschwester, die du wahrscheinlich schon kennst, erwähnen. Es ist Aquala Awala, die Hütern allen Wassers dieser Erde, die von den Plejaden kommt. Ihre Füße berühren den tiefsten Grund der Meere und ihr Haupt die Sterne. Wann immer du möchtest, kommuniziere mit ihr. Lass dich von ihrer bedingungslosen Liebe zur Schöpfung berühren. Lade sie ein, deine Wasserheilungen und Wasserrituale zu unterstützen. Wir danken dir dafür.

Wisse, dass es auch auf der spirituellen Venus einen

Tempel gibt, in dem mit, erlaube die Bezeichnung, „Venuswasser" geheilt wird. Es wirkt besonders auf den Emotionalkörper und fördert das liebevolle Ankommen auf dieser Erde. Wir möchten dich bitten, es vor allen Dingen für die Kinder, die jetzt geboren werden, zu nutzen. Dazu fülle eine Schüssel mit Wasser. Im Namen deiner ICH-BIN-Präsenz verbinde dich über dein Herz mit dem Tempel des „Venuswassers". Bitte die Kumaras, dir ihre heilenden Schwingungen zur Verfügung zu stellen und lenke sie in deine Wasserschüssel. Lass die Energien so lange fließen, bis du wahrnimmst, dass du die Kräfte der Kumaras vollkommen in die Materie gebracht hast. Dann bedanke dich bei den Kumaras und der spirituellen Venus und löse die Verbindung dazu wieder auf. Wir bitten dich, einige Tropfen des energetisierten Wassers in die Körperlotion der Babys zu mischen, wie auch intuitiv auf seinem Körper aufzutragen oder es in sein Bad zu geben. Es ist vor allen Dingen in den ersten sechs Wochen unterstützend, um den Kontakt zwischen der Seele und ihrem Körper zu fördern. Der nächste Entwicklungssprung findet dann bis zur zwölften Woche statt. Auch in dieser Zeit wende das Venuswasser noch regelmäßig an, um das Ankommen und Festigen in der Materie zu begleiten. Nach dieser Zeit lass es intuitiv in deine Heilbehandlungen mit einfließen, wenn du den Impuls dazu verspürst. Die Häufigkeit wird weniger sein. Wir danken dir dafür.

Wisse, dass du jegliche Sternenschwingung und Planetenenergie mit dem Wasserelement verbinden kannst, um es in deine Heilarbeit, Rituale und Zeremonien mit einzubeziehen. Dazu möchten wir dich einladen, anregen und motivieren. So erschaffe Mondwasser und Sonnenwasser und noch vieles andere mehr. Ebenso kannst du die Sternenkräfte in das verdichtete Wasser, das wir als Bergkristall bezeichnen, einspeisen, um diese dann zu verteilen oder in deinen Heilbehandlungen aufzulegen. So verbindest du Himmel und Erde. Du lässt Sternenlicht in die Materie einfließen. Das unterstützt den Aufstieg in die Fünfte Dimension. Darum bitten wir dich. Wir danken dir dafür. Wasser ist Leben. Erkenne, da es als flüssiger Kristall bezeichnet wird, fördert es, wenn du mit ihm wirkst, die Aktivierung deines Kristalllichtkörpers. Es lässt dich strahlen und sein, was du bist.

Nun ist es Zeit, zurückzukehren in dein Hier und Jetzt. Wisse um deine Verbindung mit Erzengel Raphael, die immer noch besteht. Atme tief ein und aus und lass dich von dem grünen Licht erfüllen. Es bestätigt dein Heilsein. Raphael segnet dich und löst die Verbindung zu deinem Sein. Jetzt. Wir führen dich aus dem Tempel des Friedens, vorbei an den zwei Wächtern, die Lichttreppe zurück in deinen Raum. Wir sind jederzeit für dich da. Wir hören deine Bitten und deine Gebete. Keine Träne wurde jemals umsonst geweint. Wir sind allezeit mit dir. Wir segnen deine Lieben und deine Familie. Wir nehmen sie in unsere Obhut. Mache dir keine Sorgen, sie sind gut begleitet. Wir segnen deine Heimstätte und lassen sie zu einer Insel des Lichts werden, die es in dieser Zeit braucht. Mögen der Frieden und die Liebe dein Sein erfüllen. Wir sind Maria. Wir segnen dich. Sei gesegnet. Jetzt und allezeit. Amen.“

Kristallprogrammierung 3

Nun möchten wir den dritten Kristall programmieren. Bereite dich und deinen Raum entsprechend vor und wähle dann den nächsten Stein aus. Nummeriere ihn bitte mit einem Stift oder einem Sticker.

☆☆☆

Einstimmung

Mache es dir wie beim letzten Mal bequem. Erde und zentriere dich. Sei das Lichtwesen, das du bist. Isis berührt dich und reist mit dir in den sirianischen Kristalltempel. Lege deinen Stein auf das Kristall-Ankh und lass deine Hände auf ihm ruhen. Isis aktiviert es. Nun legt sie ihre Hände auf deine und somit auf deinen Bergkristall. Die Programmierung des Steins beginnt.

Programmierung

Isis spricht: Wir danken diesem Kristall, dass er als Energiehalter und Ankerpunkt in der Materie dienen wird. Wisse, dass das Licht von Sirius nun den Bergkristall durchströmt. Es verändert seine Dichte und macht ihn flüssig und weich. Er nimmt die gleiche Konsistenz an, die alle kristallinen Formen einst im lichten Fokus von Atlantis hatten. Dadurch verinnerlicht er auch die Fähigkeit, alles, was erstarrt ist, in den Fluss zu bringen. Er ist ein Kristall des Verbindens. So verbindet er mit den Kristallschichten, dem gläsernen Meer und dem Licht von Atlantis. Darüber strömt das Wissen über die erschaffende Kraft der zwölf kosmischen Strahlen ein. Gleichzeitig fördert er den Austausch mit Andromeda, um die Erinnerungen an das Heilen mit den fünfdimensionalen Farben neu erstehen zu lassen. Er öffnet die Tür, die in das Reich der Naturwesen führt, um den Kontakt zu jenen Lichtkindern aufzubauen, die einst in den Kristallwäldern von Atlantis mit Farb- und Klangschwingungen wirkten. Wir speisen in ihn Freude, Leichtigkeit, Lebendigkeit und Kreativität ein. Mögen sich diese Qualitäten über ihn ausdehnen und in deiner Welt vermehrt Raum nehmen.

Wisse, dass der Kristall von nun an die Möglichkeit in sich trägt, die Thymusdrüse zu aktivieren. Durch die Berührung mit ihm beginnt sie selbst in den Farben der zwölf Strahlen zu leuchten. So fördert sie die Schwingungserhöhung in allen Körpern und die Manifestationskraft in der Materie. Der Thymus ist eine wichtige Drüse im menschlichen System, die in den nächsten Jahren noch mehr an Bedeutung gewinnen wird. Da der Kristallstein in den Fluss bringt, unterstützt er das Lymphsystem und darüber hinaus alle Kreisläufe im menschlichen Körper, harmonisch und frei zu fließen. Des Weiteren empfehlen wir ihn für das bewusste Arbeiten an der Öffnung der DNS. Es ist ein Kristall des Tuns, der Aktivität und der Umsetzung. Er fördert die Annahme des eigenen Schöpfertums. So kann er seine Aufgabe erfüllen. Er ist gesegnet. Wir segnen ihn. Jetzt und allezeit. Wir sind Isis.

Abschluss

Atme bitte tief ein und aus. Die Programmierung ist beendet. Isis verankert sie in dem Kristall, indem sie ein goldenes Ankh in ihn setzt. Somit bleibt sie darin enthalten, so lange dieses Symbol in ihm ist. Dann löst sie ihre Hände von dir und dem Bergkristall. Nimm wahr, dass der Stein pulsiert und lebendig ist. Nun kannst du ihn vom großen Kristall-Ankh nehmen. Im Anschluss daran verabschiede dich aus dem Kristalltempel. Isis bringt dich zurück ins Hier und Jetzt. Erde und zentriere dich und schließe die Meditation auf eine dir vertraute Art und Weise ab. Stelle den dritten Isis-Schlüssel auf dein Ankh zurück. Sei gesegnet. Amen.

4. Schlüssel der Isis: Kosmisches Kind

Dieser Teil des Isis-Schlüssels führt uns nach Ägypten. Hier begegnet uns die sogenannte Heilige Geometrie. Sie beinhaltet die Bausteine des Lebens, die allem zugrunde liegen. Es ist ein sehr umfangreiches Thema, sodass wir uns in diesem Zusammenhang auf das fokussieren, was für den Schlüssel der Isis bedeutsam ist. Wenn du mehr darüber wissen möchtest, könntest du beispielsweise die Bücher von Drunvalo Melchizedek *Die Blume des Lebens* (Koha Verlag) oder von Bob Frisell *Zurück in unsere Zukunft, vorwärts in die Vergangenheit* (Michaels Verlag) lesen. Laut der Heiligen Geometrie entspringt jedes Leben und somit alles, was jemals erschaffen wurde, dem Grundmuster der „Blume des Lebens“. Sie ist eine göttliche Urform.

Die Heilige Geometrie besagt, dass die Eizelle vor der Empfängnis eine Kugel ist. Sie enthält eine weitere Kugel, die als weiblicher Vorkern (mit 22 + 1 Chromosomen) bezeichnet wird. Wenn ein Spermium die Eizelle durchdringt, fällt seine Geißel, die es vorher benötigte, um seinen Weg zu finden, ab. Übrig bleibt das Köpfchen, welches ebenso Vorkern genannt wird. Er ist gleich groß wie der weibliche. Wenn sich der männliche und der weibliche Vorkern vereinen, entsteht die Form der „Fischblase". Sie ist ein Teil der Blume des Lebens. Es sind zwei gleichgroße Kreise, die sich ineinander schieben und dabei eine Schnittstelle bilden. Diese wird Fischblase genannt und gehört auch zur Heiligen Geometrie. Daraus entsteht die erste Zelle. Dann findet die Zellteilung statt. Wenn vier Zellen vorhanden sind, haben sie die Form eines Tetraeders in einer Kugel. Bei der darauffolgenden Teilung sind acht Zellen da, die einen Stern-Tetraeder, was auch ein Würfel ist, bilden. Die Heilige Geometrie geht davon aus, dass diese acht Zellen vollkommen identisch aussehen und mehr über das, was wir wirklich sind, aussagen, als über unser äußeres Erscheinungsbild. Sie werden als Ursprung bezeichnet, aus dem wir uns dann kreisförmig weiterentwickeln. Wenn sich die acht Zellen in weitere acht teilen, formt sich ein Würfel im Würfel. Nach dieser Zellteilung erfolgt die weitere nicht mehr in symmetrischer Geometrie. Die genannten geometrischen Formen, die sich bei der Zellenteilung bilden, gehören zu den fünf Grundformen, die als platonische Körper bezeichnet werden. Dazu zählen der Tetraeder (er wird dem Element Feuer zugeordnet, Abb. 1), der Würfel (Erde Abb. 2), der Oktaeder (Luft, Abb. 3), der Dodekaeder (Äther, Abb. 4) und der Ikosaeder (Wasser, Abb. 5).

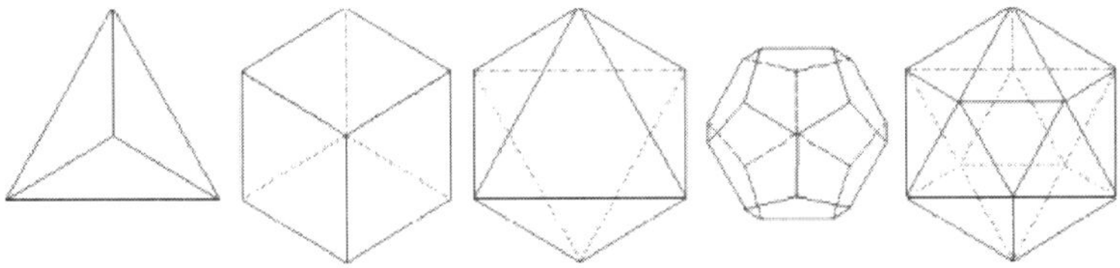

Tetraeder Würfel Oktaeder Dodekaeder Ikosaeder

Manchmal wird die Kugel als sechster Körper mit dazugenommen. Sie repräsentiert die Leere, aus der alles hervorgegangen ist. Aus diesen geometrischen Bausteinen ist also jegliches Leben aufgebaut. Sie befinden sich in und um uns, beziehungsweise auch unsere feinstofflichen Körper und Ebenen sind nach diesen Prinzipien „konstruiert". Bereits in Atlantis wurde mit diesen Grundmustern gewirkt. Einerseits unterstützt die Aktivierung des alten Wissens unseren Aufstieg in die Fünfte Dimension, andererseits ist das Wiederentdecken ein wichtiger Teil unseres Wegs.

Isis möchte mit dir nun zu den Pyramiden von Gizeh reisen, um die Chephrenpyramide, das ist die mittlere, zu besuchen. Die Pyramiden sind für Isis Sternentore, die eine große transformatorische Kraft in sich tragen, der Erweiterung des Bewusstseins dienen und auch Entwicklungen beschleunigen. Was könnte als Geburtsstätte für das kosmische Kind besser geeignet sein? Das kosmische Kind erinnert uns an unseren wahren Ursprung. Es verbindet uns mit der Quelle allen Seins, mit unseren Sternenheimaten, -familien und unserer Sternensaat. In weiterer Folge darf und wird es sich zu einem Kosmischen Menschen entwickeln. Je bewusster wir es erfahren und leben, umso mehr verwandeln wir dadurch auch unsere äußere Welt und somit das Antlitz der Erde. In diesem Zusammenhang wird unsere innere Veränderung im Außen sichtbar und manifestiert sich. Wenn wir kosmisches Kind sind, fallen alle Mangelthemen ab. Wir leben in und lernen aus der Fülle. Unser Lichtkörper beginnt zu strahlen, und daraus formt sich dann unser Kristalllichtkörper. Unterstützt wird Isis bei der folgenden Meditation von Hathor. Sie ist ein Sternenwesen, das sowohl mit der spirituellen Venus als auch mit Kassiopeia verbunden ist. Unter anderem war es Hathors Aufgabe, Körper für die Seelen zu schaffen, Empfängnisse und Geburten zu begleiten. Sie ist eine sehr mütterliche und nährende Wesenheit, die die Menschen einlädt, das Leben mit allen Sinnen zu genießen. Sie ehrt und feiert die Schöpfung und ihre Schönheit. Hathor liebt Gesang, Klang, Musik und Tanz. Und so lädt Isis dich nun ein, es dir bequem zu machen. Sei gesegnet. Amen.

☆☆☆☆☆

Heilige Geometrie und die Geburt des Kosmischen Kindes – Meditation mit Isis und Hathor

Atme einige Male tief ein und aus, um ganz bei dir im Hier und Jetzt zu sein. Entspanne dich. Erde und zentriere dich bitte auf deine eigene Art und Weise. Lass deinen göttlichen Funken in deinem Herzen strahlen. Dehne ihn aus, sodass sein Licht die Gesamtheit, die du bist, erfüllt. Verkörpere dein wahres Wesen. Jetzt.

Blauweißes, kristallines Licht strömt zu dir in deinen Raum. Es berührt dein Sein, umhüllt und durchwirkt dich. Es macht dich weit und durchlässig. Isis nimmt über das Licht von Sirius Kontakt mit dir auf und erscheint. Sie begrüßt dich, segnet dich mit ihrem Ankh und lädt dich ein, mit ihr auf die Reise zu gehen. Dazu erschafft sie einen Lichtkanal. Dieser führt, wie du bereits weißt, nach Ägypten. Isis bringt dich auf das Plateau von Gizeh. Es ist noch sehr früh, und du bist ganz alleine mit Isis dort. Ruhe und Frieden liegen über allem. Die Sonne geht gerade auf und lässt ihr zart goldenes Licht über die Pyramiden strahlen. Es scheint, als würden diese das Sonnenlicht trinken und in sich aufnehmen. Sie beginnen zu pulsieren und wandeln sich, sodass du sie in ihrer ehemaligen Pracht bewundern kannst. Isis sagt, dass es Zeit ist, einzutreten. Sie geht mit dir an den energetischen Wächtern des Eingangs vorbei, den schmalen Weg bis zur Königskammer. Dort kommst du an. Isis berührt mit ihrem Ankh die Wände des Raums und den Steinsarkophag. Sie lässt sirianisches Kristalllicht einfließen, um zu erhellen, zu beleben und zu aktivieren.

Alles wird Licht um dich herum. Atme bitte tief ein und aus, um dich einzulassen.

Isis stellt sich in die Mitte. Sie hebt ihre Arme und lässt den lichten Fokus von Atlantis auferstehen. Sie verbindet die Königskammer nun mit der Pyramide von Poseidonis, die das Zentrum von Atlantis war. Es ist so, als würde sich ein Doppel von ihr über die Chephrenpyramide legen. Beide Energiefelder vereinen sich und bilden ein pulsierendes Kraftfeld. Dadurch intensiviert sich die Schwingung in deinem Raum, und der Sarkophag steht in einem großen, durchlässigen, atlantischen Kristall, der Energien empfangen und senden kann.

Jetzt ist alles vorbereitet. Isis bittet dich, dich durch die weiche Membran des Kristalls in den offenen Steinsarkophag zu legen. Hab keine Furcht. Es ist angenehm für dich. Sie erklärt dir, dass dieses nun wie eine Geburtsstätte für das kosmische Kind ist. Die Sarkophage dienten früher dazu, um zu den Sternen zu reisen. Dabei löste sich das Bewusstsein aus dem physischen Körper und kehrte nach Erfüllung der Aufgabe wieder in ihn zurück. Priesterinnen und Priester waren dafür lange und gut ausgebildet worden. Heute möchte Isis einen nutzen, um die Sternensaat, die du bist, in dir erblühen zu lassen. Dazu lädt sie nun Hathor ein, Raum zu nehmen. Eine Liebeswelle durchströmt dich, und ein zarter Klang durchwebt die Kammer. Er klingt ganz nah und gleichzeitig weit entfernt. Hathor berührt und begrüßt dich. Erlaube dir, Hathor auf deine eigene Art und Weise wahrzunehmen. Hathor und Isis treten in das kristalline Schwingungsfeld, das den Sarkophag umgibt, ein. Isis führt ihr Ankh zu deinem Herzen. Das Licht von Sirius strömt in dich ein. Es lässt dich ganz ruhig werden und dich tief entspannen. In den Bibliotheken von Sirius ist der Bauplan der Zellen für den Kosmischen Menschen gespeichert. Dieser wird nun übertragen. Atme bitte tief ein und aus und spüre, wie sich die Siriusinformation in allen Ebenen deines Seins ausbreitet. Sie erinnert dich an dein Potenzial, das du in dir trägst und auf die Erde mitgebracht hast, das aber bisher noch nicht ganz entwickelt ist. Durch den Impuls, den du erhältst, verändert sich dieses jetzt. Du darfst der Schöpfer sein, der du bist. Erwache zu deiner Größe. Entfalte alle deine Möglichkeiten. Sei, was du tief in dir bereits bist.

Währenddessen beginnt Hathor ein Lied der Schöpfung zu singen. Sie erzählt, dass sie eine von vielen ist. Damit möchte sie ausdrücken, dass sie eng mit anderen Sternengeschwistern, die du als Hathoren und als Sanat Kumara kennst, zusammen wirkt. Hathor schafft über ihren Gesang nun eine energetische Verbindung zur spirituellen Venus und zu Kassiopeia. Erlaube, dass dich das Sternenlicht von beiden berührt und durchwirkt. Wisse, dass dich das venusische Licht an dein Ankommen auf dieser Erde erinnert. Damals warst du dir deiner selbst gewahr. Du wusstest um deine Herkunft und um deinen Auftrag. Voller Freude und Mut machtest du dich über die spirituelle Venus auf den Weg zur Erde. Von dort empfängst du jetzt wie einst liebevolles Angenommensein und wirst mit allem genährt, was du für deinen weiteren Seelenweg und die Erfüllung deines Plans benötigst.

Kassiopeia trägt die Erinnerung an den göttlichen Gleichklang der Einheit mit Allem-was-ist in sich. Nun fließt auch diese in die Gesamtheit, die du bist, mit ein, um dich zu bewegen und zu erweitern. Erlaube dir wahrzunehmen, dass das Licht von Sirius, der Venus und von Kassiopeia tief in deinen Chakren wirkt. Es ist so, als würden sie dadurch geöffnet und entschlüsselt werden. Dabei finden eine Reinigung und eine Neuausrichtung statt. Diese strahlt auf deinen physischen und deine feinstofflichen Körper, sodass auch hier Klärung und Transformation stattfinden. Wir bitten dich, dich ganz dem Sternenlicht hinzugeben und die Wandlung und die Erweiterung anzunehmen. Alle Begrenzungen lösen sich auf. Dein Bewusstsein wird weit. Deine Identifikationen, deine Vorstellungen von dir und deinem Leben, was du bisher geglaubt hast, was du bist und was Bedeutung für dich gehabt hat, hören für den Moment auf zu sein. Es fällt alles ab. Es gibt kein Gestern und kein Morgen, nur das reine Sein im Jetzt. Die Wahrnehmung deiner Körperlichkeit verändert sich. Auch deine feste Form ist Vibration, Energie und Licht. Alles, was bisher Gültigkeit hatte, existiert für den Augenblick nicht mehr. Das, was von dir bleibt, ist eine Lichtkugel. Es ist deine Seelenessenz. Diese beginnt sich auszudehnen. So kehrt sie zur Quelle allen Seins zurück und erkennt, dass sie sie nie verlassen hat. Dabei brauchst du nicht zu denken und nichts zu tun. Gib dich einfach dem Fluss der Energien hin. Lass erneut geschehen, und es ist. Die Lichtkugel, die du bist, wird eins mit der Unendlichkeit des Seins. Sie ist eingebettet in das Nichts, das alles enthält.

Sie ist selbst gleichzeitig das Nichts und die Fülle aller Möglichkeiten. Vater-Mutter-Gott ist um dich, in dir und durch dich. Jetzt.

Erfahre, dass in der Einheit mit der Quelle nun eine heilige Vereinigung zwischen der göttlich-dynamischen Kraft und der göttlich-rezeptiven Energie ist. Diese Verschmelzung gleicht der einer Eizelle und eines Samens, wo sich letztendlich zwei Kugeln ineinanderschieben und sich dabei zuerst eine Fischblase bildet, bevor sie ein Sein sind. Wisse, dass es wie die ursprüngliche Empfängnis deiner Seelenessenz ist. So wurde dein wahres Wesen geboren. Wir bitten dich, mit deiner Aufmerksamkeit ganz bei dieser Urform zu sein. Deine Seele ist das kosmische Kind, das von Vater-Mutter-Gott gezeugt wurde.

Jetzt geht deine Entwicklung weiter. Aus dieser vereinten Energiekugel wächst du Schritt für Schritt heran. Dabei teilt sich die göttliche Kugel immer wieder. Es entstehen neue Formen, die dich und dein Lichtwesen strahlen lassen und ausdrücken. Um dich auf deine Seelenreise vorzubereiten, möchten wir dich nun mit den Grundmustern der Elemente vertraut machen. Aus und in dir entsteht ein Tetraeder. Er bewegt sich. Wir bitten dich, einen tiefen Atemzug zu machen und das geometrische Muster zu erfahren und zu sein. Es repräsentiert das Feuer in allen Dimensionen. Aus dem Tetraeder bildet sich ein Würfel. Er dreht sich. Auch hier laden wir dich ein, ihn wahrzunehmen und er zu sein. Er steht für die Erde in allen Daseinsebenen. Dann wird der Würfel von einem Oktaeder abgelöst. Gib dich ganz der neuen Form hin. Er verkörpert die Luft. Schenke dir dafür die Zeit, die du benötigst, um es zu verinnerlichen. Im Anschluss daran zeigen sich dir ein Dodekaeder, der dich mit dem Äther, mit Prana oder Chi verbindet, und ein Ikosaeder, dem das Wasser zugeordnet ist. Erkenne, dass es die Bausteine des Lebens sind, aus denen dieses Universum aufgebaut ist. Auch deine Zellen, Körper, Bewusstseinsfelder und Energiezentren tragen diese Grundformen in sich. Atme tief ein und aus. Nimm auf deine eigene Art und Weise wahr, dass das Lichtwesen, das du bist, dass das kosmische Kind, das du bist, aus dieser Heiligen Geometrie, die einer universellen Sprache gleicht, geformt ist.

Isis und Hathor sagen, dass du nun die Blume des Lebens in dir entstehen lassen sollst. Sei die Blume des Lebens. Sie vereint in sich die Geheimnisse aller und die Schlüssel zu allen Mysterienschulen. Sie ist ein Symbol der Schöpferkraft und verbindet dich mit der Quelle. Sie trägt die göttliche Ordnung und Harmonie in sich, die Kraft des ewigen Lebens, der Erneuerung und der Unendlichkeit. Das ist in unserem Kontext nun deine Sternensaat. Bitte nimm wahr, dass die Seelenessenz, das Lichtwesen, das kosmische Kind, die und das du bist, aus unzähligen Blumen des Lebens besteht. Jetzt bist du für deine Seelenreise bereit.

Wir bitten dich, als Kind der Quelle, als kosmisches Kind, als Sternensaat mit deinem Bewusstsein in den leuchtenden Sarkophag zurückzukehren. Dazu atme erneut tief ein und aus. Werde dir der heiligen Geometrie gewahr, aus der du geformt bist, die in dir und um dich ist. Genauso wie wir dich einladen, dich als Seele, die du bist, und als Kind der Quelle allen Seins wahrzunehmen. Dein wahres Wesen strahlt. Es ist vollkommen. Du pulsierst. Du bist Energie. Du bist Licht. Du bist lebendig. Du bist frei und unschuldig. Du bist ein kosmisches Kind, das die Blume des Lebens als Sternensaat in sich trägt. Du bist geboren. Erlaube dir, die tiefe Wandlung und Veränderung, die in dir geschehen ist, anzunehmen.

Isis und Hathor berühren dich sanft und heißen dich als kosmisches Kind auf der Erde willkommen. Sie heben dich behutsam aus dem Sarkophag und aus dem Schwingungsfeld des atlantischen Kristalls und tragen dich in dein Leben. Liebevoll setzen sie deine Beine und Füße auf den Boden. Hathor lächelt dir zu, segnet dich im Namen von Kassiopeia und der spirituellen Venus und zieht sich zurück. Isis löst die Verbindung zu Atlantis und der Pyramide von Poseidonis und verabschiedet das Licht von Sirius. Sie führt dich aus der Königskammer und der Chephrenpyramide hinaus auf das Plateau. Die Sonne berührt die Pyramiden nach wie vor mit ihren goldenen Strahlen. Nimm einen tiefen Atemzug und löse dich bewusst von diesem Kraftort. Isis bringt dich in deinen Raum, in dein Sein im Hier und Jetzt.

Erlaube dir, auch in der Einheit mit deinem physischen Körper und in der Verwurzelung und Verbindung mit Gaia wahrzunehmen, dass du kosmisches Kind bist. Deine Seelenessenz erfüllt deine Gesamtheit und strahlt bis in den solaren Kern der Erde. Deine Sternensaat, die Blume des Lebens, befindet sich auch in jeder Zelle deiner Physis. Die Heilige Geometrie ist in dir und um dich. Sie bildet deinen Lichtkörper, und dieser lässt deinen Kristalllichtkörper leuchten.

Erlaube, dass ein erweitertes Bewusstsein über dein wahres Wesen in dir Raum zu nehmen beginnt. Jetzt. Erkenne deine Mitschöpferkraft. Erkenne deine Christuspräsenz. Sei das kosmische Kind, das Kind von Vater-Mutter-Gott. Verweile in dieser Wahrnehmung, so lange du möchtest. Isis segnet dich im Namen von Sirius und zieht sich zurück. Wir bitten dich, dich zu erden und zu zentrieren und vollkommen präsent zu sein. Sei gesegnet. Amen.

☆☆☆☆☆

Kristallprogrammierung 4

Nun möchten wir den vierten Kristall programmieren. Bereite dich und deinen Raum entsprechend vor und wähle dann den nächsten Stein aus. Nummeriere ihn bitte mit einem Stift oder einem Sticker.

☆☆☆

Einstimmung

Mache es dir wieder bequem. Erde und zentriere dich. Sei das Lichtwesen, das du bist. Isis berührt dich und reist mit dir in den sirianischen Kristalltempel. Lege deinen Stein auf das Kristall-Ankh und lass deine Hände auf ihm ruhen. Isis aktiviert es. Nun legt sie ihre Hände auf deine und somit auf deinen Bergkristall. Die Programmierung des Steins beginnt.

Programmierung

Isis spricht: „Wir danken diesem Kristall, dass er als Energiehalter und Ankerpunkt in der Materie dienen wird. Das Licht von Sirius durchströmt ihn und bereitet ihn darauf vor, die Sprache des Universums, die als Heilige Geometrie bezeichnet wird, aufzunehmen. Aus den Wissensspeichern der Bibliothek von Sirius empfängt der Kristall nun die geometrischen Grund- und Urformen: die Blume des Lebens, die Frucht des Lebens, den Lebensbaum, die Fischblase, das Quadrat, die Pyramide und den Oktaeder, den Kreis und die Kugel, das Ei des Lebens, Metatrons

Würfel, die Ringschnecke, die Spirale, den Tetraeder und den Stern-Tetraeder, den Würfel, den Dodekaeder und den Ikosaeder und alle anderen, die wir an dieser Stelle nicht explizit erwähnen und dennoch Teil dieser Ursprache sind. Alle Formen vereinen sich und nehmen in dem Kristall Raum. Jetzt.

Wir bitten dich, mit ihm zu wirken, um ein tieferes Verständnis vom Aufbau des Universums zu erhalten. Das ist die Basis für die Geburt des kosmischen Kindes, die er begleitet und unterstützt. Es ist ein sogenannter Hebammenstein, so möchten wir ihn bezeichnen. Er fördert die Wahrnehmung der Heiligen Geometrie in den Zellen und in den physischen und materiellen Ebenen, sodass er darüber die Lichtkörperaktivierung unterstützt. Die Veränderung der Materie wird durch das tiefe Verständnis der Geheimnisse des Lebens möglich. Die Heilige Geometrie ist ein Schlüssel dazu. Das kosmische Kind kennt den Schlüssel, weiß ihn zu nutzen. Es ist selbst der Schlüssel. Der Kristall schafft ein Begreifen und ein Verinnerlichen der kosmischen Gesetze: Wie unten, so oben, wie innen, so außen, wie im Kleinen, so im Großen! Dadurch wird die Mitschöpferkraft in der Materie eine neue Dimension der Möglichkeiten annehmen. Das, was bisher nur schwer oder noch nicht möglich gewesen ist, wird in den Bereich des Möglichen kommen. So kann er seine Aufgabe erfüllen. Er ist gesegnet. Wir segnen ihn. Jetzt und allezeit. Wir sind Isis.

Abschluss

Atme bitte tief ein und aus. Die Programmierung ist beendet. Isis verankert sie in dem Kristall, indem sie ein goldenes Ankh in ihn setzt. Somit bleibt sie darin enthalten, so lange dieses Symbol in ihm ist. Dann löst sie ihre Hände von dir und dem Bergkristall. Nimm wahr, dass der Stein pulsiert und lebendig ist. Nun kannst du ihn vom großen Kristall-Ankh nehmen. Im Anschluss daran verabschiede dich aus dem Kristalltempel. Isis bringt dich zurück ins Hier und Jetzt. Erde und zentriere dich und schließe die Meditation auf eine dir vertraute Art und Weise ab. Stelle den vierten Isis-Schlüssel auf dein Ankh zurück. Sei gesegnet. Amen.

5. Schlüssel der Isis: Seelenfamilie, Sternenheimaten und Sternengeschwister

Durch die Geburt des kosmischen Kindes erweitert sich die Wahrnehmung unseres Ursprungs, unseres Zuhauses und unserer Familie. Dieser Isis-Schlüssel wird intensiv von Sanat Kumara begleitet. Er ist mit uns Menschen in tiefer Liebe verbunden. Sein Anliegen ist es, das wir diese spüren und annehmen können, denn es öffnet unser Herz und erweitert unsere Fähigkeit, uns selbst und andere zu lieben. So können wir unserer Seelenfamilie begegnen und im Austausch mit unseren Sternenheimaten und Sternengeschwistern sein. Sanat Kumara sagt, wenn unser Herz weit ist, auch unsere Augen und unsere feinstofflichen Wahrnehmungskanäle geöffnet sind. Dann können wir erkennen und finden.

Wir Menschen sind kollektive Wesen. Es entspricht nicht unserem wahren Wesen, allein zu sein. Dass es immer mehr Singles in unserer Gesellschaft gibt, ist ein Ausdruck der nicht geheilten Dualität. Menschen können sich auf der physischen, emotionalen und mentalen Ebene nahe fühlen. Die größte Innigkeit und Vertrautheit entsteht allerdings, wenn es einen Gleichklang zwischen den Seelen gibt.

Sanat Kumara zeigte mir die Seelenfamilie als einen lichten Kreis beziehungsweise eine leuchtende Kugel, die von Liebe durchdrungen ist. Darin befinden sich mehrere Seelen. Sie erleben sich gleichzeitig als Einheit mit dem Lichtkreis und somit mit allen Seelenaspekten, die Teil davon sind, und als einzigartige, „individuelle“ Wesen. Alles ist mit Harmonie und tiefem Frieden erfüllt. Von Seelenpartnerschaft spricht man in diesem Zusammenhang, wenn sich zwei Seelen einer Seelenfamilie dafür entscheiden, Partnerschaft zu leben. Wobei es auch in diesem Fall im zwischenmenschlichen Alltag Herausforderungen und Spannungsfelder geben kann, die erst zu lösen sind, bevor das Potenzial, das auf der Seelenebene ist, gelebt werden kann.

Seelenpartnerschaften sind also nicht immer von Anfang an „romantisch". Seelen, denen wir in früheren Inkarnationen häufig begegnet sind und die bisher in diesem Leben eine wichtige Rolle spielten oder zu unserer Herkunfts- oder jetzigen Familie gehören, müssen nicht Teil unsere Seelenfamilie sein. Auch gibt es die Möglichkeit, dass Wesen innerhalb unserer Seelenfamilie nicht in physischer Form inkarniert sind. In unseren bisherigen Verbindungen und Begegnungen war es häufig so, dass wir noch einiges abschließen und auflösen durften. Sanat Kumara meint, dass wir uns vorstellen könnten, die Lichtkugel unserer Seelenfamilie hätte ihre magnetische Anziehungskraft eingeschaltet. Dadurch wurden auch die einzelnen Seelenaspekte magnetisch und begannen sich anzuziehen. Das führte vor einiger Zeit dazu, dass unsere Sehnsucht und unser Interesse, unsere Seelenfamilie zu finden, erwachte. Deshalb gab es in den letzten Jahren in unseren Freundschaften, Partnerschaften und Familien so viele Umbrüche. Dieser Findungsprozess ist noch nicht ganz abgeschlossen. Es entsprach und entspricht einer großen Neuordnung. Dabei finden sich die Seelenfamilien zusammen.

In der Begegnung von Seelenfamilienmitgliedern geht es jetzt nicht mehr um das Aufarbeiten von alten Themen, sondern darum, sich zu unterstützen und das Potenzial der Seele auf die Erde zu bringen, um es ganz zu verkörpern und zu leben. Es gehört zu ihren Aufgaben, die Lichtstätten, die für den Aufstieg wichtig sind, zu bilden und die Gemeinschaften für die Neue Zeit, zu formen. Wobei deren Entstehung und Wachsen auch über eine innere Verbundenheit genährt werden, nicht nur durch ein physisches Zusammenleben. Durch die Wahrnehmung unserer Seelenfamilie erkennen wir, dass unsere Reise nicht erst auf der Erde begonnen hat. Sie erweitert unseren Blick auf unsere Sternenheimaten. Von dort bringen wir Energiequalitäten mit, die es gilt, im Hier und Jetzt innerhalb unseres physischen Seins mit einfließen zu lassen und zu nutzen. Sanat Kumara meint, dass wir dabei nicht vergessen sollten, dass auch Gaia zu unseren Sternenheimaten gehört. Er regt an, uns ein Bild vorzustellen oder es zu malen. In der Mitte ist die Erde, und wir stehen in ihrem Zentrum. Von ihr gehen Strahlen aus, deren Anzahl unterschiedlich sein kann. Sie führen zu anderen Planeten, Sternen, Galaxien und Sonnensysteme. Das sind unsere Sternenheimaten. Einige davon sind uns möglicherweise schon bekannt, wie zum Beispiel die spirituelle Venus, Andromeda, die Plejaden, Sirius, die Zentralsonne, Kassiopeia, Antares, Arkturus, Deneb, Orion, Mars, Aldebaran, der Pferdekopfnebel oder die Magellansche Wolke. Andere werden wir erst noch entdecken. Alle diese Bewusstseinsfelder, und somit das gesamte Bild, werden von der Quelle allen Seins, aus der alles stammt, durchdrungen. Die Annahme unserer Sternenheimaten wiederum führt uns in den vertieften Kontakt mit unseren Sternengeschwistern. Einigen von ihnen sind wir in diesem Buch ja schon begegnet.

Wen wir an dieser Stelle noch erwähnen möchten, sind die Wesenheiten der Innererde. Die Geistige Welt teilt uns immer öfter mit, dass es Eingänge in das Innere von Gaia gibt, die uns zu Gemeinschaften, Wesenheiten, Städten und Lichtstätten führen. Diese warten bereits seit langem darauf, dass sich unser Bewusstsein wieder so weit entwickelt, dass wir uns an unser wahres Wesen erinnern. Denn dann könnten wieder vermehrt Begegnungen und ein Austausch stattfinden. Ein sehr empfehlenswertes Buch dazu gibt es von Dianne Robbins. Es heißt „Telos“ und ist im Adama Verlag erschienen. Doch nun wartet zuerst Sanat Kumara. Er möchte dich einladen, mit ihm zur spirituellen Venus zu reisen. Sei gesegnet. Amen.

☆☆☆☆☆

Finde deine Seelenfamilie

Entspanne dich und mache es dir bitte bequem. Atme einige Male bewusst ein und aus und lass alles los, was du im Moment nicht mehr benötigst. Erde und zentriere dich und sei das Lichtwesen, das du bist. Jetzt. Das pfirsichrosagoldfarbene Licht der spirituellen Venus strömt zu dir und hüllt dich. Erlaube dir, dich davon berühren zu lassen, nimm es an und auf. Es macht dich weit und lässt in jeder Ebene deines Seins die Selbstliebe wachsen. Dann bildet die venusische Energie eine Lichtkugel um die Gesamtheit, die du bist. Sie trägt dich empor und bringt dich sanft und sicher direkt zur spirituellen Venus. Diese zeigt sich dir als ein wunderbarer Garten des Lichts. Überall blühen und wachsen einzigartige Blumen und wundervolle Pflanzen. Es ist ein kleines Paradies. Atme tief ein und aus.

Sanat Kumara hat schon auf dich gewartet und begrüßt dich voller Freude. Er lädt dich ein, anzukommen. Die Energiekugel, mit der du gereist bist, löst sich auf. Sanat Kumara sagt, dass dich die liebevolle Energie der spirituellen Venus willkommen heißt und in dir und durch dich wirken möchte. Erlaube ihr, dich für die Schönheit der Schöpfung und die Vollkommenheit des Universums zu öffnen.

Nun führt dich Sanat Kumara zu einem angenehm warmen, goldschimmernden See, der behütet eingebettet im venusischen Garten liegt. Es ist ein heiliger Ort. Weitere Lichtgeschwister mit ätherisch durchscheinenden Körpern sind am und im Wasser. Still und sanft verrichten sie ihre Aufgaben. Dabei scheinen sie in einer tiefen Meditation versunken zu sein. Harmonie, Frieden und Liebe gehen von dieser Stätte aus. Einige der Lichtwesen bemerken dich, lösen sich von ihrer momentanen Tätigkeit und kommen auf dich zu. Es sind Kumaras. Sie alle sind Teile und Aspekte von Sanat Kumara. Wir bitten dich, dich auf sie einzulassen. Jetzt.

Die Kumaras nehmen dir deine Kleider ab und berühren dich mit ihrem Licht und ihrer Liebe. Sie lächeln dich an. Du kannst dich geborgen und sicher fühlen. Sie führen dich in den goldenen See. Darin reinigen sie deine Energiezentren und deine Körper. Wir bitten dich wahrzunehmen, wie alles abfließt, was du nicht mehr benötigst. Du wirst ganz leicht, hell und licht. Jegliche Form der Schwere und der Belastung löst sich auf, genauso wie mögliche Ängste und Sorgen. Sanat Kumara sagt, dass du dich zuerst an deine eigene Seele und an dein wahres Wesen erinnern darfst, damit du deine Seelenfamilie erkennen und ihr begegnen kannst. Das geschieht in diesem Wasser. Sanat Kumara bittet dich, dich auf das Kosmische Kind, das du bist, auszurichten. Erlaube dir, kosmisches Kind zu sein. So wirst du klar, rein und ursprünglich. Wisse, dass sich Einhörner um den See versammelt haben. Sie lenken ihre Energien und Lichtimpulse zu dir in das Wasser, um dich zu unterstützen, dein wahres Wesen zu verkörpern. Du bist ein Kind der Quelle. Du bist ein Kind der kosmischen Fülle. Du bist geliebt und angenommen. Jetzt und allezeit. Atme tief ein und aus. Sei, was du bist.

Nun laden dich die Kumaras ein, mit ihnen gemeinsam wieder aus dem goldenen See ans Ufer zu gehen, wo du neue Kleider erhältst. Es sind deine Seelenkleider. Sie entsprechen dem, was du wirklich bist, unterstreichen und fördern dieses. Sie helfen dir, dein Potenzial zu erkennen und es zu leben. Deine Seelenkleider zeigen deinen Ursprung, deinen Weg und deine Bestimmung. Sie tragen Symbole und Zeichen deiner Sternenheimaten und Initiationen in sich sowie die Farben deines Seelen- und Persönlichkeitsstrahls. Wir bitten dich, sie anzuziehen und dich für einige Atemzüge einfach in deiner göttlichen Essenz wahrzunehmen.

Liebevoll verabschieden sich die Kumaras von dir, Sanat Kumara führt dich weiter zu einem kleinen Pavillion. Er steigt mit dir die Stufen hinauf und lädt dich ein, es dir hier bequem zu machen. Du kannst dich wohl und zu Hause fühlen. Es ist eine Stätte der Begegnung und des Austauschs, die erfüllt ist mit der Liebe der spirituellen Venus. Erneut bitten wir dich, dir des kosmischen Kindes, das du bist, gewahr zu sein. Sanat Kumara legt seine Hand auf deine Schulter. Dann fordert er dich auf, nun als Seele, die du bist, deine Seelenfamilie zu dir einzuladen. Tue dieses durch deine klare Absicht. Jetzt. Nimm wahr, wie sie Raum nimmt. Du brauchst nicht zu denken. Lass es einfach geschehen, und es ist. Deine Seelenfamilie ist mit dir. Atme tief ein und aus und lass dich auf sie ein. Vielleicht kennst du einige Seelen daraus, vielleicht nicht. Auch das hat für den jetzigen Moment keine Bedeutung. Vertraue darauf, dass deine Seele weiß und erkennt. Je öfter du dich auf diese Art und Weise mit deiner Seelenfamilie verbindest, umso klarer und deutlicher wirst du die einzelnen Wesen, die zu ihr gehören, wahrnehmen. Dadurch kann sich die Kommunikation bewusst entwickeln, und du hast die Möglichkeit, Bitten zu äußern oder auch Fragen zu stellen, um so Unterstützung, Anregungen und Antworten zu erhalten. Durch die Intensivierung des Austauschs mit den Seelenaspekten deiner Seelenfamilie wird sich dein alltägliches Leben automatisch entsprechend umgestalten. Lade Sanat Kumara ein, dir behilflich zu sein, die möglichen Veränderungen, die sich daraus ergeben, leicht annehmen zu können. Zusätzlich bitte das Licht der spirituellen Venus, dich zu unterstützen, dich der Führung deiner Seele so hinzugeben, dass sich die Bereitschaft, deiner Seelenfamilie zu begegnen, in der Gesamtheit, die du bist und somit auch in deiner Persönlichkeit, manifestiert und umsetzt. Nun verweile in der Verbindung, in der Wahrnehmung, in der Kommunikation und im Austausch mit deiner Seelenfamilie so lange du möchtest. Lass dir die Zeit, die du dafür benötigst. Jetzt.

Abschließend verabschiede dich von ihnen. Wisse, dass es auf der Seelenebene keine Trennung gibt und es deine beziehungsweise eure Aufgabe ist, diese Verbindung in die Manifestation, das heißt, auf die Erde zu bringen.

Nun kannst du dich genährt und gestärkt von deiner Seelenfamilie lösen. Die anderen Seelenaspekte kehren auch in ihre Welten, Dimensionen und Ebenen zurück. Sanat Kumara führt dich aus dem Pavillion hinaus. Du kannst jederzeit hierher zurückkommen. Du wirst sogar bewusst dazu eingeladen. Es ist erwünscht. Sanat Kumara blickt dir tief in die Augen, und eine Welle der Liebe und der Güte durchströmt dich. Dann macht er eine Bewegung mit seiner Hand, damit sich die Lichtkugel, die dich hierher getragen hat, erneut um dich bildet. Sie erhebt sich sanft. Eingehüllt in die venusische Energie schwebst du zurück in deinen Raum im Hier und Jetzt. Wir bitten dich, dort nun anzukommen. Die Energiekugel löst sich auf, das pfirsichgoldfarbene Licht segnet dich und zieht sich zurück. Nimm wahr, dass du immer noch Seele bist. Dein physischer Körper ist ein wundervoller Ausdruck und durchdrungen von ihrem Licht. Somit ist er einzigartiges Gefäß deiner Seele und ein Teil von ihr. Erinnere dich und spüre auf deine eigene Art, dass du eins mit deiner Seelenfamilie bist. Freue dich über die Begegnungen mit den Wesen deiner Seelenfamilie, die sind und sein werden, wie auch auf die Veränderungen, die möglicherweise in dein Leben treten werden. Bezogen auf die möglichen Wandlungen bitten wir dich erneut, deiner Seele und ihrer Führung zu vertrauen. Sie weiß, was für dich das Beste und Stimmigste ist. Atme tief ein und aus. Erde und zentriere dich. Sei eingehüllt in Liebe und Licht. Sanat Kumara segnet dich. Sei gesegnet. Jetzt und allezeit. Amen.

☆☆☆☆☆

Shamballa – Botschaft von Djwahl Khul

Sei gesegnet, geliebtes Kind des Lichts, das du uns bist. Wir grüßen dich. Wir sind Djwahl Khul. Einige von euch kennen uns unter der Bezeichnung „der Tibeter". Ja, das ist einer unserer Namen, denn wir haben lange Zeit in den Schulungsstätten des Himalayas gelernt und sind auch heute noch oft dort. Wir gehören zu den Aufgestiegenen Meistern des Lichts. Es ist unsere Aufgabe, zu verbinden und zu vermitteln. Dabei wirken wir eng mit anderen Wesen zusammen. Heute sind wir gekommen, um Zugänge zu öffnen. So möchten wir es nennen, und wir werden dieses noch näher erklären. Zuerst erlaube uns allerdings, dass wir dich in deinem Herzen berühren dürfen. Dann an deinem Thymus, um ihn leuchten zu lassen. Dadurch aktivieren wir das alte Wissen, das in dir ist. Als Nächstes wenden wir uns deinem Stammhirn zu, damit auch hier die Erinnerungen und Speicherungen in den Fluss gebracht werden, die dein Bewusstsein erweitern.

Wir nehmen dich nun auf eine Reise mit. Diese führt dich zu einer Lichtstätte, die als Shamballa bekannt ist. Es ist eine alte Stätte, auch eine Schulungsstätte und ein Ort der Begegnung. Dort finden sich immer wieder Aufgestiegene Meister, Engelwesen und Sternengeschwister ein, um sich zu beraten und Entscheidungen zu treffen. Bitte erlaube dir nun, mit uns gemeinsam dieses Schwingungsfeld zu betreten. Wisse, dass Shamballa eng mit dem Himalaya verbunden ist. Derzeit existiert es nicht in der physischen Form. Es ist ein energetisch-ätherischer

Kraftort in einer anderen Dimension. Einer seiner Ankerpunkte in der Materie ist die Wüste Gobi. Doch Shamballa kann letztendlich überall sein, denn es repräsentiert eine Art der Kommunikation und des Austauschs, die und der dem Wohl aller dient. Und wir bitten dich zu erkennen, dass Shamballa auch in deinem Herzen ist. Dort möchten wir es nun aktivieren. Dazu laden wir dich ein, die folgenden Laute bewusst zu sprechen, zu wiederholen oder auch zu tönen: Sham ba lla, Sham bal la, Sham ba lla, Sham bal la, Sham ba lla, Sham bal la usw. Tue dieses einige Minuten deiner linearen Zeitrechnung entsprechend. Sie öffnen dir die Tür zu dem heiligen Ort. Dann gehe mit deiner Aufmerksamkeit in dein Herz. Entzünde in ihm die drei göttlichen Flammen: die blaue, die rosafarbene und die gelbe. Sie stehen für die Dreifaltigkeit Gottes. Vereine sie in dir und lass sie in der Gesamtheit, die du bist, wirken. Dadurch stärke die Wahrnehmung deines Seeleseins und deines göttlichen Ursprungs. Jetzt.

Nun bist du bereit. Erkenne, dass sich dir Shamballa vor deinem geistigen Auge in seiner Pracht zeigt. Seine Pforten gehen auf, und die Elohim, die am Eingang stehen, lassen dich ein. Wisse, dass du den Weg aus deiner Nacht- und Traumarbeit kennst. Gehe hinein und betritt die heilige Halle. Überall strahlt goldenes Licht und kristallines Bewusstsein. Die zwölf kosmischen Strahlen sind auch hier verankert, damit sie über Shamballa in die Materie einfließen können. Die Aufgestiegenen Meister, die deine Seele schon seit langem begleiten, Engel sowie Wesen von deinen Sternenheimaten und andere Ster-

nen- und Lichtgeschwister erwarten dich bereits. Ebenso sind Raumgeschwister aus dem Asthar-Kommando anwesend. Sie übergeben dir eine Bitte, die die Stabilität der Erde innerhalb des Aufstiegs unterstützt. Sie überreichen dir einen Kristall, der die Informationen dazu gespeichert trägt, damit sie sich dir Schritt für Schritt in deinem Tagesbewusstsein offenbaren können. Sie legen ihn dir sanft in dein Herzzentrum und aktivieren ihn. Jetzt.

Wisse, dass Shamballa seit Anbeginn der Zeiten existiert. Gaias Seelenplan wurde hier gehütet und bewahrt. Du kannst jederzeit durch die Einstimmung, die wir nannten und auch dieses Mal nutzten, nach Shamballa reisen, um in Kontakt mit deinen feinstofflichen Geschwistern zu sein. Ebenso gibt es in Shamballa einen Plan und eine Übersicht über die Eingänge in die Innererde und über die Wesenheiten, die dort leben.

Nun sind Abgesandte aus dem Inneren der Erde anwesend. Sie möchten sich dir gerne vorstellen, denn sie suchen die Zusammenarbeit mit dir. So können sich die Freundschaft und der Austausch zwischen ihnen, der Innererde und den Menschen wieder intensivieren. Gehe in die Kommunikation mit ihnen und lass dir dafür die Zeit, die du benötigst, um sie zu erkennen. Jetzt. Von nun an werden sie jede Möglichkeit nutzen, dir zu begegnen. Sie möchten dich unterstützen, dass du, auch wenn es Veränderungen auf der Erde geben sollte, in einem Bewusstsein der Fülle, der Freude, des Vertrauens und der Sicherheit verweilen kannst. Die Wesen der Innererde sorgen ebenso für die Stabilität während des Aufstiegs. Je mehr Menschen sich an sie erinnern, desto leichter können sie ihre Aufgabe erfüllen und desto schneller werden Begegnungen mit ihnen in der physischen Form stattfinden können. Im Inneren der Erde gibt es sowohl dreidimensionale als auch feinstoffliche Wesenheiten und Lebensformen. Und wir bestätigen, dass es dort den heiligen Garten, der als Angartha bezeichnet wird, gibt. Er ist eng mit der spirituellen Venus und den Kumaras verbunden. Um seine Geheimnisse zu erfahren und die, erlaube den Begriff, entsprechenden heilsamen Resonanzen in dir zu aktivieren, laden wir dich ein, auch dieses Wort zu tönen und seine Schwingung so in dir wirken zu lassen.

Im Inneren der Erde gibt es Portale und Dimensionstore, die dich in andere Schwingungsebenen und auf weit entfernte Planeten und Galaxien bringen können. All das wird sich in den nächsten Jahren auf eine sehr schnelle Art offenbaren. Unsere Aufgabe war es, dieses Wissen zu bewahren. Nun ist die Zeit gekommen, es wieder mit den Menschen zu teilen. Deshalb nutzen wir diese Gelegenheit, um mit dir Kontakt aufzunehmen, und danken dir für die Möglichkeit dazu.

Um deine Verbindung zu Shamballa zu intensivieren und zu stärken, bitten wir dich nun nochmals darum, die Silben zu sprechen und zu tönen: Sham ba lla, Sham bal la, Sham ba lla, Sham bal la, Sham ba lla, Sham bal la usw. Tue dieses wiederum einige Minuten lang. Jetzt. Erkenne, dass dich die Lichtgeschwister aus dem Asthar-Kommando bereits um deine Mithilfe baten. Sie treten nochmals hervor, um dir Folgendes mitzuteilen: Du befindest dich sozusagen auf ihrer Bodenstation. Vor langer Zeit wurde der Funkverkehr unterbrochen, den sie seither wieder bemüht sind, vollständig aufzubauen und richtig einzustellen, damit sie ihre Impulse genau senden und setzen können. Sie bitten dich, auf die Zeichen am Himmel zu achten. Es werden sich vermehrt Lichtschiffe positionieren und zeigen, genauso wie das Beobachten von Lichtphänomenen zunehmen wird. Ebenso wird die Anzahl der Kornkreise erneut steigen. Erkenne, dass die Erde noch viel fantastischer ist, als du dir das bisher vorstellen konntest.

Nun laden sie dich ein, die bereits erwähnte Feineinstellung in deinem System vollziehen zu dürfen. Dabei berühren sie deine linke und rechte Gehirnhälfte und die Schläfenlappen, wie auch die Nervenbahnen innerhalb deines Seins. Halte kurz inne. Feine Lichtblitze gehen durch dein System. Deine elektrische Ladung verändert sich. Hab keine Sorge, dein elektromagnetisches Feld wird angepasst und, der momentanen Zeit voraus, eingestellt. Deine Schwingung wird sozusagen auf die Zukunft ausgerichtet, damit diese im Hier und Jetzt schneller Raum nehmen kann. Die Einstellungsarbeiten und Feinjustierung sind somit abgeschlossen. Deine Raumgeschwister danken dir. Atme tief ein und aus. Wisse, dass Shamballa nun eine Neuverbindung zu allen Lichtstätten und Lichttempeln dieser Erde und zu ihren bekannten und unbekannten Kraftorten erfährt. Diese erhöhen sich dadurch in ihrer Schwingung und Strahlkraft. Jetzt. Dadurch wird eine Welle von Energie freigesetzt, die im Morphogenetischen Feld wirkt und ein kollektives Erwachen fördert. Erkenne, dass Shamballa seine Türen nun für alle Menschen öffnet. Es wird wieder sichtbar sein, denn Shamballa ist und bleibt ein Ort der Schulung, der Weisheit und des Verbindens.

Wir danken dir, dass du an dieser Öffnung mitgewirkt hast. Für den Moment bringen wir dich wieder zurück in dein Sein im Hier und Jetzt. Lass die Berührungen in dir wirken und tritt in Shamballa ein, wann immer du den Impuls deiner Seele dazu verspürst. Shamballas Licht und Bewusstsein ergießen sich über dich und dein Sein in die Welt und manifestieren das Goldene Zeitalter mit. Ja, das Neue Jerusalem wird Raum nehmen. Es ist ein Synonym für viele Orte des Friedens, die auf der Erde entstehen werden. Im Kontakt mit den Sternengeschwistern und den Wesen der Innererde werden dort die Menschen auf eine neue Art leben. Wir sind Djwahl Khul. Unsere Freude ist groß. Unsere Geduld wurde belohnt. Wir danken dir. Wir segnen dich. Sei gesegnet. Jetzt und allezeit. Amen.

☆☆☆☆☆

Kristallprogrammierung 5

Nach all diesen „Ausflügen“ möchten wir nun den fünften Kristall programmieren. Bereite dich und deinen Raum entsprechend vor und wähle dann den nächsten Stein aus. Nummeriere ihn bitte mit einem Stift oder einem Sticker.

☆☆☆

Einstimmung

Mache es dir bequem. Erde und zentriere dich. Sei das Lichtwesen, das du bist. Isis berührt dich und reist mit dir in den sirianischen Kristalltempel. Lege deinen Stein auf das Kristall-Ankh und lass deine Hände auf ihm ruhen. Isis aktiviert es. Nun legt sie ihre Hände auf deine und somit auf deinen Bergkristall. Die Programmierung des Steins beginnt.

Programmierung

Isis spricht: „Wir danken diesem Kristall, dass er als Energiehalter und Ankerpunkt in der Materie dienen wird. Er ist der Kristall der Begegnung. Dazu lassen wir das Licht und die Weisheit von Sirius in ihn einströmen. Er löst mögliche Ängste vor Nähe und Berührungen, die aufgrund von Enttäuschungen und Verletzungen entstanden sind, auf. Er lässt die Bereitschaft wachsen, sich einzulassen und hinzugeben. Es ist ein Bergkristall, der Partnerschaften unterstützt, ihr Seelenpotenzial zu leben. In der inneren und äußeren Familie fördert er Harmonie. Der Kristall hilft, die

Seelenfamilie zu finden. Wir geben in ihn die Fähigkeit hinein, Kommunikation auf allen Ebenen zu erweitern. Das stärkt das Vertrauen in die eigene Wahrnehmung und in das Botschaftersein. Über ihn werden der Kontakt zu den Sternenheimaten und der Austausch mit den Sternengeschwistern intensiviert. Wir lassen das Licht von Sirius in der Verbindung mit der Liebe der spirituellen Venus in den Kristall fließen. Er schafft ein neues Bewusstsein für ein liebevolles Miteinander. Dadurch unterstützt er den Aufbau von Lebensgemeinschaften, die dem Goldenen Zeitalter entsprechen. Des Weiteren speisen wir in ihn Informationen über neue Technologien ein, die in der Fünften Dimension genutzt werden. Er fördert deren Entwicklung und Umsetzung in der Materie. So kann er seine Aufgabe erfüllen. Er ist gesegnet. Wir segnen ihn. Jetzt und allezeit. Wir sind Isis.“

Abschluss

Atme bitte tief ein und aus. Die Programmierung ist beendet. Isis verankert sie in dem Kristall, indem sie ein goldenes Ankh in ihn setzt. Somit bleibt sie darin enthalten, so lange dieses Symbol in ihm ist. Dann löst sie ihre Hände von dir und dem Bergkristall. Nimm wahr, dass der Stein pulsiert und lebendig ist. Nun kannst du ihn vom großen Kristall-Ankh nehmen. Im Anschluss daran verabschiede dich aus dem Kristalltempel. Isis bringt dich zurück ins Hier und Jetzt. Erde und zentriere dich und schließe die Meditation auf eine dir vertraute Art und Weise ab. Stelle den fünften Isis-Schlüssel auf dein Ankh zurück. Sei gesegnet. Amen.

6. Schlüssel der Isis: Orion, Ra und die Verbindung zur Zentralsonne

Orion ist ein bekanntes Sternbild, das wir am Himmel immer wieder gut sehen können. Es heißt, dass es für die Heilung der Dualität eine besondere Bedeutung hat. In unserem Zusammenhang fokussieren wir uns auf die mittleren Gürtelsterne. Man sagt, dass auch die Pyramiden von Gizeh danach ausgerichtet sind. Diese drei Sterne heißen Alnitak, Alnilam und Mintaka. Im Internet bei Wikipedia wurden sie unter anderem als Jakobsleiter bezeichnet. Dieser Begriff bestätigt erneut ihre Wichtigkeit für uns in dieser Zeit, denn das Hinaufklettern der Jakobsleiter ist ein Ausdruck für unsere (persönliche und kollektive) Evolution und unseren Weg in die Fünfte Dimension. Es gibt drei ursprüngliche, alte Sternenrassen, die an der Erschaffung dieses Universums maßgeblich mitgewirkt haben. Sie werden El, An und Ra genannt. Wir alle haben unsere Wurzeln in diesen Urfamilien. Manches Mal können wir unsere Verbindung zu ihnen über die Silben unserer Namen erkennen, wie zum Beispiel bei **El**isabeth, **An**gelika, **Ra**lf usw. Alnitak steht mit den Sternengeschwistern von Ra in Kontakt, Alnilam mit jenen von An und Mintaka mit den Els. Solara, eine spirituelle Lehrerin, hat zwei empfehlenswerte Bücher dazu geschrieben. Sie lauten „An die Sterngeborenen" und „El An Ra – die Heilung des Orion" und sind im ch. falk Verlag erschienen.

Die Grundqualität der El Sternenrasse ist Weisheit. Sie werden als Hüterwesenheiten bezeichnet, sind große

Lehrer und repräsentieren das geistige Prinzip in dieser Triade. Die Aufgabe der Sternenwesen von An ist es, zu verbinden. Ihr Symbol ist die Vereinigung von Sonne und Mond. So kann die Dualität geheilt werden. Auf dem mittleren Gürtelstern des Orion befindet sich der goldene Tempel von An. Es wird gesagt, dass dort die Dualität bereits geheilt ist. Er unterstützt unseren Aufstieg, beziehungsweise seine Heilungsenergie wird dafür sehr benötigt. Die Sternenrasse Ra trägt eine große Manifestationskraft in sich. Sie bringen in die Form, in die Materie. Sie sind wie Baumeister, und was sie erschaffen, hat Bestand für die Ewigkeit. Doch Ra hat in unserem Kontext noch eine andere Bedeutung. Es ist eine Bezeichnung für den Sonnengott beziehungsweise für die Verbindung zur Zentralsonne. Die Energie der Zentralsonne dient der Expansion, der Schwingungserhöhung und der Durchlichtung der Materie. Du hast ihre Kraft ja schon beim ersten Schlüssel der Isis kennengelernt.

Osiris, die Zwillingsflamme von Isis, wirkte in seiner Priesterschaft mit Ra und dem Licht der Zentralsonne eng zusammen. Es gehörte unter anderem zu seinen Aufgaben, diesen Austausch und die Energieverbindung dazu aufrechtzuerhalten, um solare Kräfte auf der Erde zu verankern. Bei diesem Isis-Schlüssel begegnen uns daher unter anderem nochmals folgende Themen: Selbstermächtigung, Selbstmeisterschaft, die Stärkung des solaren Bewusstseins und des Solarplexus, die Annahme der eigenen Kraft, des eigenen Lichts und der eigenen Größe und Sendebewusstsein. Er fördert Klarheit, Zielgerichtetheit und Präsenz. In diesem Zusammenhang stellt sich dir die Frage, wie du deine Energien lenken möchtest. Werde dir gewahr, wie du deine Wirklichkeit gestaltest und ob sie das widerspiegelt, was du wirklich leben möchtest. Achte also auf deine tiefsten Überzeugungen, Ängste und Gedanken. Sei konsequent.

Nun lädt dich Isis allerdings ein, ihr zu folgen. Sie führt dich in die Begegnung mit Osiris und den Sonnenkräften dieses Universums. So wirst du selbst zu einem Feuer der Erneuerung und der Erschaffung. Sei gesegnet. Amen.

☆☆☆☆☆

Begegnung mit Osiris

Atme einige Male bewusst ein und aus, um dich auf die folgende Reise einzulassen. Entspanne dich auf deine eigene Art und Weise. Erde und zentriere dich. Sei das Lichtwesen, das du bist. Sei das kosmische Kind. Jetzt. Blauweißes, kristallines Licht strömt zu dir und hüllt dich ein. Isis nimmt Raum. Sie begrüßt dich und segnet dich mit ihrem Ankh. Sie erschafft einen Lichtkanal. Dieser führt durch die Mutter Sonne hindurch, direkt zur Zentralsonne. Isis trägt dein Bewusstsein nun durch den Lichtstrahl dorthin. Die Zentralsonne zeigt sich dir heute als ein großer, mächtiger Sonnentempel. Am Eingang steht Osiris. Er heißt dich willkommen und sagt, dass er sich freut, dich nun in die Kraft der Sonnen initiieren zu dürfen. Er verneigt sich vor dir. Dann legt er dir einen goldenen Reifen, mit einer pulsierenden Sonne, in deren Zentrum sich ein Rubin befindet, um deine Stirn. Sie berührt und aktiviert dein Drittes Auge.

Osiris schreitet voran und bittet dich, ihm zu folgen. Isis begleitet dich. Im Inneren des Tempels ist strahlendes, weißgoldenes Licht. Immer wieder zeigen sich verschiedene solare Symbole und lodern Flammen in Feuerschalen auf. Die Lichtstätte ist erfüllt von Erhabenheit und scheint unendlich zu sein. Sie öffnet dein Herz, macht dich weit und groß. Osiris führt dich zu einer Sonnenbarke. Es ist ein Reisegefährt, das du nun nutzen darfst, um dich tiefer auf das Schwingungsfeld der Zentralsonne einzulassen. Deshalb fordert Osiris dich auf, sie zu besteigen und dich darauf bequem hinzulegen. Osiris und Isis kommen mit dir auf das Boot. Nun wirst du eingeladen, deine Augen zu schließen und einige Male tief ein und auszuatmen. Ein sanftes Schaukeln geht durch deinen Körper. Die Sonnenbarke setzt sich in Bewegung. Sie erhebt sich. Osiris beginnt mit seiner tiefen, wohlklingenden Stimme einen Sonnengesang zu singen. Von diesem begleitet, steuert die Sonnenbarke direkt in das Zentrum der Zentralsonne. Spüre seine Kraft, seine Wärme, seine Intensität und sein Licht. Es ist mit allen solaren Energien in diesem Universum verbunden, nährt sie und wird von ihnen wiederum selbst gespeist. Wir bitten dich, das Zentralsonnenzentrum auf deine eigene Weise wahrzunehmen.

Die Sonnenbarke hält an und ist angekommen. Osiris beginnt, die Sonnenenergien zu lenken. Er bittet dich, bewusst zu atmen und sie ganz in dich aufzunehmen. Zuerst wirkt die transformatorische Kraft des solaren Bewusstseins in dir. Es ist so, als würden tausende kleine weißgoldene Flammen in deinen Chakren und Körpern tanzen. Alles, was dir nicht mehr dient, alles, was weniger als göttliches Licht und göttliche Ordnung ist, wird dabei gewandelt. Es löst sich einfach auf. Die Gesamtheit, die du bist, strahlt, leuchtet und vibriert. Du bist eine Einheit des Lichtes und der Liebe. Jetzt. Das ist dein wahres Wesen. Das ist deine reine Essenz. Osiris sagt, dass du dich an die unzähligen Einweihungen erinnern sollst, die du im Laufe deiner Inkarnationen bereits hattest. Sie werden alle von der Energie der Zentralsonne berührt. Dabei werden das Wissen und die Weisheit, das und die du dir damals angeeignet hast, aktiviert, sodass sie dir im Hier und Jetzt wieder zur Verfügung stehen. Sie sollen dich auf deinem Weg des Lichts unterstützen und dir bei der Vollendung deiner Aufgabe behilflich sein.

Nun beginnt die Einweihung in die solaren Feuer. Osiris nimmt einen solaren Funken, formt ihn zu einem Feuerball und senkt ihn in dein Basiszentrum. Dort wird er zu einer lodernden und strahlenden Sonne. Sie erweitert den Fluss der Energien in diesem Bereich deines Seins. Osiris erklärt dir: „Geliebtes Kind der Sonne, das du uns bist. Lass dein Feuer lodern. Wisse, dass auch die solaren Feuerenergien unterschiedliche Qualitäten in sich tragen. Sie können wärmen, nähren, transformieren und somit verbrennen. Genauso wie sie motivieren, sanft aktivieren oder auch drängend, fordernd und intensiv vorantreibend und puschend sein können. Sie können leicht inspirieren oder wie ein unausweichlicher Paukenschlag der Manifestation wirken. Wir bitten dich, zu allen diesen Aspekten jetzt ja zu sagen. So nimmst du sie an. Dann stehen sie dir in ihrer Vielzahl zur Verfügung, sodass du daraus wählen kannst, je nachdem, welche Energiequalität du im jeweiligen Moment benötigst. Durch die Berührung mit der Zentralsonne erlaube dir, den Mut in dir zu entwickeln, dich zu zeigen und so zu sein, wie du wirklich bist. Beziehe Position. Nimm deinen Standpunkt ein, auch wenn sich dieser immer wieder verändern darf und soll. Wisse, dass wir dich auffordern möchten, präsent zu sein: in deinem Körper, in deinem Leben, in den Situationen und bei den Themen, die manches Mal Herausforderungen zu sein scheinen.

Werde dir dadurch bei Allem-was-ist deiner Möglichkeiten und deiner Schöpferkraft gewahr."

Dann nimmt Osiris noch weitere solare Funken, die er zu Feuerbällen formt. Einen davon gibt er dir in deinen Solarplexus und einen weiteren in dein Drittes Auge. Den letzten schenkt er über dein Herz deinem göttlichen Kern. An diesen Stellen wandeln sie sich zu Sonnen, die kraftvoll strahlen. Sie stärken und erweitern die Bereiche, in den sie wirken und sind. Dann dehnen sich alle vier so aus, um eine große Sonne zu bilden, die die Gesamtheit, die du bist, umhüllt. Osiris berührt den Rubin auf deiner Stirn. Auch ihm schenkt er einen kleinen Feuerball, um seine Strahlkraft und sein Wirken zu intensivieren. Osiris sagt, dass der Stein der Christusenergie geweiht ist und in Verbindung mit dem rubinrotgoldenen und dem magentafarbenen Strahl steht. Sie fördern die Klärung, Heilung und Erweiterung deines Dritten Auges. Möge deine Sicht gesegnet sein. Jetzt.

Nimm wahr, dass nun weitere Lichtgeschwister der Zentralsonne Raum nehmen. Sie kommen zu dir in die Barke und stellen sich in einem Kreis um dich auf. Osiris erhebt die Arme und spricht einige Worte der Kraft. Dadurch entfacht er das Sonnenschiff selbst, und daraus bildet sich ein Feuerkreis, der alle in sich einschließt. Atme bitte tief ein und aus. Vereinige dich mit der Kraft der Flammen und den solaren Energien. Werde eins mit ihnen. Dadurch geschieht in dir eine tiefe Wandlung. Lass es bitte einfach geschehen. Es ist wie eine große Erneuerung, wie eine Neugeburt. Die Wesen der Zentralsonne geben ihren

Segen und ihr Wohlwollen in diese Transformation mit hinein. Osiris sagt, dass es nun darum geht, den Weg der Priesterschaft zu vertiefen.

Wir erwähnten bereits, dass du schon viele Einweihungen erfahren hast. Dadurch hast du dir die Möglichkeit erworben, jetzt mit der Ausrichtung auf die und mit der Ausbildung zur Hohenpriesterschaft zu beginnen. Es ist ein Weg des Lernens und in weiterer Folge des Lehrens, den du dadurch heute anfangen kannst zu beschreiten. Möchtest du dieses? Bist du bereit dafür? Spüre in dich hinein, um die Entscheidung zu fällen. Denn wenn du nun aus reinem Herzen darum bittest, wirst du in den Kreis der solaren Geschwister aufgenommen. Dadurch wirst du von ihnen auf eine ganz einzigartige Weise geführt werden, um die entsprechenden Unterweisungen zu erhalten. Diese Schulungen werden sowohl in deinem Tages- als auch Nachtbewusstsein stattfinden. Wenn du dich dazu entscheiden möchtest, als Adept in den Sonnenkreis einzutreten, bedeutet dieses für dich, dass die solaren Feuer das, was du bisher als deine Persönlichkeit angenommen und wahrgenommen hast, transformieren. Sie lösen sie für einen Moment auf, um sie neu zusammenzufügen beziehungsweise um eine zu formen, die deinen Weg der Ausbildung unterstützt. Dies geschieht nun. Die solaren Kräfte wirken und erfüllen ihre Aufgabe der Reinigung und der Neuerung. Jetzt. Dadurch klären sich gewisse Themen, die du noch in dir getragen hast, wie von selbst. Sie werden nicht mehr Teil deiner neuen Persönlichkeit sein. Wir bitten dich, tief und bewusst zu atmen und dich der

Veränderung ganz hinzugeben. Deine Ausbildung beginnt jetzt. Von nun an bist du Anwärter auf die Hohepriesterschaft des Sonnenlogos. Der Kreis deiner solaren Lichtgeschwister hat dich aufgenommen. Osiris wird dabei dein Mentor sein.

Dann wird Erzengel Ariel aus dem Reich der Engelgeschwister gerufen. Er ist ein Engel der Zentralsonne. Ariel stellt sich an deine Seite. Er wird dich als Hüter auf deinem Ausbildungsweg begleiten und den Zugang zu den Lehren und Weisheiten des solaren Bewusstseins öffnen. Du wirst eingeladen, dich immer wieder in die Stille zu begeben, um den Kontakt zu Ariel selbst zu intensivieren, zu vertiefen und aufzubauen. Über Ariel wird sich der Kontakt zu deinen solaren Geschwistern weiterentwickeln. Die Sonne und das Feuer, in der und in dem du dich befindest und die und das um dich leuchtet und brennt, potenzieren sich nochmals in ihrer Kraft, ihrer Intensität und ihrem Licht. Sie durchwirken dich. Das ist der Auftakt für deine Ausbildung. Atme tief ein und aus. Jetzt.

Unabhängig davon haben die Weisen aus dem Rat der Zentralsonne noch eine weitere Bitte an dich. Sie laden dich ein, dir deiner Lehrerqualität gewahr zu werden. Gib das Wissen, das bereits jetzt schon in dir beziehungsweise erneut erwacht ist, weiter. Du hast ihren Segen und ihre Unterstützung dafür. Dazu übergeben sie dir eine goldene Schriftrolle der Weisheit, die sie dir in dein Herz legen. Es wird deinem Lehren behilflich sein. Jetzt. Dann fordern dich deine Lichtgeschwister auf, von nun an vermehrt in deiner Klarheit, Präsenz und Zielgerichtetheit zu sein und daraus zu leben. Es wird in dieser Zeit benötigt. Osiris sagt, dass die lebensspendende und erschaffende Kraft der Sonne jetzt ganz zu dir zurückgekehrt ist. So wurdest du aus deinen Begrenzungen herausgelöst. Dadurch kann deine Verbindung zu Orion erneuert werden.

Wisse, dass sich dafür der Tempel von An öffnet. Das Licht von An erfüllt das solare Bewusstsein, das du bist. So verankerst du dich in der geheilten Dualität. Es bestärkt deine Verbindung zu An. Von nun an wird die Dualität in dir und deinem alltäglichen Leben mehr und mehr heilen. Du wirst demnach handeln, es verkörpern und ausstrahlen, um diese Heilung auch anderen zur Verfügung zu stellen. Bitte programmiere immer wieder Steine, sowohl Kieselsteine wie auch Kristalle, die sich dir für diesen Zweck zur Verfügung stellen möchten, mit dem goldenen Licht des Tempels von An. Verteile sie im Anschluss daran intuitiv. Dadurch manifestierst du die Heilung der Dualität in der Materie. Wir danken dir dafür. Durch den erweiterten Austausch mit dem An-Tempel findest du zu den ursprünglichen Sternenrassen, die zu deinen Wurzeln gehören, zurück. Erlaube dir wahrzunehmen, dass deshalb nun Abgesandte der alten Familien der El, An und Ra Raum nehmen, um zu dir zu kommen. Diese Wesen begrüßen dich und freuen sich über das Wiedersehen mit dir. Erkenne, zu welcher Familie beziehungsweise zu welchen Familien du die größte Resonanz verspürst und die zu deinem Zuhause gehören. Atme tief ein und aus. Die Verbindungen zu diesen Stammrassen und deine diesbezüglichen Wurzeln sind nun wieder frei, offen und weit. Jetzt.

Osiris lächelt freundlich und meint, dass es fürs Erste genug wäre. Dein System benötigt Zeit, um die Informationen, Berührungen und Energien integrieren zu können. Du bist im solaren Bewusstsein erwacht. Der Feuerkreis um dich herum wird kleiner. Die Sonnenbarke hört auf zu lodern. Es wird ruhig und still. Die Vertreter der Sternenrassen El, An und Ra segnen dich und ziehen sich für den Moment zurück. Der Kreis der Wesenheiten der Zentralsonne löst sich auf. Auch sie segnen dich und verabschieden sich von dir. Nur Ariel bleibt an deiner Seite. Allein deine Sonne, in der du dich befindest, strahlt und pulsiert noch kräftig. Sie möchte dich daran erinnern, dass dieses kein Traum war. Es hat wahrhaftig in deinem Sein eine tiefe Veränderung auf der zellulären Ebene stattgefunden. Osiris bittet dich, dir gewahr zu sein, dass du solares Feuer und Bewusstsein in dir trägst. Somit bist du selbst ein lebensspendendes, erschaffendes Prinzip. Lebe dein Feuer zum Wohl aller. Nutze es, um für das Wohl aller zu manifestieren.

Dann löst Osiris die große Sonne, die die Gesamtheit, die du bist, durchstrahlt, wieder in die vier kleinen auf. Sie leuchten und verbleiben in deinem Basiszentrum, in deinem Solarplexus, in deinem Dritten Auge und über dein Herz in deinem göttlichen Funken. Im Anschluss daran bringt Osiris die Sonnenbarke in Bewegung. Sanft schwebt sie aus dem Zentrum der Zentralsonne zurück in den großen, mächtigen Sonnentempel. Dort kommt sie an. Osiris und Isis steigen aus. Sie bitten dich, dich zu erheben und es ihnen gleichzutun. Ariel ist nach wie vor an deiner Seite. Osiris lädt dich ein, jederzeit mit ihm Kontakt aufzunehmen, wenn du möchtest. Er ist für dich da.

Nun ist es Zeit, in dein Sein im Hier und Jetzt zurückzukehren. Osiris sagt, dass du den goldenen Reifen mit der Sonne und dem Rubin auf deiner Stirn als Zeichen deines neuen Ausbildungswegs, den du begonnen hast zu beschreiten, weitertragen sollst. Er löst sich auf, sobald diese Entscheidung für dich nicht mehr stimmig sein sollte oder du deine Einweihung in die Hohepriesterschaft erhalten hast. Dann verabschiedet sich Osiris und segnet dich im Namen der solaren Feuer, der Zentralsonne und des solaren Bewusstseins. Sei gesegnet. Jetzt.

Wir bitten dich, tief zu atmen, dich zu bedanken und aus dem Schwingungsfeld der Zentralsonne zu lösen. Isis führt dich. Sie bringt dich aus dem Sonnentempel hinaus zu dem Lichtkanal, der dich durch die Mutter Sonne hindurch in deinen eigenen Raum zurückgleiten lässt. Dort komme an. Das blauweiße, kristalline Licht erfüllt dein Sein. Isis segnet dich im Namen von Sirius. Dann zieht sie sich für den Moment wieder etwas zurück. Bedanke dich auch bei Isis. Wir bitten dich, innezuhalten, um den Fluss der Energien in dir nachzuspüren. Ariel ist und bleibt nach wie vor an deiner Seite. Dann erde und zentriere dich auf deine eigene Art und Weise und sei vollkommen präsent. Im Anschluss an diese Meditation solltest du dir noch ein bisschen Zeit für dich selbst schenken. Bleibe einfach in und bei dir. Nimm dich wahr und gib deinen Körpern die Möglichkeit, das Erfahrene zu integrieren. Wir möchten dich bitten, viel zu trinken, um dich zu unterstützen, die solaren Energien leichter in die Materie zu bringen. Wir danken dir dafür. Sei gesegnet. Jetzt und allezeit. Amen.

☆☆☆☆☆

Kristallprogrammierung 6

Nun möchten wir den sechsten Kristall programmieren. Bereite dich und deinen Raum entsprechend vor und wähle dann den nächsten Stein aus. Nummeriere ihn bitte mit einem Stift oder einem Sticker.

☆☆☆

Einstimmung

Mache es dir wieder bequem. Erde und zentriere dich. Sei das Lichtwesen, das du bist. Isis berührt dich und reist mit dir in den sirianischen Kristalltempel. Lege deinen Stein auf das Kristall-Ankh und lass deine Hände auf ihm ruhen. Isis aktiviert es. Nun legt sie ihre Hände auf deine und somit auf deinen Bergkristall. Die Programmierung des Steins beginnt.

Programmierung

Isis spricht: „Wir danken diesem Kristall, dass er als Energiehalter und Ankerpunkt in der Materie dienen wird. Das Licht von Sirius segnet ihn, um ihn empfänglich, weit und offen zu machen, sodass er das solare Bewusstsein in sich aufnehmen kann. Wisse, dass Osiris Raum nimmt und seine Weisheit und allumfassende Güte mit in den Kristall einfließen lässt. Er gibt die Kraft und die Vollkommenheit der solaren Feuer und der Zentralsonne in ihn hinein, indem er einen Feuerfunken in den Stein setzt, der darin zu lodern und zu leuchten beginnt. Jetzt. Es ist ein Berg-

kristall der Selbstermächtigung. Es ist ein Stein der Größe. Das bedeutet, dass er behilflich ist, das eigene Licht zu erkennen und anzunehmen. Dadurch fördert er das Selbstvertrauen, das Selbstbewusstsein und auch den Selbstwert. Des Weiteren trägt er von nun an die Fähigkeit in sich, die Konzentration zu stärken, die Ausrichtung und das Ausgerichtetsein auf ein Ziel und die Unbeirrbarkeit im Glauben. Der Kristall schenkt Zielgerichtetheit, Klarheit, Durchhaltevermögen und ebenso Durchsetzungskraft. Es ist ein Stein, der sowohl das Lernen als auch das Lehren unterstützt. Er lässt die Weisheit der alten Zeit neu auferstehen. Er regt die mentalen Kräfte an, sich zu erweitern. So wächst erneut die Fähigkeit, durch reine Gedanken Materie zu bewegen und zu formen.

Wisse, dass die Pyramiden, Felsenklöster und andere geheimnisvolle Orte auf diese Art und Weise erbaut und erschaffen wurden. Je mehr du dabei in der Einheit mit Allem-was-ist bist, umso schneller kann sich deine Mentalkraft entwickeln. Deshalb senken wir zusätzlich in den Kristall nun das Symbol der geheilten Dualität, die Vereinigung von Sonne und Mond, hinein. Dadurch entsteht eine Verbindung zum Tempel von An. Jetzt. Über ihn strömt das Wissen der drei Urfamilien El, An und Ra über die Erschaffung und Formung von Materie mit ein. Der Kristall baut, wo auch immer er ist, ein Schwingungsfeld der geheilten Dualität auf und unterstützt deren Manifestation. Er dient, um Spannungsfelder auszugleichen. Zusätzlich hilft er, mentale Verwirrungen aufzulösen und stabilisiert die Psyche. Er unterstützt das Harmonisieren der beiden Ge-

hirnhälften und wirkt anregend auf alle Gehirnfunktionen. Osiris segnet ihn und zieht sich nun zurück. So kann der Kristall seine Aufgabe erfüllen. Er ist gesegnet. Wir segnen ihn. Jetzt und allezeit. Wir sind Isis.“

Abschluss

Atme bitte tief ein und aus. Die Programmierung ist beendet. Isis verankert sie in dem Kristall, indem sie ein goldenes Ankh in ihn setzt. Somit bleibt sie darin enthalten, so lange dieses Symbol in ihm ist. Dann löst sie ihre Hände von dir und dem Bergkristall. Nimm wahr, dass der Stein pulsiert und lebendig ist. Nun kannst du ihn vom großen Kristall-Ankh nehmen. Im Anschluss daran verabschiede dich aus dem Kristalltempel. Isis bringt dich zurück ins Hier und Jetzt. Erde und zentriere dich und schließe die Meditation auf eine dir vertraute Art und Weise ab. Stelle den sechsten Isis-Schlüssel auf dein Ankh zurück. Sei gesegnet. Amen.

7. Schlüssel der Isis: Durchgangspforte und Transformationskraft

Vielleicht kennst du das? Kurz bevor du ein Ziel erreichst, treten nochmals alle möglichen Schwierigkeiten, Herausforderungen, Ängste und Zweifel, die du dir nur vorstellen kannst, auf. Oder dass, nachdem du mit einer stimmigen Therapie begonnen hast, sich die Symptome zuerst noch einmal verschlimmern und eine sogenannte Erstverschlechterung eintritt, die dich mitunter verunsichert. Oder dass du unmittelbar nach dem Auflösen, Bearbeiten und Heilen eines Themas intensiv damit konfrontiert wirst, sodass du gefordert bist zu entscheiden, ob du in alte Strukturen und Verhaltensweisen zurückkehren oder doch die gerade gewonnene neue Wahrheit leben möchtest. Genauso kann es dir geschehen, dass du dich gerade dazu entschlossen hast, etwas in deinem Leben zu verändern und dein Umfeld mit so vielen Widerständen reagiert, dass es aussieht, als ob es unmöglich sei, es umzusetzen. Eigentlich sind alle diese Erfahrungen und Erlebnisse ein gutes Zeichen, selbst wenn wir es im jeweiligen Moment nicht als solches erkennen können. Meist sind es nämlich Bestätigungen für uns, dass wir auf dem für uns richtigen Weg sind und für uns stimmige Entscheidungen getroffen haben.

Der siebte Schlüssel der Isis beschäftigt sich unter anderem genau mit solchen Situationen. Isis sagt, dass wir ihn statt Durchgangspforte auch als Nadelöhr bezeichnen können. Er beschreibt eine mögliche Verengung oder Verdichtung, die kurz vor einem Ziel nochmals auftreten kann, bevor wir es tatsächlich erreichen. Sie erklärte, dass wir uns für diesen Isis-Schlüssel einen Raum vorstellen sollen, der lange Zeit vollständig abgedunkelt war. Durch das Öffnen der Fenster und Türen, durch das Licht, das wir dadurch hineinstrahlen lassen, wird erst offensichtlich, was sich im Laufe der Zeit dort vielleicht alles angesammelt hat. Möglicherweise sind die Dinge, die hier wieder zum Vorschein kommen, so alt, dass wir uns gar nicht mehr an sie erinnern können. Das Erhellen des Raums macht sie sichtbar. Jetzt geht es darum, ihn zu entrümpeln beziehungsweise zu erlösen. Isis meint, dass wir diesen Teil des Schlüssels auch als Überprüfung bezeichnen können. Denn häufig ist es so, dass wir kurz vor einem Durchbruch nochmals einer solchen unterzogen werden. Ebenso stellen die eingangs erwähnten Situationen Überprüfungen dar, ob wir unsere Lektionen wirklich gelernt und verinnerlicht haben. In diesem Zusammenhang zeigte sie mir immer wieder das Bild von Jesus im Garten von Getsemani.

Dieser Isis-Schlüssel hat die Aufgabe, bei der Transformation des Egos behilflich zu sein, wobei wir hier davon ausgehen, dass das Ego nichts „Schlimmes“ oder „Böses“ ist. Es war für das Spiel der nicht geheilten Dualität, dem wir alle zustimmten und es somit mitgestalteten, erforderlich und wichtig. Wir verstehen es als einen Teil von uns, der es ebenso wert ist, geliebt zu werden und manchmal so von Unsicherheiten, Ängsten und Verletzungen erfüllt ist, dass er all unsere Aufmerksamkeit und liebevolle Hingabe benötigt. Dadurch wächst auch in unserem Ego Vertrauen. Es fühlt sich nicht angegriffen, ausgestoßen oder verdrängt (denn wer möchte das schon ☺), sondern angenommen. So kann es sich entwickeln und erweitern.

Ein weiterer Name, den wir diesem Isis-Schlüssel geben könnten, wäre laut Isis die Begegnung mit unserem Schatten oder die Reise in die Unterwelt, wobei die Unterwelt in diesem Zusammenhang nichts anderes als unser Unterbewusstsein ist und der Schatten das, was wir verdräng(t)en. Jetzt geht es also nochmals darum, innezuhalten, in die Tiefe zu gehen und möglicherweise zu erkennen, wovor wir bisher davongelaufen sind. Dieser Teil des Isis-Schlüssels fordert uns auf, alles so anzunehmen, wie es ist. Das beinhaltet auch die Annahme, dass alles, was uns begegnet, ein Teil von uns ist. Dadurch hören wir auf, das, was uns unangenehm ist, nach außen zu projizieren. Dann gibt es keine Suche nach dem Schuldigen mehr, und wir übernehmen die Verantwortung für unsere Ganzheit und alles, was wir erleben. Unterstützt werden wir dabei von Anubis. Anubis ist ein Seelenführer. Unter anderem begleitete er die Seelen ins Reich der Toten. Dabei gehörte es zu seinen Aufgaben, mit zu entscheiden, in welche Ebene sie weiterreisen durften. In unserem Kontext steht das Totenreich für alles Verdrängte und Ungelöste in uns. Häufig wird Anubis als schwarzer Hund oder Schakal dargestellt oder als ein Mensch mit Hunde- beziehungsweise Schakalkopf. Des Weiteren werden wir in einem der nächsten Kapiteln vom silberfarbenen Strahl der Gnade berührt werden. Er ist uns bei unserer Läuterung behilflich. Dann sind wir bereit, die letzten Schritte zu setzen und unser Ziel zu erreichen. Sei gesegnet. Amen.

Die Reise mit Anubis

Mache es dir bitte bequem und entspanne dich auf deine eigene Art und Weise. Komme ganz im Hier und Jetzt an. Erde und zentriere dich. Fokussiere dich auf deinen göttlichen Funken. Lass ihn strahlen und leuchten. Verkörpere das Lichtwesen, das du bist. Jetzt.

Das Licht von Sirius strömt zu dir. Es berührt, umhüllt und durchwirkt dich. Isis nimmt Raum. Sie begrüßt dich und segnet dich mit ihrem Ankh. Sie streicht dir mit ihren Händen sanft über deine Augen. Nun bittet sie dich, dir eine Wüstenlandschaft vorzustellen. In ihrem Zentrum steht eine alte Steinpyramide. Isis lädt dich ein, tief zu atmen und mit ihr gemeinsam in das Bild einzutreten. Werde ein Teil davon. Jetzt. Spüre den Wind und die Sonne auf deiner Haut und den Sand unter deinen Füßen. Erfahre den Ort mit all deinen Sinnen. Dann bringt Isis dich zum Eingang der Pyramide. Hier stehen zwei Wächter mit Anubis Masken auf ihren Köpfen. Isis hebt die Hand. Sie nicken ihr zu und öffnen den Weg. Isis tritt mit dir in das Innere der Pyramide ein. Dort zeigt sich dir ein schmaler, spärlich beleuchteter Gang, der Stufe für Stufe in die Tiefe führt. Isis geht dir voran und fordert dich auf, ihr zu folgen. Die Treppe führt in eine große Höhle, durch die ein breiter, ruhiger Fluss fließt. Isis hält inne. Sie sagt, dass sie hier auf dich warten wird. Sie überreicht dir einen kleinen, blauweiß strahlenden Kristall und lädt dich ein, sein Licht mitzutragen und leuchten zu lassen. Es wird dich unterstützen.

In der Zwischenzeit hat sich dir ein Boot genähert. Anubis kommt, um dich abzuholen. Als er ganz bei dir ist, deutet er dir schweigend, zu ihm ins Boot zu steigen. Dann macht er sich mit dir auf die Reise. Du gleitest mit dem Schiff auf die andere Seite des Flusses. Anubis verlässt es, um es festzubinden. Nun kannst du das neue Ufer betreten. Du wirst eingeladen, deinem Führer zu vertrauen. Anubis spricht nicht viel. Er gibt dir seine Impulse über Gedanken, die in dir entstehen. Auch diese Seite des Flusses ist nur wenig beleuchtet. Anubis führt dich einen schmalen Weg entlang, der dich tiefer hinein in ein ausgedehntes Höhlensystem zu bringen scheint. Plötzlich bleibt er stehen. Von nun an lässt er dich vorangehen. Innerlich weißt du, dass du in deiner eigenen Seelenlandschaft angekommen bist. Du hast jenen Bereich davon betreten, der möglicherweise noch unerledigte Begegnungen und Erfahrungen beinhaltet. Du befindest dich in deiner inneren Welt.

Wir bitten dich, immer wieder darauf zu achten, in welche Gänge es dich zieht und so deine Schritte zu setzen. Alles gehört zu dir. Beobachte, was und wer dir begegnet. Nimm es wahr und an. Du brauchst nichts damit zu tun. Lass alles kommen und gehen, entstehen und sich wieder verabschieden. Erkenne einfach. Anubis folgt dir. Hier zeigen sich dir nun Situationen, Menschen, Energien, die du abgelehnt hast oder ablehnst. Alles, was du unter keinen Umständen haben möchtest oder wolltest. Das, wovor du dich am meisten gefürchtet hast und fürchtest. Deine tiefsten Ängste werden sichtbar. Vielleicht auch Fratzen oder Dämonen. Alles gehört zu dir. Atme tief ein und aus und beobachte. Du wirst mit alten Verletzungen, wenn sie noch nicht ganz verheilt sind, konfrontiert. Genauso wie mit deiner Ohnmacht, deiner Wut, deiner Verzweiflung, vielleicht mit deinem Neid, deiner Gier, deinen Süchten und deinem Abgrund. Das, was sich hinter deinen verborgenen und verdrängten Türen in deinem Sein befindet, kommt hier zum Vorschein. Es lässt sich nicht mehr leugnen, sondern möchte anerkannt und gesehen werden. Möglicherweise kannst du deine Disharmonien, auch Krankheiten und Verwirrtheiten, deine Zerstörungskraft und Lieblosigkeit erkennen.

Wir bitten dich, den Kristall, den du von Isis erhalten hast, hochzuhalten. Sein Licht ermutigt und heilt sanft und wie von selbst. Wir bitten dich, tief zu atmen und zu beobachten. Alles gehört zu dir. Wisse, dass sich dir nun alles zeigt, was du dir bisher selbst noch nicht verzeihen konntest, und das, was du anderen nicht verziehen hast. Genauso, wie dir das begegnet, was dich an anderen störte und stört, was du bewertet und beschimpft hast und es immer noch tust, worüber du schlecht sprachst und sprichst, dachtest und denkst und was du nicht akzeptieren konntest und nach wie vor nicht kannst. Atme bewusst ein und aus. Beobachte und lass sein. Alles gehört zu dir. Erkenne, wie und was du nie sein wolltest oder wie und was du niemals sein möchtest. Und vieles, wovon du glaubst, es sicher nicht zu sein, findest du hier. Sieh die Anteile und Aspekte, die du abgespalten hast, das, was du nicht sein durftest oder wolltest. Auch sie sind da. Nimm wahr, wozu dich andere gemacht haben und du dich hast machen las-

sen, welche Rollen du dadurch übernehmen musstest und nach wie vor spielst, die eigentlich nicht stimmig für dich sind. Entdecke deine Unehrlichkeit, deine Falschheit, deine Heuchelei und deine Scham. Bitte atme erneut tief ein und aus und beobachte. Alles gehört zu dir.

Lass den Kristall von Isis leuchten und wirken. Er bringt weiterhin Heilung, Licht und Liebe. Er unterstützt dich dabei, alle Eindrücke so anzunehmen, wie sie sind. Wobei es bei diesen Wahrnehmungen vor allen Dingen um deine Bereitschaft geht, dich auf die Tiefen deines Unterbewusstseins, mit dem du hier verbunden bist, einzulassen. So kann eine Wandlung geschehen, selbst wenn du jetzt im Moment keine klaren Bilder zu den einzelnen Impulsen hast und möglicherweise nur Symbole, Farben, Umrisse oder nicht einmal das dazu erkennen kannst.

Bisher hat dir Anubis schweigend zugesehen. Nun macht er dich auf etwas aufmerksam: Es scheint ein Wesen zu sein, das sich jetzt aus einem Hintergrund löst und auf dich zugeht. Es ist dein Ego. Beobachte es. Erkenne alles, was zu ihm gehört und wie es sich in deinem alltäglichen Leben äußert. Wisse, dass es nicht dein Feind ist, sondern ein Selbstschutzmechanismus, der deine Verletzlichkeit, deine Sensibilität und dein wahres Wesen zu verstecken versucht. Wir bitten dich, bewusst zu atmen. Es gehört zu dir. Nun laden wir dich ein, ihm den Kristall von Isis zu überreichen. Schenke deinem Ego den Stein. Siehe, wie es sich darüber freut und wie er ihm guttut. Dadurch fühlt es sich angenommen, und es finden Heilung und Erweiterung in ihm statt.

Dann fordert Anubis dich auf, ihm deine Aufmerksamkeit zu schenken. Er betrachtet dich eingehend. Er prüft dein Herz. Bist du ehrlich mit dir selbst gewesen, während du dich den verborgenen Stellen deiner Seelenlandschaft zugewandt hast? Anubis berührt dein Herzzentrum. Dabei sagt er, dass er dir die Angst vor der Dunkelheit, der Nacht und der Schwärze nun herausnimmt. Du benötigst sie nicht mehr. Stattdessen lässt er Vertrauen und die tiefe Sicherheit, dass alles gut ist so, wie es ist, in ihm wachsen und Raum nehmen.

Durch den Weg, den du jetzt gegangen bist, durch deine Bereitschaft, zu erkennen und zu beobachten, fand eine Veränderung statt, sowohl in dir selbst, als auch in den Situationen, Wesen und Energien, die du wahrgenommen hast. Es ist eine Neuordnung, die wir als Heilung bezeichnen möchten, selbst wenn du sie im Moment nicht ganz nachvollziehen, einordnen oder mental verstehen kannst. Als Ausdruck und Bestätigung dafür und als ergänzende Unterstützung möchte Anubis nun ein Ritual mit dir vollziehen. Achtsam entledigt er dich deiner Kleider. Er nimmt ein wohlriechendes Öl und balsamiert deinen Körper damit ein. Dann legt er dir Bandagen an. Durch diese Mumifizierung wirkt die Transformationskraft in allen Ebenen deines Seins. Du integrierst dabei alle Eindrücke, Aspekte, Erkenntnisse, Energien und Anteile, denen du begegnet bist, auf eine Art und Weise, die für dich stimmig ist und die Annahme der Ganzheit, die du bist, fördert. Jetzt.

Da du in der Stille verweilen darfst und dich nicht bewegen kannst, trägt dich Anubis zurück zum Boot, um dich sanft hineinzulegen. Anubis kommt mit auf das Schiff und bringt dich sicher zurück ans andere Ufer. Dort wartet nach wie vor Isis auf dich. Anubis macht das Boot fest, steigt aus und hebt dich hoch. Isis geht den Weg voraus, den schmalen Gang, die Treppe empor. Anubis folgt ihr, dich auf seinen Händen tragend. Kurz vor dem Ausgang aus der Pyramide bleibt Isis stehen. Anubis stellt dich auf die Erde. Isis sagt, dass dieses Tor eine Durchgangspforte repräsentiert. Ein Zyklus hat sich vollendet. Es ist ein Neubeginn. Bist du bereit dafür?

Isis beginnt, deine Bandagen zu lösen, Schicht für Schicht. Dann legt sie dir neue Kleider an. Durch den Pyramideneingang scheint das Sonnenlicht nun direkt auf dich. Atme bitte tief ein und aus. Anubis segnet dich und zieht sich leise zurück. Nun durchschreite gemeinsam mit Isis die Pforte. Du hast eine Läuterung vollzogen. Jetzt gehe deinen Weg mutig weiter. Fokussiere deine Ziele und Visionen. Bleibe dir selbst treu und gehe unbeirrt Schritt für Schritt weiter. Du wirst Erfüllung finden.

Hinter dir verschließen die beiden Wächter den Eingang zur Steinpyramide wieder. Wann immer es für dich nötig sein sollte, kannst du zurückkehren. Sie werden dich wiedererkennen und den Weg für dich öffnen. Erinnere dich an die Wüstenlandschaft, in der du dich mit Isis befindest. Atme bewusst ein und aus und kehre aus ihr mit Isis in deinen Raum im Hier und Jetzt zurück. Wisse, dass es nichts gibt, wovor du dich fürchten oder was du verdrängen müsstest. Allem kannst du begegnen. Wichtig ist, dass du es betrachtest und ihm deine Aufmerksamkeit schenkst. So kann es sich wandeln und Heilung geschehen und sein.

Isis segnet dich und zieht sich mit dem blauweiß kristallinen Licht von Sirius für den Moment zurück. Wir bitten dich noch ein wenig innezuhalten, um den Veränderungen in deinem Sein nachzuspüren. Bedanke dich bei dir selbst, für den Mut, den du hattest, dir und deinen Tiefen zu begegnen, und bei allen Wesen, die dich unterstützten und begleiteten. Dann erde und zentriere dich und schließe die Reise auf eine für dich vertraute Art und Weise ab. Sei gesegnet. Jetzt und allezeit. Amen.

☆☆☆☆☆

Gnade

Diese Meditation ist eine unterstützende Ergänzung zu der vorherigen Reise. Du kannst sie aber auch unabhängig davon für dich nutzen, sooft du möchtest. Das Licht der Gnade fördert in dir die Fähigkeit anzunehmen, und aus der Annahme von Allem-was-ist wächst die Vergebung wie von selbst. Sie sind sozusagen wie zwei Schwestern, die Hand in Hand gehen.

☆☆☆

Wir laden dich ein, es dir bequem zu machen. Entspanne dich. Atme tief ein und aus, um ganz im Hier und Jetzt anzukommen. Erde und zentriere dich und sei das kosmische Kind, das du bist. Das kristalline Licht von Sirius erfüllt deinen Raum. Isis nimmt mit dir Kontakt auf. Sie erscheint, begrüßt dich und segnet dich mit ihrem Ankh. Sie berührt dein Herz und schafft eine Verbindung zu den Kristallwäldern von Atlantis. Isis ruft ein Feenwesen und bittet es, dir nun einen fünfdimensionalen Violettton zur Verfügung zu stellen. Wir bitten dich wahrzunehmen, wie er zu dir strömt, um sich in dir auszubreiten. Atme das violette Licht ein und aus und lass dich auf seine Schwingung ein. Es ist erfüllt von Leichtigkeit und gleichzeitig von großer Kraft. Es klärt, verbindet und transformiert. Die violette Energie durchwirkt die Gesamtheit, die du bist. Sie fließt über deine Wurzeln tief hinein in den Schoß der Erde. Sie breitet sich in deinem Basiszentrum, deinem Sakralchakra, deinem Solarplexus, deinem Herzzentrum, deinem Kommunikationschakra, deinem Dritten Auge und deinem Kronenzentrum aus, genauso wie in deinem spirituellen, mentalen, emotionalen und physischen Körper. Alles wird von dieser atlantischen Schwingungsqualität der Neuen Zeit durchströmt. Dabei löst das Licht mögliche Verengungen und Verdichtungen sanft auf. Du brauchst sie nicht weiter zu kennen oder zu benennen. Lass es einfach geschehen. Die violette Energie fördert den Durchfluss und die Einheit in deinem Sein. Jetzt. Dann bildet das Violett einen Lichtkanal um dich, der vom solaren Kern der Erde aus bis weit in den Kosmos reicht. Du stehst in seiner Mitte, und dabei durchwirkt es dich weiterhin auf eine liebevolle und dennoch tiefgehende Art und Weise.

Nun ruft Isis die Elohim der Gnade an. Sie bittet sie, über diesen und in diesem Lichtzylinder Raum zu nehmen und ihr silberfarbenes Gnadenlicht einfließen zu lassen. Nimm wahr, wie sich dadurch die Energie um dich und in dir verändert. Das Licht der Gnade beginnt sich auszudehnen und sich mehr und mehr mit der violetten Schwingung zu vereinen. Atme bitte tief ein und aus, um das Geschenk des silberfarbenen Strahls anzunehmen. Jetzt. Ein Engelwesen der Gnade formt sich und stellt sich hinter dich. Es gibt dir Halt, stärkt dich, berührt dich und nimmt dich in ihre Arme. Du kannst dich fallenlassen. Du bist angenommen und wirst getragen. Wir bitten dich, im Licht der silberfarbenen Energie zu baden. Übergib ihr alles, was dich beschäftigt, bewegt und belastet, deine Überforderungen und deine Erfahrungen, die dich verengten und es nach wie vor tun. Der Strahl der Gnade bringt Lösung, Absolution, Befreiung, Klärung und Neutralisation. Wisse, dass er in dir ein Schwingungsfeld der Einheit schafft. Dabei findet sozusagen eine Gleichschaltung zwischen deinen Aspekten und unterschiedlichen Anteilen, Ebenen, Körpern und Energiezentren statt, wobei sich alle auf die göttliche Quelle, die du bist, ausrichten. Dadurch kann das, was weniger als dein wahrer Ursprung ist, die Illusionen und Prägungen der nicht geheilten Dualität, abfließen. Sie hören auf zu sein. Dann spricht man von Gnade. Diese breitet sich nun wie eine Welle des Lichts und der Liebe in dir aus. Atemzug für Atemzug. Wir bitten dich, es dir wert zu sein, Gnade zu empfangen und dir zu erlauben, sie auf deine eigene Art und Weise wahrzunehmen. Wisse, dass es nichts zu tun für dich gibt. Gnade ist ein Geschenk. Nimm es einfach an. Jetzt.

Das Engelwesen, das hinter dir steht, lässt Mitgefühl zu dir fließen, Mitgefühl für dich selbst und für alles, was war, ist und sein wird. Es weitet und öffnet dein Herz. Dadurch entwickeln sich Selbstannahme und Selbstliebe automatisch, selbstverständlich und natürlich. Das Einverstandensein mit Allem-was-ist und Frieden können so in dir wachsen. Daraus wiederum beginnt Vergebung in dir zu sein. Sie dehnt sich in dir aus und lässt alle Bindungen fallen. Wir bitten dich, einige Male die Affirmation: „Ich bin Vergebung!“ zu wiederholen und ihre befreiende Kraft wahrzunehmen. Atme dabei bitte tief ein und aus, um dich auf die genannten Schwingungsqualitäten ganz einzulassen. Lass sie in dir und um dich wirken. Jetzt. Wir laden dich ein, dich dem Fluss der Energien hinzugeben. Es ist so einfach. Lass los. Du darfst sein, was und wie du bist. Du brauchst nichts zu leisten, nichts zu tragen, nichts zu übernehmen, nichts darzustellen. Du darfst sein. Du bist angenommen, geliebt, geborgen und wirst getragen. Erlaube dir, dich an deine Seele, die du bist, zu erinnern. Verkörpere sie und sei Seele. Gleichzeitig erfüllt und umgibt dich das violette Licht, Gnade, Mitgefühl, Selbstannahme, Selbstliebe, Einverstandensein, Frieden und Vergebung. Lass es fließen und wirken. Lösung und Heilung geschehen leicht und wie von selbst. Jetzt.

Verweile in diesem Schwingungsfeld so lange und sooft du es benötigst und es dir guttut. Der Engel der Gnade sagt, dass der Selenit ein Stein ist, den du wählen solltest, um ihn mit dem Licht der Gnade zu füllen und zu programmieren. Er bittet dich, ihn zu verschenken, ihm in deinem Leben, deinem Umfeld und der Natur zu verteilen, Kraftfelder und Lebensspiralen damit zu bilden und ihn auch sonst so zu nutzen, wie es deine Intuition dir mitteilt. Der Selenit ist mit der Kraft und der Unschuld der Einhörner verbunden und vor allen Dingen auch für die Kinder der Neuen Zeit ein wundervoller Begleiter, um gut auf der Erde anzukommen. Er ist eine sehr hilfreiche und liebevolle Unterstützung für den Aufstieg in die Fünfte Dimension. Wir danken dir dafür.

Atme bewusst ein und aus. Lass die Energien, die dich durchströmten, abfließen und beginne, dich davon zu lösen. Der Engel der Gnade segnet dich und verabschiedet sich für den Moment von dir. Der silberfarbene Strahl zieht sich zurück. Der Segen aus den Kristallwäldern von Atlantis berührt dich, und das Feenwesen hebt die Verbindung mit dem violetten Licht auf. Erlaube dir, mit deiner Aufmerksamkeit ganz in und bei dir zu sein. Spüre die Weite, die Befreiung und die Leichtigkeit, die in dir Raum genommen hat. Isis segnet dich mit dem kristallinen Licht von Sirius. Sie zieht sich zurück. Wir bitten dich, dich bei den Wesen und Energien, die dich unterstützten, zu bedanken. Dann erde und zentriere dich und sei präsent. Sei gesegnet. Jetzt und allezeit. Amen.

☆☆☆☆☆

Kristallprogrammierung 7

Nun laden wir dich ein, mit uns gemeinsam den siebten Kristall zu programmieren. Bereite dich und deinen Raum entsprechend vor und wähle dann den nächsten Stein aus. Nummeriere ihn bitte mit einem Stift oder einem Sticker.

☆☆☆

Einstimmung

Mache es dir bequem. Erde und zentriere dich. Sei das Lichtwesen, das du bist. Isis berührt dich und reist mit dir in den sirianischen Kristalltempel. Lege deinen Stein auf das Kristall-Ankh und lass deine Hände auf ihm ruhen. Isis aktiviert es. Nun legt sie ihre Hände auf deine und somit auf deinen Bergkristall. Die Programmierung des Steins beginnt.

Programmierung

Isis spricht: „Wir danken diesem Kristall, dass er als Energiehalter und Ankerpunkt in der Materie dienen wird. Wisse, dass das Licht von Sirius den Kristall durchströmt, um ihn zu einem Träger der Hoffnung und der Zuversicht zu machen. Er ist wie ein Licht, das jede Dunkelheit erhellt und den Mut fördert, unabhängig der äußeren Umstände voranzuschreiten und, der inneren Stimme folgend, den Weg fortzusetzen. Wir geben in ihn die Fähigkeit hinein, zu transformieren und zu wandeln, welche Energie, wel-

cher Ausdruck und welche Situation dieses auch immer benötigt. Der Kristall ist ein Begleiter, der die Kraft schenkt, sich dem Unerlösten und den Ängsten zu stellen, um sie zu erkennen, anzunehmen und zu heilen. Der Bergkristall führt in die eigene Tiefe, um dort ganz anzukommen. Hier fördert er das Finden von Antworten und Lösungen, die jeder Mensch bezugnehmend auf seine Fragen letztendlich nur in sich selbst trägt. Von hier aus ist eine ganzheitliche Heilung möglich. Deshalb ist es ein Stein, der Heilungs- und Transformationsarbeiten in jeder Form intensiv unterstützt.

Wir lassen in ihn die Möglichkeit einstrahlen, Frieden zu schließen und Annahme zu sein. Er unterstützt die Auflösung von Widerständen und die Integration von abgespaltenen Anteilen. Der Kristall lehrt, dass alles, was einem Menschen begegnet, eine Reflektion des eigenen Wesens ist. Dadurch werden Projektionen und Schuldzuweisungen weniger beziehungsweise sind nicht mehr möglich. Er stärkt die Selbstverantwortung. Der Bergkristall begleitet durch die Überprüfungen des Lebens. Er gibt die Sicherheit, dass im Zentrum des Orkans Stille ist. Er lässt die Hintergründe und Zusammenhänge einer Herausforderung verstehen und Klarheit finden. Er ist hilfreich, um den göttlichen Plan hinter jeder Situation und Allem-was-ist zu erkennen. Er ist wahrlich ein Kristall der Transformation und der Erneuerung. So kann er seine Aufgabe erfüllen. Er ist gesegnet. Wir segnen ihn. Jetzt und allezeit. Wir sind Isis."

Abschluss

Atme bitte tief ein und aus. Die Programmierung ist beendet. Isis verankert sie in dem Kristall, indem sie ein goldenes Ankh in ihn setzt. Somit bleibt sie darin enthalten, so lange dieses Symbol in ihm ist. Dann löst sie ihre Hände von dir und dem Bergkristall. Nimm wahr, dass der Stein pulsiert und lebendig ist. Nun kannst du ihn vom großen Kristall-Ankh nehmen. Im Anschluss daran verabschiede dich aus dem Kristalltempel. Isis bringt dich zurück ins Hier und Jetzt. Erde und zentriere dich und schließe die Meditation auf eine dir vertraute Art und Weise ab. Stelle den siebten Isis-Schlüssel auf dein Ankh zurück. Sei gesegnet. Amen.

8. Schlüssel der Isis: Kosmischer Mensch

Dieser Isis-Schlüssel hängt eng mit dem vierten, der Geburt des kosmischen Kindes, zusammen. Nun geht es sozusagen darum, dass es wächst und somit zu einem Kosmischen Menschen wird. Unser Weg führt uns nochmals nach Ägypten, genauer gesagt zur beziehungsweise zum Sphinx. Sie wird sowohl als „die Sphinx" wie auch als „der Sphinx" bezeichnet. Wir haben uns hier für die weibliche Form entschieden. Sie ist wie ein Wegweiser, ein Verkünder, ein Prophet und ein Begleiter in die Neue Zeit. Sie ist ein Hüter der Geheimnisse des Lebens. Mittlerweile ist bekannt, dass es unter ihr Kammern und Wege gibt. Energetisch ist sie nicht nur mit den drei Pyramiden vom Gizeh-Plateau verbunden, sondern auch mit anderen und weiteren Kraftorten dieser Erde.

Wir gehen hier davon aus, dass sie bereits aus Atlantis stammt. Damals trug sie einen Löwenkopf, der zu Regulus, dem Hauptstern aus dem Sternbild des Löwen, blickte. Von dort strahlte fünfdimensionale Energie auf die Erde ein. Denn bereits damals in Atlantis hatten wir die Wahl, die Fünfte Dimension zu manifestieren und ein Paradies auf Gaia zu erschaffen. Wir entschieden uns für das tiefere Erfahren der nicht geheilten Dualität. So kam es zum Untergang von Atlantis. Lange beschritten wir den Weg der Dichte, bevor wir den Tiefpunkt der Illusion des Getrenntseins von der Quelle erreicht hatten. Seit dieser Zeit ist unsere Entwicklung sozusagen wieder rückläufig. Durch die Erweiterung unseres Bewusstseins, die seither ist und ständig wächst, erinnern wir uns erneut an unser wahres Wesen, unseren göttlichen Ursprung und an die Einheit, die wir mit Allem-was-ist sind. So stehen wir erneut an dem Punkt, an dem wir zum Himmel blicken (gemeinsam mit der Sphinx) und die fünfdimensionalen Schwingungen willkommen heißen und annehmen können, und dieses Mal auch werden. Damit gestalten wir den Neuen Morgen auf der Erde.

Linear betrachtet ist der Kosmische Mensch ein Mensch der Zukunft. Seine Zwölf-Strang-DNS ist vollständig entwickelt, und er nutzt und lebt die Gesamtheit seines Potenzials. Außerhalb der Linearität, sozusagen im zeitlosen Sein unserer Seele, sind wir der Kosmische Mensch bereits im Hier und Jetzt. Diese beiden Aspekte gilt es immer wieder miteinander zu verbinden und zu vereinen. Das ist die Aufgabe der Lichtarbeit und des Lichtwegs. Da der achte Isis-Schlüssel die Verkörperung des Kosmischen Menschen fördert, könnten wir ihn ebenso als einen Kristall der Zukunft bezeichnen. Er unterstützt uns, um uns auf die Zeit nach 2012 vorzubereiten. Genauso, wie er uns in den Jahren danach begleitet, um unser erwachtes LichtPotenzial umzusetzen, sodass das Goldene Zeitalter nicht nur eine Theorie bleibt, sondern sich mehr und mehr in der Praxis zeigt. Denn, wie wir bereits erwähnten, wir werden auch nach 2012 nicht arbeitslos sein. Im Gegenteil. Dann sind wir aufgerufen, das, was wir in vielen Inkarnationen und in diesem Leben vorbereitet haben, in die Materie zu bringen und zu stabilisieren.

Isis weist uns darauf hin, dass die Acht eine besondere

Zahl ist. Sie repräsentiert die Unendlichkeit der Quelle und ist ein Ausdruck für die Fülle der Möglichkeiten, die in und um uns ist, wenn wir unser kosmisches Menschsein leben. Wenn wir sie waagrecht legen, erhalten wir eine Lemniskate. Dieses Symbol drückt unsere Verbindung zum Göttlichen aus und fördert diese gleichzeitig. Ebenso ist es ein Teil der Heiligen Geometrie. Somit bestätigt dieser Isis-Schlüssel erneut ihre Bedeutung, und Bedeutsamkeit und in weiterer Folge auch die von Formen, Zeichen und Zahlen. Der Zugang für ein vertieftes Verständnis dazu liegt in den unterirdischen Kammern der Sphinx. Dort wartet es darauf, von dir entdeckt zu werden. Deshalb möchte Isis sie nun mit dir betreten. Sie lädt dich zu einer Reise ein und bittet dich, es dir bequem zu machen. Sei gesegnet. Amen.

☆☆☆☆☆

Das Geheimnis der Sphinx – Begegnung mit Sekhmet und Regulus

Atme bewusst ein und aus und komme ganz im Hier und Jetzt an. Entspanne, erde und zentriere dich. Erinnere dich an das kosmische Kind, das du bist, und verkörpere es nun. Lass dein Licht leuchten. Sei eins mit deinem göttlichen Funken. Jetzt.

Wenn du bereit dazu bist, nimm wahr, wie erneut das bläulich weiße Kristalllicht von Sirius zu dir strömt, deinen Raum erfüllt und dich berührt. Isis erscheint. Sie begrüßt dich und segnet dich mit ihrem Ankh. Wieder formt sie einen Lichtkanal nach Ägypten, und gemeinsam mit dir betritt sie ihn. Sie trägt dich und dein Bewusstsein direkt vor die Füße der Sphinx. Dort kommst du an. Wir bitten dich, tief ein und auszuatmen. Erhaben und mächtig ruht sie vor dir. Lass sie auf dich wirken.

Isis fragt dich, ob du noch weißt, wie du einst in Atlantis zum Himmel, zu Regulus, geblickt hast. Sie lädt dich ein, es erneut zu tun. Unabhängig davon, ob du die Sterne des Löwen jetzt am Himmelszelt funkeln siehst, wird von dort ein Lichtimpuls in Form eines goldenen Lichtstrahls ausgesandt. Er reicht aus den Weiten des Universums bis einige Meter vor dir. Sekhmet, die löwenköpfige Göttin aus dem ägyptischen Pantheon, tritt aus ihm hervor. Sie ist eine Abgesandte von Regulus. Sie nickt dir zu. Sekhmet ist kraftvoll, und sie beginnt, zu dir zu sprechen:

„Geliebtes Kind des Lichts, das du uns bist. Wir grüßen und segnen dich mit der Weisheit, dem Licht und der Klar-

heit von Regulus. Wir berühren deinen Solarplexus und stärken in dir dein Selbstbewusstsein. Nimm deine Kraft an. Wir verbinden sie nun bewusst mit der allumfassenden Liebe deines göttlichen Funkens, der in deinem Herzen lodert. So kannst du sie voller Vertrauen und ohne zu zögern nutzen. Wir bitten dich, dieses auch zu tun, denn sie wird benötigt, um das Alte, das keine Gültigkeit mehr hat, abzustreifen und das Neue willkommen zu heißen.

Wisse, dass es zu deinen Aufgaben gehört, als Botschafter der Neuen Zeit und der neuen Energien zu wirken. Das heißt, dass du an der Erschaffung und am Aufbau des Goldenen Zeitalters mitwirken darfst und sollst, sonst hättest du den Weg zur Sphinx jetzt nicht gefunden. Wir möchten dich dabei unterstützen und haben dir deshalb ein Geschenk mitgebracht.

Bitte nimm wahr, dass ein mächtiger, goldener Löwe mit Flügeln von Regulus kommt und sich dir zur Seite stellt. Er ist ein Zeichen unserer Verbundenheit und unseres tiefen Wunsches, die Freundschaft mit dir zu erneuern und zu leben. Er ist, wenn du so möchtest, wie ein Krafttier, das dich von nun an begleitet. Er ist ein Gruß von Regulus und zeigt dir den Weg, wenn du es benötigen solltest und du danach fragst. Wenn du dich auf die Begegnung mit ihm einlässt, ist er dir ein Freund. Du kannst mit ihm kommunizieren, und wir bitten dich darum, dieses auch zu tun. So kann er dich unterstützen. Er wird dir Antworten schenken und dir beistehen. Ebenso stärkt er weiterhin deinen Solarplexus, fördert die Ausrichtung auf deine Ziele und Visionen und hilft dir, Entscheidungen zu treffen.

Er lässt dich deine innere Weisheit wahrnehmen und aus ihr schöpfen. Dabei wird die Stimme deines Herzens immer lauter und deutlicher werden, und du wirst sie auch klarer verstehen können. Wenn du möchtest, kann dein Begleiter dich lehren, gut mit deinen Emotionen umzugehen. Das heißt, immer wieder in der emotionalen Balance und im Gleichgewicht zu sein. Dadurch werden sie zu einem unerschöpflichen Pool der Inspiration, der Kreativität und der Kraftlenkung, was ihre eigentliche Aufgabe ist. So steht dir ein Energiepotenzial zur Verfügung, das du für das nutzen kannst, was du erschaffen möchtest, und nicht umgekehrt, dass du von deinen Emotionen gelebt und benutzt wirst. Verstehst du, was wir damit meinen?

Des Weiteren hält dein Löwe die energetische Verbindung zu Regulus aufrecht, wodurch du davon mit fünfdimensionaler Schwingung gespeist wirst. Diese kannst du sowohl für dich selbst als auch für andere nutzen. Bringe sie mehr und mehr in dein Leben. Wir bitten dich darum. Wir wissen, dass es sehr viel Muts bedarf, in dieser Zeit inkarniert zu sein, und wir sagen: „Ja, du bist mutig!". Und wir danken dir dafür.

Nun bitten wir dich, deinem Freund in die Augen zu blicken. Erkenne, dass sie rubinrot funkeln. Es ist ein Ausdruck seiner königlichen Würde und der Christusgegenwart, die Teil der Kraft, die er repräsentiert, ist. Er ist erfüllt mit göttlicher ICH-BIN-Präsenz. Deshalb möchten wir dir noch ein weiteres Geschenk überreichen. Es ist eine leuchtend rotgoldene Rubinschwingung von Regulus, die wir als „Stein der Weisen" bezeichnen möchten. Sie trägt die Energie des Neuen Morgens in sich und das Wissen, die Liebe und die Fähigkeit, ihn zu manifestieren. Wir legen sie sanft in dein Herz. Möge sie dich unterstützen, um deine eigene ICH-BIN-Kraft zu entwickeln und den Austausch mit deinem Löwen und Regulus zu intensivieren. Sie ist von Regulus mit der Energie der Fünften Dimension gesegnet. Atme bitte tief ein und aus und nimm an. Nun hast du die Rubinenergie, die dir als Kraftverstärker in der Materie dient, deinen Freund und Begleiter an deiner Seite, wie auch eine bewusst, reaktivierte Verbindung zu Regulus und zur Fünften Dimension.

Jetzt lass uns in das Innere der Sphinx, die uns eine Schwester und ein Bruder ist, eintreten. Sie ist der Hüter von Geheimnissen über die Entstehung und Erschaffung von Leben, und zeigt dir nun einen Zugang in ihre innere Welt. Dann kannst du diese so oft du möchtest betreten. Hier ruht viel altes Wissen, das auf seine Wiederentdeckung wartet. Es ist wie eine Bibliothek, die wir für dich aufschließen möchten, damit du mit dem Studieren beginnen kannst. Isis wird uns begleiten. Denn auch die Weisheit von Sirius liegt in der Sphinx verborgen. Wisse, dass es der Klang ist, der die Sphinx öffnet und dich einlässt, die Kammern des Wissens und der Geheimnisse zu betreten. Wir bitten dich, dich ihr jetzt zuzuwenden. Stelle dich vor die Sphinx und schenke ihr deine ungeteilte Aufmerksamkeit. Verneige dich leicht vor ihr, um sie zu begrüßen. Sie nimmt dich wahr. Sie ist lebendig. Lass dich nicht von der scheinbaren Unbeweglichkeit des äußeren Steins täuschen. Verbinde dich mit deinem Herzen und sei in ihm zentriert. Weite und öffne es und beginne, mit deinem Herzen zu hören. Empfange das Lied und den Klang, das und den die Sphinx singt und ausstrahlt. Zuerst ist es ganz leise. Doch die Vibration ist deutlich zu spüren. Dann wird es lauter und klarer. Erlaube dir, dich davon berühren und durchdringen zu lassen. Es bringt dich in eine Schwingung, in eine leichte Bewegung, und dadurch verändert sich dein Bewusstsein. Deine Sicht erweitert sich.

Wie von selbst entstehen nun auch in dir Töne, die sich zu einer Melodie vereinen. Es ist so, als hätte der Gesang der Sphinx in dir etwas aktiviert, sodass du beginnst, ihr zu antworten. Daraus entsteht ein gemeinsames Lied, ein Gleichklang, und es baut sich ein Schwingungsfeld auf, das eure aurischen Felder miteinander verbindet und euch vereint. Wisse, dass auch die Sphinx eine Wesenheit von Regulus ist, die du von nun an, wenn du möchtest, als eine deiner Begleiterinnen auf dem Weg des Lichts annehmen kannst. Kommuniziere mit ihr und tausche dich aus, wann immer es für dich stimmig ist.

Je mehr sich jetzt euer gemeinsames Lied intensiviert, umso feiner und sensibler wird deine Wahrnehmung. Erkenne dadurch, dass auch die Sphinx begonnen hat, zu vibrieren. Sie wurde lichter, leichter und durchlässiger. So zeigt sich dir nun ein Eingang, durch den du eintreten kannst. Wir bitten dich, dieses gemeinsam mit Isis zu tun. Und auch wir, Sekhmet und der neue Freund an deiner Seite, begleiten dich. Der Raum im Inneren ist ebenso mit dem Klang des vereinten Gesanges erfüllt. Es ist so, als würdest du dich in einem Klangraum, einem Klangkörper befinden. Wir bitten dich, tief zu atmen, um ganz anzunehmen. Die Töne unterstützen dich dabei, dein wahres Wesen zu erkennen, um dadurch vermehrt die Fähigkeit in dir zu entwickeln, fünfdimensionale Energien in dich aufnehmen und halten zu können. Verstehe, dass gerade auch dein physischer Körper sich von Speicherungen der nicht geheilten Dualität lösen darf, um in seinen Zellen Platz für die neuen Energien zu machen. Denn es ist ein Aufstieg im und mit dem physischen Körper. Die Klangschwingung im Innenraum der Sphinx fördert dieses. Deshalb laden wir dich ein, für Heilungsarbeiten, die dich selbst betreffen, als auch für jene, die du für andere vollziehst, in den Klangkörper der Sphinx zu reisen, um dich unterstützen zu lassen, während du deine Rituale wie gewohnt verrichten kannst. Es ergänzt und intensiviert deine Heilarbeit.

Jetzt für den Moment lass dich von dem Klang führen. Folge ihm weiter in die Tiefe. Hier kannst du ein Tunnelsystem mit verschiedenen Kammern erkennen. Wir möchten mit dir nun jenen Raum betreten, der mit der Bibliothek von Sirius verbunden ist. Wir sagten, dass die Sphinx ein großer Wissensspeicher ist, und ihre Kammern stehen mit Wissenssammelstellen, Speicherplätzen und Bibliotheken verschiedener Sternenebenen in Verbindung.

Jetzt betreten wir gemeinsam mit dir und Isis die Isis- oder Sirius-Kammer, so möchten wir sie bezeichnen. Dort angekommen, aktiviert Isis sie nur durch ihre Gegenwart. Dadurch wird sie mit dem blauweißen Kristalllicht von Sirus erfüllt. Sie wird lebendig, und es ist für dich angenehm, an diesem Ort zu sein. Gleichzeitig zeigen sich dir an den

Wänden Symbole, Zeichen und Zahlen. Das sind siria-nische Informationen, die hier gesammelt sind. Wir möchten dich auf einige aufmerksam machen.

Wisse, dass sich die Siriusenergie immer wieder über die Kombination von Zahlen ausdrückt und Schwingungen auf die Erde transportiert. Das ist eine Sprache, die, ähnlich wie Klänge, Impulse aussendet, um in dir etwas zu berühren, zu bewegen und zu erwecken. Es sind Kodes, die ebensolche in dir wiederfinden, um sie zu aktivieren. Jeder von ihnen hat eine bestimmte Botschaft und somit eine ganz eigene Frequenz. Die Bedeutung der einzelnen Zahlen ist dir sicher schon vertraut. Wir erwähnen sie deshalb hier nur kurz. Die Eins steht für die Individualität und die Führungspersönlichkeit, die Zwei für das Du und für den Wunsch, gemeinsam den Weg zu gehen und zu sein, die Drei für die Dreifaltigkeit Gottes, das göttliche Prinzip und die Heilung der Dualität, die Vier für die Stabilität in der Materie und für eine gute Basis, die Fünf für das Erwachen, die Vision und die göttliche Weisheit, die Sechs für Gleichgewicht zwischen männlicher und weiblicher Energie und Partnerschaft, die Sieben für die Entfaltung der Christusenergie, die Acht für die Unendlichkeit und die Lehrerschaft und die Neun für die Vollendung.

Dann gibt es die Meisterzahlen wie zum Beispiel die 11 (Meisterschaft), die 22 (Mitschöpfertum), die 33 (Christusbewusstsein), die 44 (Atlantisenergie) usw. Durch die Wahl einer dreistelligen Zahl intensiviert sich die Schwingung der einzelnen Ziffern nochmals, wie beispielsweise bei der 333. Sie ist somit eine erweiterte Christusfrequenz.

In weiterer Folge kannst du nun mit den Zahlen spielen und Mandalas und Kraftfelder damit errichten. Wir möchten dir einige Beispiele dafür geben. So kannst du schreiben:

44111144
11444411
11444411
44111144

1111
1111
1111
1111

333
333
333

113311
113311
113311

Verstehst du? Jedes Zahlenspiel erschafft einen energetischen Raum, der gefüllt ist mit den Informationen der einzelnen Zahlen wie auch mit jenen, die sich aus den Kombinationen ergeben. Wir bitten dich, sie aufzuschrei-

ben und sie auf den Körper aufzulegen, während du ihn behandelst. Beziehe sie in deine Heilarbeit mit ein und lass dich dabei von deiner Intuition leiten.

Nun kehre mit deine Aufmerksamkeit zu den Wänden der Siriuskammer, in der du dich befindest, zurück. Verweile nun ein wenig in der Stille. Es werden sich dir jetzt einige sirianische Symbole und ihre Bedeutung für dich zeigen. Schreibe sie dir auf und wende sie entsprechend an. Atme tief ein und aus. Lass dir die Zeit, die du dazu benötigst. Jetzt. Wenn du bereit bist fortzusetzen, möchten wir dich einladen, auch das Symbol der Heiligen Geometrie, das du als Lemniskate bezeichnest, immer wieder zu nutzen. Visualisiere die liegende Achterschleife, um deine Gehirnhälften auszugleichen, sowie um die weiblichen emotionalen und die männlichen mentalen Kräfte in dir in die Balance zu bringen. Die Acht unterstützt dich, um die Göttlichkeit in Allem-was-ist zu sehen und anzuerkennen. Wenn dich etwas belastet, kannst du dir vorstellen, dass es sich in einem Kreis der Achterschleife befindet und du dich im anderen. So verweile immer wieder damit, beziehungsweise so lange du jeweils möchtest. Es entlastet, entspannt und schafft den nötigen Abstand, der heilsam ist. Dabei sprich die folgende Affirmation:

„Ich achte die Göttlichkeit in dir. Ich achte die Göttlichkeit in mir. Ich achte die Göttlichkeit in Allem-was-ist. Amen."

Des Weiteren ist es so, dass von der Isis-Kammer aus eine direkte Lichtverbindung zur Bibliothek von Sirius besteht. Diese kannst du wie einen Lichtkanal nutzen und durch sie reisen, wenn du beispielsweise bezogen auf ein Thema noch unzureichende Antworten erhalten hast und noch mehr Informationen dazu sammeln möchtest. Wisse, dass die Speicher von Sirius generell viel Wissen über den Aufbau von Körpern in sich tragen, das du nutzen kannst. Sie dienen dir zu erkennen, was die einzelnen Teile eines Systems benötigen, um in Harmonie zu sein. Sie geben dir Heilungsanregungen und Impulse, welche Schwingungen wofür wirksam sind und helfen. Genauso wie sie Erkenntnisse bezogen auf den Aufbau des Kristalllichtkörpers, in sich tragen, die du für dich entdecken kannst.

Atme das Licht von Sirius bewusst ein und aus. Verweile nun noch ein wenig in der Isis-Kammer und in ihrem Schwingungsfeld. Mache sie dir ganz vertraut. Im Anschluss daran deaktiviert Isis den Raum wieder, und das Kristalllicht von Sirius verblasst. Es ist Zeit, in dein Sein im Hier und Jetzt zurückzukehren. Deshalb möchten wir dich wieder aus dem Inneren der Sphinx hinaus begleiten. Dein Weg führt dich wieder zurück in den Klangraum. Das gemeinsame Lied wird leiser. Du löst dich aus der Sphinx, um wieder vor ihr zu sein. Der Eingang schließt sich. Der Gesang verstummt, und sowohl in dir als auch in der Sphinx kehren Ruhe und Stille ein. Wir bitten dich, nun ganz in und bei dir zu sein. Der Segen der Sphinx fließt in unseren und jenen von Regulus mit ein. Dein Begleiter wird mit dir in deine alltägliche Welt mitkommen. Wir segnen dich. Wir sind Sekhmet. Sei gesegnet.“

Sekhmet verabschiedet sich von dir und zieht sich zurück. Der Lichtstrahl aus dem Sternbild des Löwen löst sich auf. Atme tief ein und aus. Isis bringt dich durch euren Lichtkanal zurück in deinen Raum. Hier kommst du an. Der Stein der Weisen leuchtet in deinem Herzen. Dein goldener, geflügelter Löwe ist an deiner Seite. Das Licht von Regulus und die Schwingung der Fünften Dimension berühren dein Sein. Isis segnet dich mit dem Kristalllicht von Sirius und verabschiedet sich von dir. Wir bitten dich, dich bei allen Wesen, die dich begleitet haben, zu bedanken. Dann erde und zentriere dich, um vollkommen präsent zu sein. Sei gesegnet. Jetzt und allezeit. Amen.

☆☆☆☆☆

Kristallprogrammierung 8

Nun möchten wir den achten Kristall programmieren. Bereite dich und deinen Raum entsprechend vor und wähle dann den nächsten Stein aus. Nummeriere ihn bitte mit einem Stift oder einem Sticker.

☆☆☆

Einstimmung

Mache es dir bequem. Erde und zentriere dich. Sei das Lichtwesen, das du bist. Isis berührt dich und reist mit dir in den sirianischen Kristalltempel. Lege deinen Stein auf das Kristall-Ankh und lass deine Hände auf ihm ruhen. Isis aktiviert es. Nun legt sie ihre Hände auf deine und somit auf deinen Bergkristall. Die Programmierung des Steins beginnt.

Programmierung

Isis spricht: „Wir danken diesem Kristall, dass er als Energiehalter und Ankerpunkt in der Materie dienen wird. Das Licht von Sirius durchströmt ihn, lässt ihn leuchten und strahlen. Wisse, dass wir ihn als einen Kristall der Neuen Zeit bezeichnen möchten. Er fördert die Visionskraft, den Mut und die Begeisterungsfähigkeit. Wir speisen ihn mit der Energie des Goldenen Zeitalters und der Fünften Dimension. Von nun an unterstützt er deren Umsetzung und Manifestation. Denn alles, was von ihm berührt wird, richtet sich darauf aus, und so kann es mehr und mehr Raum nehmen. Er schenkt das Selbstverständnis, Kosmischer Mensch zu sein, und hilft, seine Fähigkeiten zu entwickeln. Dazu gehören beispielsweise die Telepathie, die Teleportation, die Bilokation, die feinstoffliche Wahrnehmung mit allen Sinnen und die geöffnete Zwölf-Strang-DNS.

Der Bergkristall ist bei der Auflösung von Symptomen, die aufgrund der Schwingungserhöhung und der Lichtkörperaktivierung entstehen, behilflich. Er ist erfüllt mit Vorfreude und schenkt diese großzügig weiter. Somit macht er bereit für Veränderungen, sich in Bewegung zu setzen. Er treibt Entwicklungen voran. Doch alles ist mit Leichtigkeit und Freude verbunden. Der Kristall stärkt den Pioniergeist. Er macht weit und frei. Wir möchten ihn als einen Stein der Zukunft bezeichnen. Er bringt sie in die Gegenwart, ins Hier und Jetzt. Deshalb ist es auch ein Kristall, der die Traumerfüllung und Manifestation von Herzenswünschen unterstützt. Ebenso fördert er die Zusammenarbeit, die Wahrnehmung und die Kommunikation mit anderen Lichtgeschwistern. So teilen wir mit, dass es unter anderem die Zwerge sind, die auf seine Schwingung warten, um sie in die Materie hineinlenken zu können. Sie möchten sie in das Innere der Erde tragen, um dort vor allen Dingen kristalline Strukturen zu berühren und in den Fluss, in die Durchlässigkeit und in die Transparenz zu bringen. Es ist in der Verbindung mit diesem Kristall ihre Aufgabe, Erstarrtes zu neuem Leben zu erwecken. Ebenso begleitet der Kristall Erdheilungsarbeiten in jeglicher Form.

Doch auch die Engelreiche bitten, ihnen die Kristallenergie zur Verfügung zu stellen. So können sie ihr Licht noch leichter und intensiver auf der Erde wirken lassen. Erzengel Raphael beispielsweise würde sie gerne in seine Heilarbeit mit einbeziehen. Der Bergkristall schafft ein tieferes Verständnis dafür, was die physischen Körper im Moment benötigen und wie die Körper in der Neuen Zeit sein werden. Der Stein bringt Harmonie und Balance in alle Ebenen des Seins. Er gleicht aus. Gegensätze bilden durch ihn nicht länger ein Spannungsfeld, sondern vereinen ihre Kräfte, um sie in die gleiche Richtung zu lenken. Des Weiteren hilft der Kristall beim Verstehen und Entschlüsseln der alten Weisheiten, Schriftrollen, Inschriften, Symbole, Artefakte, Kalender, Kodierungen und Ähnlichem mehr, um deren Bedeutung für das Hier und Jetzt und das Neue Zeitalter zu offenbaren. Erkenne, dass es auch innerhalb des menschlichen Systems solche Verschlüsselungen gibt, die er aufzeigt, öffnet und bei Bedarf neu ordnet. Er weist den Weg zur Bundeslade und enthüllt deren Geheimnisse. Wir geben in ihn eine goldene Lemniskate hinein. Sie bestätigt unsere Aussagen. So kann er seine Aufgabe erfüllen. Er ist gesegnet. Wir segnen ihn. Jetzt und allezeit. Wir sind Isis."

Abschluss

Atme bitte tief ein und aus. Die Programmierung ist beendet. Isis verankert sie in dem Kristall, indem sie ein goldenes Ankh in ihn setzt. Somit bleibt sie darin enthalten, so lange dieses Symbol in ihm ist. Dann löst sie ihre Hände von dir und dem Bergkristall. Nimm wahr, dass der Stein pulsiert und lebendig ist. Nun kannst du ihn vom großen Kristall-Ankh nehmen. Im Anschluss daran verabschiede dich aus dem Kristalltempel. Isis bringt dich zurück ins Hier und Jetzt. Erde und zentriere dich und schließe die Meditation auf eine dir vertraute Art und Weise ab. Stelle den achten Isis-Schlüssel auf dein Ankh zurück. Sei gesegnet. Amen.

9. Schlüssel der Isis: Vollendung

Im neunten Isis-Schlüssel vereinen sich ein Stück weit nochmals alle Qualitäten der vorangegangenen Kristalle. Des Weiteren beschäftigt er sich mit dem Kristalllichtkörper und dem kristallinen Christusgitternetz der Erde. Isis erklärt dazu, dass die Kristalllichtkörper-Aktivierung in mehreren Schritten stattfindet. Sie spiegelt die Entwicklung unseres Bewusstseins wieder. Wobei wir an dieser Stelle erneut eingeladen sind, uns von der Vorstellung einer linearen Evolution zu lösen. Deshalb erübrigt sich die Frage: Wie weit ist mein Kristalllichtkörper schon entfaltet?

In dieser Zeit des Aufstiegs strahlen immer mehr unterstützende Energien aus dem Kosmos auf die Erde ein. Sie fördern den Aufbau verschiedener Schwingungsfelder und energetischer Strukturen, die uns bei unseren jeweils nächsten persönlichen als auch kollektiven Schritten behilflich sind. Deshalb tauchen immer wieder neue Begriffe und Bezeichnungen auf. Sie beschreiben unsere Fortschritte und unsere Erweiterungen, die bereits vollzogen wurden und die gerade anstehen. So wird der Lichtkörper zum Kristalllichtkörper. Alles, was bisher über den Lichtkörperprozess gesagt wurde, hat nach wie vor Gültigkeit. Auch diesen entwickeln wir immer noch mehr und mehr.

Durch die Schwingungserhöhung haben sich gleichzeitig, wie oben erwähnt, die zur Verfügung stehenden Energiequalitäten intensiviert. Das ist der Grund, warum Isis hier in unserem Kontext vom Kristalllichtkörper spricht. Der Lichtkörper ist eine Sterntetraederform, die als Merkabah bezeichnet wird. Der Kristalllichtkörper füllt dieses Lichtgefährt aus, umgibt und durchströmt es. Dadurch bauen sich weitere geometrische Formen auf, die Teil des Kristalllichtkörpers sind. Man könnte sagen, dass der Kristalllichtkörper 144 Schichten hat. Diese, so erwähnten wir bereits, stehen mit den 144 Kristallschichten aus Atlantis in Verbindung. Sie bilde(te)n das gläserne Meer. Mehr Informationen dazu findest du im Buch von Antan Minatti, *Kiria Deva und Elyah – Kristallwissen – Der Schlüssel von Atlantis*, das im Smaragd Verlag erschienen ist.

In der anschließenden Meditation möchten wir den Kristalllichtkörper mit diesen 144 Schichten bewusst in Kontakt bringen, und in weiterer Folge mit dem kristallinen Christusgitternetz der Erde. Isis sagt, dass es die Stabilität innerhalb des Aufstiegs fördert. Das Christusgitternetz umgibt die Erde und schafft dabei einen energetischen Raum, der unsere Evolution ermöglicht und erneut unterstützt. Dadurch kann die Christuspräsenz mit allen ihren Aspekten in und um uns wachsen. Wisse, dass es mehrere Seelen gab, die den Auftrag hatten, hier zu inkarnieren, um einen Teil der Christusenergie zu verkörpern und sie auf die Erde zu bringen. Somit förderten sie sozusagen die Bildung des Christusgitternetzes auf ihre Art und Weise. Seit der Erfüllung ihrer Aufgabe und dem Abstreifen ihrer physischen Hülle dienen sie als Aufgestiegene Meister weiter und stehen uns nach wie vor zur Seite. Dazu gehört beispielsweise Meister Jesus. Doch auch Buddha brachte einen Weisheits- und Güteaspekt der Christusenergie auf die Erde, genauso wie White Eagle, um hier nur einige zu nennen.

Das kristalline Christusgitternetz setzt sich aus Formen der Heiligen Geometrie zusammen. Verschiedene Kraftorte der Erde sind seine Ankerpunkte in der Materie. Es baut ein Schwingungsfeld der Einheit auf, das mit dem sogenannten fünfdimensionalen Morphogenetischen Feld verbunden ist. So können wir uns mehr und mehr als eine Menschheit und dadurch als eine große Familie wahrnehmen. Des Weiteren ermöglicht es, dass die Erde innerhalb des Kosmos ihren Platz einnimmt und wir in einer neuen, regen Form im Austausch mit unseren Lichtgeschwistern sein können. Die Entfaltung des Kristalllichtkörpers und des kristallinen Christusgitternetzes gehören und hängen zusammen. Je mehr unser Kristalllichtkörper aktiviert ist, umso durchlässiger wird unser physischer Körper wirken und sein. Wir werden sozusagen zu einem gläsernen Menschen, was eine andere Bezeichnung für den Kosmischen Menschen ist. Erkenne dabei die Verbindung zu den Kristallschädeln aus Atlantis. Sie hatten und haben nach wie vor (unter anderem) die Aufgabe, uns an dieses gläserne Menschsein zu erinnern.

Isis wies, bezugnehmend auf den neunten Teil des Schlüssels, aber noch auf einen weiteren Aspekt hin, den sie erwähnen möchte. Wisse, dass die Kristallkinder auf eine einzigartige Weise mit ihm verbunden sind. Denn zu ihren Aufträgen gehört(e) es, das gläserne Meer wieder in Bewegung zu bringen, die Kristallschichten von Atlantis mit Sternenkraft neu zu beleben und den Austausch mit den Kristallwäldern zu intensivieren. Gleichzeitig unterstütz(t)en sie die Aktivierung unserer Kristalllichtkörper. Durch seine Entfaltung verändert sich das Sein mit den Kristallkindern, und wir werden selbst zu einem Kristallkind. Doch nun möchten wir mit dir nach Atlantis reisen, um die Kristalllichtkörperaktivierung fortzusetzen. Sei gesegnet. Amen.

☆☆☆☆☆

Der Kristalllichtkörper, das kristalline Christusgitternetz und eine Reise nach Atlantis

Mache es dir bitte bequem. Entspanne dich und atme einige Male bewusst ein und aus. Erde und zentriere dich, um ganz im Hier und Jetzt zu sein. Erinnere dich an den göttlichen Funken in deinem Herzen. Dehne ihn aus. Er durchströmt die Gesamtheit, die du bist. Sei die Seele, sei das kosmische Kind und der Kosmische Mensch, die und der du bist. Jetzt.

Nimm wahr, wie das blauweiße, kristalline Licht von Sirius erneut zu dir fließt, deinen Raum erfüllt, dich berührt und durchdringt. Isis erscheint. Sie begrüßt und segnet dich mit ihrem Ankh. Dann lädt sie dich ein, mit ihr zu reisen. Dazu erschafft sie einen Lichtkanal, der durch die Illusion von Zeit und Raum hindurchführt. Wir bitten dich, tief zu atmen, um ihn gemeinsam mit Isis zu betreten und zu nutzen. Er trägt dich in das lichte und geheilte Atlantis, und du kommst vor der Pyramide von Poseidonis an. Erlaube dir wahrzunehmen, wie das Zentrum von Atlantis leuchtet. Es strahlt tiefen Frieden aus, weitet dein Herz und lässt darin Vertrauen in dich und deine Evolution wachsen.

Isis bittet dich, ihr zu folgen. Sie steigt die Stufen der Pyramide empor und hebt das Ankh zur Durchgangspforte in das Innere der großen Kristallpyramide. Diese beginnt zu pulsieren und wird ganz durchlässig. Sie öffnet sich. Dabei entsteht ein leichter Wind, der dich klärend umspielt. Isis tritt ein. Sie findet den Weg und bringt dich zu einem mächtigen Transmitterkristall. Sie nutzt erneut ihr

Ankh-Symbol. Damit berührt sie ihn und schließt ihn sozusagen auf, sodass du in sein Schwingungsfeld eintreten kannst. Nimm einen tiefen Atemzug und lass dich ganz auf die unterstützende, atlantische Energie des kraftvollen Kristalls ein. Sein Licht durchwirkt dich. Es eint deine Körper und gleicht deine Chakren aus. Die Kristallenergie fördert den Fluss des Lebens in der Gesamtheit, die du bist. Isis erhebt ihre Arme. Es scheint, als würde sich der Transmitterkristall zu drehen beginnen. Dadurch erhöht sich deine Schwingung sanft und ständig weiter.

Nun verbindet Isis ihn mit dem Sternenlicht von Sirius. Das blauweiße, kristalline Licht von Sirius strömt über seine Spitze ein. Es erfüllt ihn, und durch seine Bewegung leitet er es in dein System. Hier beginnt es zu wirken. Die Siriusenergie sendet Lichtimpulse aus, die sich wie Wellen in deinem Sein ausbreiten. Dabei wird alles, was du bist und zu dir gehört, daran erinnert, dass du Licht bist. Das sirianische Kristalllicht durchwirkt jede einzelne Zelle, jede deiner Fasern, jede Schicht und jeden deiner Aspekte. Deine Drüsen werden angeregt, ihre Programmierungen werden verändert und neu ausgerichtet. Sie beginnen lebensbejahende Informationen auszusenden, auf die dein Körper reagiert und antwortet. Harmonie breitet sich aus, und ein Schwingungsfeld der Selbstliebe baut sich auf. Es lässt dein Potenzial erwachen. Deine Chakren, Energiezentren und Körper sind ein Sein.

Wir bitten dich wahrzunehmen, dass sich aus der Bewusstseinseinheit des Lichts, die du bist, nun deine Sterntetraeder-Merkabah bildet. Dabei brauchst du erneut nicht zu denken, sondern es einfach geschehen zu lassen und anzunehmen. Das Lichtgefährt ist um und durch dich. Dabei rotieren der Himmels- und der Erdtetraeder in gegengesetzte Richtungen. Sie regen deine Kundalinienergie an, sich zu aktivieren. Achtsam und sanft bewegt sie sich und schlängelt sich deine Wirbelsäule empor. Dabei stärkt und erweitert sie deinen Lichtkanal, der deine Verbindung zwischen Kosmos und Gaia darstellt. Alle Energien fließen frei und ungehindert. Deine Merkabah wird mit dem Licht von Sirius genährt. Es durchströmt sie und hüllt sie ein, genauso wie alles andere, was zu dir gehört und das du bist. Atme tief ein und aus. Nimm den Fluss der Energien in dir und um dich wahr. Jetzt. So halte kurz inne.

Nun bitten wir dich, dich an die Aktivierung deines Kristalllichtkörpers zu erinnern. Weißt du noch, wie er sich aus und durch das Kristalllicht von Sirius geformt hat? Nun beginnt er sich erneut zu bilden. In der Verbindung mit der sirianischen Schwingung baut sich aus dir, in dir und um dich herum ein Torus[2] *auf. Das ist ein Energiewirbel, ein Energiepotenzial, das dir jetzt zur Verfügung steht. Es ist eine Urform des Lebens. Wir bitten dich, dich darauf einzulassen. Nach einigen tiefen Atemzügen, wozu wir dich einladen, verändert er sich. Er wird zu einem Doppelkegel, und du befindest dich in seinem Zentrum. Gleichzeitig ist es so, als würdest du selbst der doppelte Kegel sein. Auch er bewegt sich und kreist um dich. Wisse, dass alles in diesem Universum in Bewegung ist.*

---

2 Es gibt von Francene Hart *Das Orakel der Heiligen Geometrie, Sakrale Symbole und ihre Bedeutung*, das im Schirner Verlag erschienen ist. Es gibt einen leichten und meditativen Zugang zu den verschiedenen Formen.

Durch die Rotation des Doppelkegels und die Unterstützung des Siriuslichts beginnt sich seine runde Grund- und Mittelfläche zu verändern. Sie bildet sozusagen Ecken aus. Zuerst sind es noch wenige, doch es werden schnell mehr, bis es letztendlich 144 sind. Während dieses geschieht, richtet Isis den Transmitterkristall, in dem du dich befindest, auf das gläserne Meer und somit auf alle 144 Kristallschichten aus. Sie beginnt, sie in 10er Schritten mit den Eckpunkten deiner geometrischen Form zu verbinden. So findet nun eine Vernetzung zwischen den ersten zehn Ecken und den ersten zehn Kristallschichten statt. Dann schafft Isis die Verbindung zwischen den Eckpunkten und Kristallschichten von 11 bis 20. Im Anschluss daran von 21 bis 30, von 31 bis 40, von 41 bis 50, von 51 bis 60, von 61 bis 70, von 71 bis 80, von 81 bis 90, von 91 – 100, von 101 bis 110, von 111 bis 120, von 121 bis 130 und von 131 bis 144.

Zwischen den einzelnen Verbindungsschritten bitten wir dich, immer wieder innezuhalten und bewusst zu atmen. Die Qualitäten der einzelnen Kristallschichten fließen in deine geometrische Form mit ein. Durch seine Rotation durchwirken sie die Gesamtheit, die du bist. Während sich die Energie der Kristallschichten in dir und um dich ausbreitet, erzeugt das gläserne Meer einen Ton. Es ist der ursprüngliche Klang der Einheit von Atlantis. Er steigt empor, um dich zu erfüllen. Dadurch beginnt sich das Kristalllicht von Sirius zu intensivieren. Es antwortet. Der Doppelkegel mit der 144eckigen Mittelfläche beginnt sich zu teilen. Es entstehen zwei gleiche Formen, die sich ineinanderschie-

ben. Eine Spitze weist nach oben, die andere nach unten. Dabei verändert sich die Drehbewegung. Ein Teil fängt an, nach links und der andere nach rechts zu rotieren. So entsteht ein harmonischer Energiefluss zwischen Himmel und Erde, und du bist in seinem Zentrum. Deine Merkabah ist ein integrierter Teil davon. Das ist dein Kristalllichtkörper. Er bleibt sowohl mit den 144 Kristallschichten als auch mit dem Licht von Sirius verbunden.

Nun nimm wahr, wie du dich durch deinen Kristalllichtkörper zu verändern beginnst. Du wirst durchlässig und transparent. Das ist dein gläsernes Menschsein, das dir aus Atlantis vertraut ist. Wisse, dass sich durch deine Erinnerung daran die Prophezeiungen erfüllen. Die Kristallschädel dieser Erde beginnen zu leuchten. Jene, die noch nicht wiedergefunden wurden, erkennen, dass die Zeit dafür nun gekommen ist. Sie erwachen und senden ihre Impulse aus, um die Kristallschädelhüter zu rufen und zum Finden aufzufordern. Alle, die bereits aktiviert sind und an ihrem Platz wirken, erstrahlen in neuem Licht. Und jene, die nachgebildet wurden, um den Aufstieg in die Fünfte Dimension zu unterstützen, erhöhen sich in ihrer Schwingung und Präsenz, sodass sie noch kraftvoller ihre Aufgabe erfüllen können. Verweile einige Augenblicke in der Wahrnehmung des Energieflusses, der um und durch dich ist. Atme tief ein und aus. Jetzt.

Nun lädt Isis dich ein, dich durch deine klare Absicht mit dem kristallinen Christusgitternetz der Erde zu verbinden. Es ist aus Ikosaeder- und Dodekaeder-Elementen zusammengefügt und umgibt unseren Planeten. Es bildet ein Schwingungsfeld der Christuspräsenz und der Einheit, das alle Menschen und Wesen der Erde und Gaia selbst durchströmt. Isis bittet dich, dich als einen Teil des Christusnetzes wahrzunehmen. Über deinen Kristalllichtkörper fließt seine Energie zu dir. Es stärkt deine ICH-BIN-Präsenz und die Annahme von Allem-was-ist. Isis fordert dich auf, von nun an vermehrt mit deinem Kristalllichtkörper und mit dem kristallinen Christusgitternetz zu wirken. Dadurch werden dir dein Mitschöpfersein und das gezielte Lenken von Kräften zum Wohle aller noch bewusster.

Isis sagt, dass sich die Erde nun bewegt. Eine sanfte Erschütterung geht durch ihren Körper, und sie verändert ihre Position. Das Christusgitternetz ist für die Erde das Lichtgefährt, mit dem sie in die Neue Zeit reist. Es erhöht ihren Lichtquotienten und erweitert dadurch das Bewusstsein aller Lebewesen, die mit Gaia verbunden sind.

Isis bittet dich, dir vorzustellen, wie du gemeinsam mit der Erde, die von dem Christusgitternetz umgeben ist, durch das Universum schwebst. Die Erde ist wie ein Lichtschiff. Wir bitten dich, es nun zu steuern. Nimm das Sternbild des Orion wahr. Erkenne seine drei Gürtelsterne. AN leuchtet und pulsiert. Es wird immer größer und zieht dich und die Erde magisch an. Je näher du kommst, umso größer wird der Stern. Er ist ein Tor. Es öffnet sich weit, und du kannst direkt hindurchreisen. Du durchquerst den goldenen Tempel, das Auge von AN, das Gleichgewicht der Kräfte, und kommst auf der anderen Seite an. Hier findet die Erde ihren neuen Platz, den Ort ihrer Bestimmung im Universum der geheilten Dualität. Dadurch ist ein Evo-

lutionszyklus abgeschlossen und ein neuer beginnt. Sie verankert sich. Das kristalline Christusgitternetz breitet sich aus und vernetzt sich mit den anderen Planeten und Sternen. Du und Gaia seid zu Hause angekommen. Das Sternentor von AN schließt sich hinter euch.

Wir bitten dich, nun etwas in dieser Energie zu verweilen. Nimm sie auf und an. Du befindest dich in der Zukunft, der Gegenwart und eigentlich auch in der Vergangenheit. Hier kannst du sein, was du wirklich bist. Lebe das Licht deiner Seele. Dein Kristalllichtkörper unterstützt dich dabei. Du bist mit vielen anderen Lichtarbeitern und Lichtwesen aus den unterschiedlichsten Dimensionen verbunden. Gemeinsam beginnt ihr, das neue Miteinander zu gestalten und aufzubauen. Es wird Früchte tragen, denn es ist gesegnet. Atme tief ein und aus. Lass es auf dich wirken. Eine tiefe Veränderung hat ihn dir Raum genommen. Erkenne und begreife.

Dann berührt Isis sanft deine Schulter. Sie bittet dich, mit deiner Aufmerksamkeit zu deinem Kristallichtkörper und zu deinem Sein in der atlantischen Pyramide zu gehen. Es ist Zeit, in deinen Raum im Hier und Jetzt zurückzukehren. Isis löst die Verbindung zwischen dem Transmitterkristall und dem gläsernen Meer und dem Kristalllicht von Sirius. Der Kristallstein hält in seiner Bewegung inne und wird ruhig. Atme tief ein und aus und tritt aus dem Transmitterkristall heraus. Isis führt dich durch die Pyramide von Poseidonis und aus ihr hinaus. Das Licht und der Frieden von Atlantis segnen dich dabei. Über den Lichtkanal bringt dich Isis zurück in deinen Raum. Hier komme an. Jetzt. Der Kristalllichtkörper kreist um dich. Er ist erfüllt mit der Energie der 144 Kristallschichten und dem siria-nischen Kristalllicht. Über ihn bist du mit dem kristallinen Christusgitternetz verbunden. In seinem Zentrum bist du als gläserner Mensch, der auch als Kosmischer oder Galaktischer Mensch bezeichnet wird. In dieser Wahrnehmung und in diesem Bewusstsein erde und zentriere dich. Die Integration deines Kristalllichtkörpers wird noch einige Tage benötigen, bis sie abgeschlossen ist. Währenddessen wäre es empfehlenswert, immer wieder zu ruhen, in der Stille zu sein, wahrzunehmen, zu spüren und viel zu trinken. Isis segnet dich. Sie verabschiedet sich und zieht sich gemeinsam mit dem blauweißen kristallinen Licht von Sirius zurück. Bedanke dich bitte bei allen Wesen und Energien, die dich berührt und begleitet haben. Erde und zentriere dich nochmals und schließe die Meditation auf eine dir vertraute Art und Weise ab. Sei gesegnet. Jetzt und allezeit. Amen.

☆☆☆☆☆

Kristallprogrammierung 9

Nun möchten wir den neunten Kristall programmieren. Bereite dich und deinen Raum entsprechend vor und wähle dann den nächsten Stein aus. Nummeriere ihn bitte mit einem Stift oder einem Sticker.

☆☆☆

Einstimmung

Mache es dir bequem. Erde und zentriere dich. Sei das Lichtwesen, das du bist. Isis berührt dich und reist mit dir in den sirianischen Kristalltempel. Lege deinen Stein auf das Kristall-Ankh und lass deine Hände auf ihm ruhen. Isis aktiviert es. Nun legt sie ihre Hände auf deine und somit auf deinen Bergkristall. Die Programmierung des Steins beginnt.

Programmierung

Isis spricht: „Wir danken diesem Kristall, dass er als Energiehalter und Ankerpunkt in der Materie dienen wird. Das blauweiße Kristalllicht von Sirius durchdringt und erweitert ihn. Wir verbinden den Kristall mit allen acht vorhergegangenen Bergkristallen und lassen ihre Programmierungen mit einfließen. Er ist ein Herz- und Integrationsstein innerhalb des Schlüssels. Wisse, dass wir ihn nun mit dem lichten Fokus von Atlantis, der Pyramide von Poseidonis und mit dem gläsernen Meer vernetzen. Wo auch immer er genutzt und aufgelegt wird, erschafft er ein atlantisches

Heilungsfeld. Er fördert den Zugang zum alten Wissen aus Atlantis und aktiviert und erneuert das Kristallwissen aus dieser Zeit. Des Weiteren ist er ein Kristall der Vernetzung, der Vermittlung und des Verbindens. Deshalb fördert er die Kommunikation auf allen Ebenen, mit allen Wesen und den Austausch mit verschiedenen Energien. Dabei bildet er eine gemeinsame Kommunikationslinie, sodass Verstehen und Annehmen möglich werden und sind.

Wir verbinden den Bergkristall mit dem Auge von AN. So begleitet er die Reise in die Fünfte Dimension. Er unterstützt die Erweiterung des Bewusstseins und lässt Erkenntnisse wachsen. Im menschlichen Körper regt er vor allen Dingen die Zirbeldrüse an, Licht aufzunehmen und weiterzuleiten. Dadurch kann der Kristalllichtkörper und der gläserne Mensch manifestiert werden. Es ist empfehlenswert, diesen Kristall immer wieder gemeinsam mit den anderen Steinen zu nutzen. Des Weiteren verbindet er den Kristalllichtkörper mit dem kristallinen Christusgitternetz. Er lässt die Menschen ihre Aufgabe erkennen und unterstützt sie bei deren Erfüllung. Er fördert den Aufbau des Schwingungsfelds der Einheit, des fünfdimensionalen Morphogenetischen Feldes. Der Bergkristall lässt die Christuspräsenz um die Erde und somit in jedem einzelnen Menschen Raum nehmen.

Wisse, dass er vor allen Dingen mit den Kristallkindern dieser Zeit kommuniziert. Er unterstützt sie, um in der Energie des Neuen Zeitalters gut geerdet zu sein. Gemeinsam mit den Kristallkindern formt er neue Strukturen, um gemeinsam in Freude wachsen und lernen zu können. Er ist ein Kristall des Ankommens und hilft, Ziele zu erreichen. Er trägt die Energie der Vollendung in sich. Er macht ganz und heil. Der Kristall vermittelt, dass alles gut ist so, wie es ist. Er lässt die Vollkommenheit, die in jedem Augenblick ist, erkennen. So kehrt tiefer Friede in den Herzen ein, der überfließt und sich auch im Außen widerspiegelt. So kann er seine Aufgabe erfüllen. Er ist gesegnet. Wir segnen ihn. Jetzt und allezeit. Wir sind Isis.“

Abschluss

Atme bitte tief ein und aus. Die Programmierung ist beendet. Isis verankert sie in dem Kristall, indem sie ein goldenes Ankh in ihn setzt. Somit bleibt sie darin enthalten, so lange dieses Symbol in ihm ist. Dann löst sie ihre Hände von dir und dem Bergkristall. Nimm wahr, dass der Stein pulsiert und lebendig ist. Nun kannst du ihn vom großen Kristall-Ankh nehmen. Im Anschluss daran verabschiede dich aus dem Kristalltempel. Isis bringt dich zurück ins Hier und Jetzt. Erde und zentriere dich und schließe die Meditation auf eine dir vertraute Art und Weise ab. Stelle den neunten Isis-Schlüssel auf dein Ankh zurück. Sei gesegnet. Amen.

Das Positionieren und Aktivieren der Kristalle

Nachdem die Programmierung der einzelnen Kristalle nun abgeschlossen ist, möchte Isis dich einladen, sie wie folgt auf deinem Ankh zu positionieren. Dazu lege das Symbol vor dich. Den ersten Isis-Schlüssel, den wir als Seelenkristall bezeichnen möchten, stelle bitte links an die Spitze des Querbalkens. Den zweiten, den Annahmekristall oder Kristall der Großen Mutter, setze rechts ans Ende des Querbalkens. Der dritte Stein, der Kristall des Verbindens und In-den-Fluss-bringen, kommt an die Spitze und der vierte, der Hebammenkristall für das kosmische Kind, in die Mitte des senkrechten Balkens. Den fünften (Partnerschaftskristall), den sechsten (Kristall der Selbstermächtigung), den siebten (Transformationskristall) und den achten (Zukunfts- und Entschlüsselungskristall) setze bitte der Reihe nach (rechts beginnend) entlang des Blütenblatts. Der Integrationskristall, der neunte Isis-Schlüssel, wird in das Zentrum gestellt, wo sich die Balken und das Blatt treffen.

Isis sagt, dass es wichtig ist, die Kristalle einmalig zu aktivieren, um sie bewusst miteinander zu vernetzen und über das Morphogenetische Feld eine Verbindung zu allen anderen Isis-Schlüsseln aufzubauen.

☆☆☆

Atme tief ein und aus. Erde und zentriere dich. Sei dir deiner Göttlichkeit gewahr und verkörpere das Lichtwesen, das du bist. Lege deine Hand auf dein Herz und wiederhole einige Male: Ich bin, Ich bin, Ich bin…Tue dieses so oft, bis du deine Mitschöpferkraft und deine Christuspräsenz annehmen und wahrnehmen kannst. Dann berühre das Ankh. Erinnere dich daran, dass es mit dem goldenen Tempel von An verbunden ist. Seine Energie wirkt durch das Symbol und durchströmt alle Kristalle. Sie beginnen zu strahlen. Dieser Energiefluss bleibt bestehen. Wir bitten dich, dass du, beim ersten Isis-Schlüssel-Kristall beginnend, ihrer Reihenfolge entsprechend einen nach dem anderen kurz anhebst und nochmals auf seinem Platz positionierst. Dabei sprich jedes Mal:

„Im Namen meiner ICH-BIN-Präsenz und meiner Christusenergie aktiviere ich dich und deine Programmierung nun. Ich verbinde dich mit den anderen acht Kristallen des Schlüssels der Isis, auf dass sich dein Licht entfalte und du dein Potenzial zur Verfügung stellen kannst. Ich vernetze dich mit den lichten und liebevollen Energien des Morphogenetischen Felds, sowohl der alten als auch der

Neuen Zeit, die deine Schwingung und dein Bewusstsein erweitern und der Erfüllung deiner Aufgabe dienen. Dieses geschehe zum Wohle aller. So sei es, und so ist es. Jetzt und allezeit. Amen."

Wenn du den Integrationskristall auf diese Art und Weise gesetzt hast, bitten wir dich, kurz innezuhalten und tief zu atmen. Dann erde und zentriere dich wieder und schließe die Aktivierung dadurch ab.

☆☆☆

Der Schlüssel der Isis beginnt zu wirken. Isis weist darauf hin, dass sich seine Strahlkraft erhöht, je öfter du mit ihm arbeitest, denn so speist du ihn mit deiner Aufmerksamkeit und mit Energie, was ihn zusätzlich auflädt. Dabei kann er sich entwickeln und weiter wachsen, auch wenn seine Programmierung gleich bleibt. Gleichzeitig stellst du diese Intensivierung ebenso allen anderen zur Verfügung, die ihn anwenden. Über die Verbindung zur Morphogenetik fließt ihnen die zusätzliche Schwingung zu. Des Weiteren bittet Isis dich zu wissen, dass die Kristalle gesegnet sind, wodurch sie so ausgerichtet sind, dass sie ausschließlich für lichte, liebevolle und bewusstseinserweiternde Aufgaben und Arbeiten genutzt werden können. Deshalb lädt sie dich ein, sie von jetzt an voller Freude als ein unterstützendes Werkzeug auf dem Weg in die Fünfte Dimension einzusetzen. Isis dankt dir dafür. Sei gesegnet. Amen.

Die Anwendung des Isis-Schlüssels

Du hast mehrere Möglichkeiten, den Schlüssel der Isis zu nutzen. Jede einzelne davon kannst du als eine eigenständige, in sich abgeschlossene Anregung anwenden, oder du integrierst sie in deine Arbeit, wie es für dich stimmig ist. Die Kristalle stellen ihre Programmierungen zur Verfügung und berühren und durchströmen uns damit. Dabei dienen sie der Harmonisierung unserer Körper und Chakren, helfen bei der Lösung und Heilung unserer Themen und begleiten uns auf unserem Weg des Lichts. Sie unterstützen die Aktivierung unseres Kristalllichtkörpers und die Geburt des Kosmischen Menschen. Gleichzeitig stärken sie genau jene Qualitäten in uns, die sie ausstrahlen und deren Vermittler sie sind. Über die Bergkristalle bist du mit dem sirianischen Kristalllicht und mit Isis verbunden, sodass der Energiefluss, der Austausch und die Kommunikation damit gefördert werden. Du kannst sie für dich selbst wie für andere einsetzen. Beispielsweise wäre es möglich, die Kristalle unter einer Massageliege zu platzieren. Wann immer du darauf liegst oder jemanden behandelst, kannst du Isis und die Kristalle einladen, ihr Schwingungsfeld zu erweitern, sodass es dich oder den Menschen, der auf der Liege ruht, einhüllt und durchfließt.

Der Schlüssel der Isis ist aber auch wunderbar für Fernheilungen geeignet. Dabei gibst du ein Bild oder den Namen des Menschen, den du behandeln möchtest, mit dem genauen Anliegen und der Bitte, wofür der Isis-Schlüssel wirken soll, auf das Ankh-Symbol und setzt die

Bergkristalle darauf. Wie lange du dieses so wirken lassen solltest und möchtest, hängt vom Thema und der Situation ab. Deshalb gibt es dazu keine allgemein gültige Zeitempfehlung. Wir bitten dich, dabei deiner Intuition zu vertrauen und ihr zu folgen.

Des Weiteren kannst du die Kristalle auch direkt auf und um einen Menschen legen, um ein Isis-Kraftfeld zu bilden. Dazu lege das Ankhzeichen bitte unter ihn, ungefähr auf der Höhe des Herzens. Wenn du dir nun vorstellst, er würde seine Arme zur Seite strecken, wäre dort, wo seine Handflächen liegen, der Platz für den ersten und zweiten Kristall. Der Seelenstein wird links und der Annahmekristall rechts (von dir aus gesehen) positioniert. Der Verbindungskristall liegt unterhalb der Füße und der Hebammenstein zwischen den Beinen, nahe dem Basiszentrum. Der fünfte, sechste, siebte und achte Kristall werden, wie auf dem Ankhsymbol, kreisförmig um den Kopf platziert. Abschließend kommt der Integrationskristall auf das Herz. Wenn die Spitzen dabei nach unten zeigen, lenken sie die Energien in die Materie. Diese Form der Unterstützung benötigen wir in dieser Zeit eher häufiger. Es geht ja um den Aufstieg in, auf und mit unserem physischen Sein und der Erde, was für viele Lichtarbeiter nach wie vor eine kleine Herausforderung darstellt. Die Verbindungen zum Kosmos sind sozusagen vertrauter und meist entwickelter. Wenn du die Isis-Kristalle so legst, dass die Spitzen nach oben weisen, findet eine Öffnung statt, die den Kontakt mit den geistigen Ebenen und Welten fördert. Weite und Leichtigkeit nehmen Raum, und der Austausch zu Sirius und den sirianischen Geschwistern wird intensiviert. Natürlich könntest du die zwei Varianten auch verbinden, sodass die Bergkristalle zu Beginn nach oben zeigen und du sie nach einiger Zeit des Wirkens umdrehst. Wichtig dabei ist nur, dass, wenn du den Isis-Schlüssel legst, die Kristallspitzen dabei immer in eine Richtung schauen, also entweder sind sie alle nach oben gerichtet, oder alle nach unten. Die Dauer des Verweilens innerhalb des Kraftfelds kann unterschiedlich sein. Sie hängt unter anderem davon ab, ob überhaupt beziehungsweise mit welchen weiteren Formen der Energie- oder Körperarbeit du es verbindest. Als ungefähren Richtwert möchten wir mindestens 20 Minuten bis zu einer Stunde angeben. Wir bitten dich erneut, dich von deiner Intuition führen zu lassen.

Du hast auch die Möglichkeit, mit einzelnen Kristallen zu wirken. Das ist dann empfehlenswert, wenn genau diese eine Kristallqualität jetzt für das Erweitern des Energieflusses besonders benötigt wird. In diesem Fall kannst du ihn auf ein Energiezentrum, auf eine Stelle des physischen Körpers oder innerhalb des aurischen Felds legen. Wenn du möchtest, dass seine Information in die Materie einfließt, um hier zu bewegen, zeigt seine Spitze wieder nach unten, wenn der Kristall öffnend und zum Kosmos weitend wirken soll, nach oben. Falls es keine speziellen Ansatz-, Verengungs- oder Schmerzpunkte gibt und der Isis-Kristall seine Schwingung der Gesamtheit oder der Harmonisierung des ganzen Systems zur Verfügung stellen darf, wird er auf den Thymus gegeben. Dann breitet sich sein Licht darüber aus. Intensivieren kannst du die Wirkungsweise der Kristalle durch das Miteinbeziehen von Klängen. So könntest du beispielsweise eine Stimmgabel anschlagen, die du auf den Kristall setzt. Dann gehe damit die Meridiane entlang, berühre die Fußsohlen, Akkupressurpunkte oder Chakren, je nachdem, was für dich stimmig ist. In Verbindung mit den Klangwellen können die Kristallspeicherungen noch schneller und tiefer in die Zellen und Körperschichten einfließen.

Der Schlüssel der Isis ist, wie gesagt, ein Werkzeug, das sich in den nächsten Jahren noch mehr entwickeln wird. Wir bitten dich, ihn zu nutzen und deine Erfahrungen damit zu sammeln. Wieder einmal möchten wir dich in diesem Zusammenhang darum bitten, deiner Intuition zu vertrauen. Wir danken dir dafür. Sei gesegnet. Amen.

Die Integration des Isis-Schlüssels

Letztendlich geht es darum, durch das Wirken mit den Kristallen selbst zum Schlüssel der Isis zu werden. Im Moment dienen uns die Bergkristalle noch als Vermittler bestimmter Energien. Je mehr du mit ihnen zusammenarbeitest, desto schneller entfaltet sich ihre Qualität auch in dir beziehungsweise in den Menschen, die du damit berührst. Wenn du möchtest, kannst du die Integration der Isis-Kristalle bewusst unterstützen. Dazu lädt Isis dich ein, dir immer wieder Zeit der Stille zu geben, um dann einen Kristall nach dem anderen auf deinen Thymus aufzulegen. Atme die Energie der einzelnen Steine tief in dich ein und stelle sie der Gesamtheit, die du bist, zur Verfügung. Wenn du dich dabei in einer sitzenden Position befindest, stelle deine Füße auf das Ankh-Symbol. Falls du liegen solltest, bitten wir dich, das Zeichen auf der Höhe deines Herzens unter dich zu geben. Beobachte, was sich durch die aufgenommene Kristallschwingung in dir bewegt oder auch verändert. Nimm es einfach wahr. Dann bedanke dich bei jedem Bergkristall, und nachdem du ihn abgestellt hast, wähle den nächsten. Tue dieses Schritt für Schritt und in deinem eigenen Tempo. Dadurch vertiefst du die Freundschaft mit den Kristallen und intensivierst die Verbindung zu Sirius. Durch diese Art des Einlassens auf die Isis-Kristalle werden sie dir noch einige „Geheimnisse“ mitteilen, die sich so entfalten können. Abschließend erde und zentriere dich wieder und schließe die Meditation auf eine dir vertraute Weise ab.

Auch bei der Integration der Kristallqualitäten hast du die Möglichkeit, dich nicht allen gleichzeitig, sondern lieber Einzelnen vermehrt zu widmen. Das heißt, du kannst einen aussuchen, dem du dich über einen gewissen Zeitrahmen, den du selbst bestimmst, auf eine besondere Weise zuwendest. Dabei trage ihn häufig bei dir, lege ihn auf, meditiere und kommuniziere mit ihm und integriere sein Licht. Du kannst seine Schwingung auch auf Wasser übertragen und dir eine Schlüssel-Essenz daraus machen. Ebenso ist es empfehlenswert, anderen Menschen, die eine Energiequalität über die Behandlung mit dem Isis-Schlüssel hinaus noch in einer vermehrten Form benötigen, eine Essenz dafür mitzugeben. Dazu stelle den Kristall an ein Glas mit Wasser. Lege deine Hände darauf. Bitte Isis, dich zu unterstützen. Im Namen deiner Christusgegenwart und deiner erschaffenden Kraft lädst du den Isis-Kristall ein, sich zu öffnen und seine Energien zu übertragen und in das Wasser einzuspeisen. Abschließend bestätigst du die Informationsübertragung erneut mit den Worten: „So sei es, und so ist es. Jetzt und allezeit. Amen." Dann bedankst du dich bei dem Kristall und bei Isis, gibst ihn zur Seite und kannst deine Essenz entsprechend nutzen. Es ist möglich, sie beispielsweise in eine kleine Flasche zu füllen und mit einigen Tropfen Essig oder Alkohol zu vermischen, damit sie länger hält. Bitte folge auch in diesem Zusammenhang deinem Herzen und deiner inneren Führung.

Wir sind nun am Ende des zweiten Teils angekommen. Das war sozusagen die Einführung in den Schlüssel der

Isis. Wir möchten dich ermutigen und ermuntern, mit ihm und allem, wofür er steht und womit er verbunden ist, zu wirken. Jetzt ist für dich die Zeit der Umsetzung gekommen. Wir danken dir dafür. Sei gesegnet. Amen.

Teil 3: Ergänzungen

Im dritten Teil findest du noch einige Botschaften von sirianischen Wesenheiten, die den Schlüssel der Isis ergänzen möchten.

Dein Kristalllichtkörper und die Photonenenergie

Wir sind Isis. Sei gesegnet, geliebtes Kind des Lichts, geliebter Kosmischer Mensch, das und der du uns bist. Wir laden dich ein, einige bewusste Atemzüge zu nehmen. Richte dich dabei auf das Kristalllicht von Sirius aus. Erlaube, dass es dich berührt und die Gesamtheit, die du bist, durchströmt. Erfülle dein Sein, alle deine Energiezentren und Körper mit diesem Licht. Dadurch entspannst, weitest und öffnest du dich. Nun bitten wir dich, in der Verbindung mit der sirianischen Energie deinen Kristalllichtkörper zu formen und entstehen zu lassen. Nimm ihn in dir, um und durch dich wahr. Jetzt. Das kristalline Licht von Sirius erhöht seine Frequenz und seine Schwingung. So intensiviert sich der energetische Austausch zwischen deinem Kristalllichtkörper und den Kristallschichten aus Atlantis, mit denen er verbunden ist. Die Energiequalitäten, die den einzelnen Schichten zugeordnet werden, strömen nun in einer vertieften Form zu dir und stehen dir zur Verfügung. Über deinen Kristalllichtkörper wirkt das atlantische Licht des gläsernen Meeres balancierend und harmonisierend in deinen Körpern und Chakren. Gleichzeitig bestätigt es dabei dein Sein als Kosmischer Mensch, als kosmisches Wesen. Wir bitten dich, dich auf diesen Energiefluss einzulassen. Darüber hinaus laden wir dich ein, dich so oft wie möglich auf deinen Kristalllichtkörper auszurichten, ihn zu aktivieren und wahrzunehmen. Es beschleunigt und unterstützt deine Entwicklung, das Eintreten in die fünfdimensionalen Seinsebenen und dich darin zu stabilisieren.

Nun bitten wir dich, dass du dich gemeinsam mit uns auf die sogenannte Photonenenergie fokussierst. Tue dieses über deine mentale Aussendung. So nimmst du mit ihr Kontakt auf und bist mit ihr verbunden. Wisse: Je mehr Menschen sich auf das Photonenband einstimmen und beginnen, es bewusst zu lenken und zu nutzen, umso leichter wird die Erde in ihrer Gesamtheit darin zurückkehren können. Deshalb atme jetzt die Photonenenergie ein und aus. Stelle sie dir zur Verfügung. Nähre dein Schwingungsfeld und fülle deinen Kristalllichtkörper damit. Wie du weißt, besteht sie aus leuchtenden Lichtpartikeln, Lichtkörpern, Lichtteilchen. Empfange diese. Bade in den Lichtzellen. Berühre sie. Wähle eine aus und lass dich auf ihr Innerstes ein. Du kannst sie wie einen Raum betreten, der sich dir in einer unendlichen Form zeigt. Gleichzeitig gehe immer wieder mit deinen eigenen Zellen in Kontakt und nimm wahr, wie die Photonenenergie ihr Zentrum und ihren Kern durchwirkt und eine Veränderung initiiert. Dadurch entsteht eine Zellerweiterung, eine Bewusstseinserweiterung, eine Lichtwerdung. Wir bitten dich, die Photonenschwingung jetzt und immer wieder einzuladen und sie ein und auszuatmen. Wenn sie dich ganz erfüllt, stell dir vor, dass sie sich über dein Sein ausdehnt. Du gibst sie sozusagen weiter. Sie durchströmt durch dich Räume und berührt Menschen. Strahle sie bewusst in das Morphogenetische Feld aus, sowohl in jene Bereiche der noch nicht geheilten Dualität wie auch in das der Fünften Dimension. Wir danken dir dafür, denn es unterstützt den Aufstieg.

Für den Moment verweile in der Verbindung mit der Photonenenergie, so lange es für dich stimmig ist. Atme einige Male tief ein und aus. Das Kristalllicht von Sirius durchströmt dich, dein Kristalllichtkörper strahlt. Du bist mit dem lichten Fokus von Atlantis verbunden, und die Photonenenergie erfüllt dein Sein. Wie wir bereits erwähnten, bitten wir dich, in diesem Energiefluss zu bleiben, so lange du möchtest und es dir guttut. Wir danken dir erneut. Wir sind Isis. Das Kristalllicht von Sirius segnet dich. Sei gesegnet. Jetzt und allezeit. Amen.

Die rubinrotgoldene Christusrose

Wir sind Nada. Segen und willkommen, geliebtes Kind des Lichts, das du uns bist. Wir sind in Verbindung mit dem rubinrotgoldenen Strahl und nähern uns dir als Ausdruck dessen, was als Maria Magdalena bezeichnet wird. Wir sind eins. Jetzt. Wir lenken den rubinrotgoldenen Strahl in dein Herzzentrum, um in ihm die Christuspräsenz erblühen zu lassen. Sie ist im Gleichgewicht der männlichen und weiblichen Energien dieses Universums.

Wir bitten dich nun, in deinem Herzen eine rubinrotgoldene Christusrose wachsen zu lassen. Sie öffnet und weitet dein Herz. Sie stellt das Licht der Gleichwertigkeit der dynamischen und rezeptiven Kräfte zur Verfügung, das nun die Gesamtheit, die du bist, erfüllen kann. Erlaube, dass sich die Christusrose ausdehnen darf. Dabei vereint sie deine Chakren und verbindet dein Herz mit deinem Solarplexus. Sie integriert dein Kommunikationszentrum und dein Sakralchakra, dein Drittes Auge und dein Basiszentrum, wie auch dein Scheitelchakra. Nimm bitte wahr, dass deine Christusblüte so groß geworden ist, dass sie nicht nur deine Energiezentren durchdringt und ein einheitliches Schwingungsfeld aufgebaut hat, sondern du dich als Gesamtheit, die du bist, nun in ihrer Mitte befindest. Die Christusrose blüht in dir und um dich. Somit wird alles, was zu dir gehört, von der Christusenergie des rubinrotgoldenen Strahls durchströmt. Erneut findet dadurch in dir ein Ausgleich zwischen deinen männlichen und weiblichen Qualitäten statt. Jetzt.

Nun berühren wir dein Kreuzbein und nehmen dabei mit deiner Kundalinienergie Kontakt auf. Wir lenken über den rubinrotgoldenen Strahl die Kraft des Christus in sie hinein. Dadurch beginnt sie sich sanft und liebevoll zu bewegen. Wisse, dass wir deine Kundalinienergie nun in Form von zwei Schlangen aufsteigen lassen. Sie bewegen sich durch deinen Wirbelsäulenkanal empor und kreuzen sich dabei immer wieder, um sich zu begegnen und zu vereinen. Wisse, dass sich auch darüber eine Welle der Gleichwertigkeit von männlicher und weiblicher Energie in der Gesamtheit, die du bist, ausbreitet, denn die eine Schlangenkraft repräsentiert die dynamische Seite in dir und die zweite die rezeptive. Ihre Berührungs- und Begegnungspunkte lassen die Erinnerung an ihr Gleichgewicht erstrahlen. Erlaube, dass deine Schlangenenergien über deine Wirbelsäule, über dein Stammhirn, über deine Hypophyse deine Zirbeldrüse berühren. Diese wird angeregt, beginnt zu pulsieren und aktiviert dadurch dein Kronenzentrum und deine Verbindung zur Quelle. Dein wahres Wesen, deine Göttlichkeit, erwacht und beginnt in jeder Faser deines Seins zu leuchten. Amte einige Male tief ein und aus. Wisse, dass dich das Schwingungsfeld der Christuskraft und des rubinrotgoldenen Strahls stärkt und dein Präsentsein fördert. Deshalb bitten wir dich, dich darin zu bewegen und zu sein, wann immer du möchtest. Das heißt, dass wir dich einladen, so oft wie möglich die Christusrose erblühen zu lassen und sie auszudehnen, sodass sie alles in dir vereint und du dich in deiner Gesamtheit in ihr befindest. In weiterer Folge nimm den Impuls des rubinrotgol-

denen Strahls an, deine Kundalinienergie zu berühren und zu aktivieren, sodass dadurch die Verbindung zwischen Himmel und Erde in dir gefördert wird.

Verweile nun im Fluss der Energien, so lange es dir guttut. Dann erde und zentriere dich, wie es dir vertraut ist. Wir segnen dich im Namen der Christusenergie, im Namen der Christusliebe. Wir segnen dich im Namen des rubinrotgoldenen Strahls und in der Einheit, die wir als Maria Magdalena und Nada sind. Deine Christusrose blüht und ist. Sei gesegnet. Jetzt und allezeit. Amen.

Begegnung mit den Delfingeschwistern und der Aufruf, ihr Botschafter zu sein

Mache es dir bitte bequem und entspanne dich auf deine eigene Art und Weise. Atme einige Male bewusst ein und aus, um ganz bei und in dir zu sein. Erde und zentriere dich und lege deine Hand auf dein Herz. Nimm deinen göttlichen Funken wahr. Erlaube dir, dass sein Licht deine Gesamtheit durchströmt. Sei das Lichtwesen, das du bist. Jetzt.

Nun visualisiere vor deinem geistigen Auge einen Strand. Er besteht aus unzähligen abgerundeten, kleinen Kristallen. Das Wasser, das sich vor ihm ausbreitet, ist kristallklar. Reise zu diesem Strand und komme dort an. Jeder Schritt, den du hier setzt, erzeugt einen leichten Ton, und dabei verändert der Kristallsand immer wieder seine zarte Farbe. Beides nimmst du über deine Fußsohlen in dich auf und steht dir zur Verfügung, um dich mit allem zu stärken, was dir im Moment guttut und dich nährt. Der Strand ist energetisch mit dem lichten Fokus von Atlantis verbunden. Genieße ihn einfach. Dann halt inne und mache es dir an diesem Strand bequem. Blicke hinaus auf das kristallklare Meer. Ein Lichtstrahl formt sich aus den Weiten des Universums. Er führt von dort direkt in das Wasser. Blauweißes sirianisches Kristalllicht strömt über ihn ein. Dadurch verändert sich das Wasser. Die Siriusenergie breitet sich in ihm aus, und es erhält einen bläulichen Schimmer.

Nun beginnen Sternenwesen von Sirius in Form von Delfinen über den Lichtkanal von den Sternen auf die Erde in das Wasser zu reisen. Sie nutzen den Lichtkanal wie einen Aufzug und kommen an. Wir bitten dich wahrzunehmen, wie sich die Atmosphäre des Ortes, an dem du dich befindest, durch die Ankunft der Delfine wandelt. Lass dich von der Freude und der Leichtigkeit des Seins, die sie mitgebracht haben, erfüllen und berühren. Fühle dich von deinen sirianischen Delfingeschwistern angezogen. Erlaube dir, mit ihnen in die Berührung und die Begegnung zu gehen. Deshalb erhebe dich, um ins Wasser zu gehen. Lass dich von den Delfinen begrüßen. Sie kommen dir ganz nahe, beginnen mit dir zu spielen und zu kommunizieren. Deine Delfingeschwister sagen zu dir, dass sie voller Freude sind, im Kontakt mit dir sein zu können, und bitten dich, dich auf deinem Dritten Auge berühren zu dürfen. Dadurch möchten sie die Wahrnehmung und die Empfangsbereitschaft von kosmischen Energien fördern. Sie verfeinern deine feinstofflichen Antennen, die weit hinaus in den Kosmos reichen. So kannst du die Sternenenergien klarer aufnehmen, verstehen, übersetzen und hinein in die Materie lenken.

Des Weiteren wirken sie mit ihrem Delfinlicht in dein Kommunikationszentrum ein, um den Mut in dir zu stärken, du selbst zu sein. Dabei vergrößern sie die Freude an deinem Ausdruck und daran, diesen zu leben. Sie laden dich ein, sie und ihre Energien vermehrt in das Zusammenleben mit dir vertrauten Menschen mit einströmen zu lassen. Nutze ihre Liebe und ihre Weisheit beispielsweise auch, um Schulungsräume in bestehenden Bildungsstätten, in denen Kinder unterrichtet werden, damit zu durchlichten.

So können heilsame Veränderungen und Wandlungen geschehen, die für diese Zeit wichtig sind. Die Kristallkinder dieser Erde werden die Delfine und ihre Energien in diesem Zusammenhang erkennen und wahrnehmen, und sich darüber freuen. Deine Delfingeschwister bitten dich, die Kommunikation mit ihnen zu intensivieren und sie häufiger in dein Leben einzubeziehen. Sie sagen, dass Delfine wie kosmische Engel sind. So, wie du einen Schutzengel an deiner Seite hast, der dich begleitet, kannst du auch jemanden von ihnen einladen, wie ein persönlicher Berater zu wirken. Wenn du möchtest, frage ihn nach seinem Namen. Er unterstützt dich, dich an deine Sternenheimat und deine Sternenherkunft zu erinnern. Gleichzeitig fördert er die Annahme der Materie und die Freude am Leben, wie auch Leichtigkeit und Kreativität. Dein Delfin hilft dir, das Potenzial, das in dir ist, zu erkennen und umzusetzen. Jeder Delfin ist ein einzigartiges Wesen. Sie berühren dein Sein, um Energien in den Fluss zu bringen und dich mit Freude zu durchströmen.

Jetzt umtanzen dich deine Delfingeschwister und bitten dich, von dem Wasser, in dem du bist, zu trinken. Es klärt deine Energiezentren, deine Körper und somit die Gesamtheit, die du bist. Die Siriuswesen möchten ihre Energien in deinen Thymus einspeisen. Atme tief ein und aus. Dein Thymus beginnt zu strahlen und zu pulsieren. Erkenne die Verbindung zwischen Leichtigkeit, der Durchlichtung der Materie und deinem Kristalllichtkörper. Die Aktivierung deines Kristalllichtkörpers gleicht der Durchlichtung der Materie, und wenn er sich manifestiert hat, fühlst du dich leicht und kannst Leichtigkeit leben und genießen. Dieses möchten die Delfingeschwister über die Stärkung der Thymusdrüse unterstützen. Deshalb laden sie dich ein, deinem Thymus immer wieder ihr Energie zur Verfügung zu stellen. Zusätzlich wird dadurch dein kreativer Ausdruck angeregt. Wisse, dass Kreativität eine Eigenschaft des Kosmischen Menschen ist. Es ist eine Form des Selbstausdrucks und somit ein Lobpreis an die Quelle. Erkenne, dass in den letzten Jahren das Bedürfnis nach kreativer Entfaltung in den Menschen gewachsen ist. Das wird es noch weiter tun, denn es gehört sozusagen zum Lichtkörperprozess. Die Delfinwesen regen dich an, sie zu rufen, Projekte, die du umsetzen und in die Materie bringen möchtest, mit ihren Energien zu durchströmen, damit sie sich in Leichtigkeit manifestieren können.

Jetzt bitten sie dich, in deinem Herzen wahrzunehmen, ob es zu deinen Aufgaben gehört, als ein Delfinbotschafter zu wirken. Wenn du auf die Frage ein Ja empfängst, laden sie dich ein, erneut von dem Wasser, in dem du dich mit ihnen befindest, zu trinken, um den Durchfluss in deinem Sein zu fördern. Dadurch wird dein System darauf vorbereitet, ihre Botschaften klarer zu vernehmen und weitergeben zu können. In weiterer Folge erlaube dir, das Kristalllicht von Sirius so oft wie möglich durch dich fließen zu lassen und in den Kontakt mit deinem persönlichen Delfin zu gehen. Er dient dir in diesem Zusammenhang als ein Vermittler. Er wird dir Anregungen geben, und über ihn wirst du Antworten auf Fragen erhalten, genauso wie Informationen zu Tagesqualitäten oder bezogen auf andere

Menschen und Situationen. Die Delfingeschwister bitten dich, ihre Botschaften und Schwingungen auf diese Art und Weise in die Welt hinauszutragen. Sie werden benötigt, denn die Verbindung und die Zusammenarbeit zwischen den Menschen und den Delfinen dürfen und werden sich in den nächsten Jahren noch mehr intensivieren. Dafür ist es erforderlich, dass sich alle Menschenkinder, deren Seele einen engen Bezug zu Sirius und den Delfinwesen haben, daran erinnern, um die Energien in ihre Leben zu integrieren. Du kannst ihnen dabei helfen.

So durchströmt dich nun das sirianische Licht, und die Delfine beginnen, sich innerhalb deines aurischen Feldes zu bewegen, um ihre Delfinenergien darin zu verankern. Das inspiriert dich und begleitet dich von jetzt an, wenn du möchtest, um die Freundschaft mit den Delfingeschwistern zu vertiefen und ihr Licht in deinen Begegnungen weitergeben zu können. Die Delfine bitten dich, mit ihnen immer wieder zu reisen, um dich in die Tiefen der Meere zu führen. Dort laden sie dich ein, mit ihnen gemeinsam an den verschiedenen Gitternetzen der Erde zu wirken. In dieser Zusammenarbeit geht es um das Einspeisen von Sternenlicht in die Materie, um das Öffnen von Zugängen in andere Dimensionen und der Innererde, wie auch um Erdheilung und die Stabilisierung der Entwicklung, die gerade stattfindet. Die Delfingeschwister rufen dich also auf, ihr Botschafter zu sein, falls es deine Aufgabe ist. Ihre Energie fließt durch dein System, um dich dabei zu unterstützen. Sie durchströmen dich mit Leichtigkeit, Lachen, Gelassenheit und Humor. Sie fordern dich auf, dich von allem zu lösen, was dich verengt und beschwert, um wirklich in einer kindlichen Art ganz du selbst zu sein und dem Weg deiner Seele zu folgen. Sie danken dir und freuen sich darauf, von jetzt an vermehrt mit dir in Kontakt sein zu dürfen. Ihr Segen erfüllt die Gesamtheit, die du bist. Jetzt.

Atme einige Male bewusst ein und aus. Die Delfine umtanzen dich. Sie berühren dich, deine Wahrnehmungskanäle sind offen, und dein Thymus pulsiert. Das Kristalllicht von Sirius ist in dir und um dich. Verweile in der Begegnung mit den Delfinen, so lange du möchtest. Dann bedanke dich und verabschiede dich von ihnen. Kehre an den Strand zurück. In deinem aurischen Feld trägst du die Delfinenergie von nun an mit dir. Dadurch kannst du jederzeit in Kontakt mit ihnen treten und auch dein Botschaftersein Schritt für Schritt entwickeln.

Am Kristallstrand angekommen, atme seinen Klang und seine Farbe in dich ein. Beides hilft dir, die Delfinenergie auf eine für dich stimmige Weise in deinem alltäglichen Leben zu integrieren. Das sirianische Kristalllicht und deine Delfingeschwister reisen nun wieder über den Lichtkanal nach Sirius. Im Anschluss daran löst er sich auf. Atme tief ein und aus und kehre mit deiner Aufmerksamkeit von dem Strand zurück in dein Herz. Komme ganz im Hier und Jetzt an. Erlaube dir, die Leichtigkeit des Seins wahrzunehmen, die du mitgebracht hast. Die Delfinenergie ist immer noch um dich und mit dir. Bitte pflege die Kommunikation mit deinen Delfingeschwistern. Wir danken dir dafür. Erde und zentriere dich. Das Licht von Sirius segnet dich. Sei gesegnet. Jetzt und allezeit. Amen.

Sirilia von Sirius

Sirilia ist eine Hüterin der sirianischen Bibliotheken und Wissensspeicher. Sie möchte dir begegnen, um dir folgende Botschaft zu schenken.

Wir sind Sirilia von Sirius. Wir grüßen dich, geliebtes Kind, das du uns bist. Wir berühren dich mit der sirianischen Energie des Tanzes, der Bewegung und des Klangs. Damit durchwirken wir dein Sein in spiralförmiger Art und Weise. Nimm wahr, dass sich diese spiralförmigen Bewegungen aus sirianischem Licht in der Gesamtheit, die du bist, ausbreiten. Sie bringen alles in den harmonischen und göttlichen Fluss, was auch immer dieses benötigt. Wisse, dass sirianische Energie sozusagen immer in Bewegung ist und sich in einem kreisenden, spiralförmigen Tanz ausdrückt. Nutze sie, wann immer du möchtest.

Während dich das Siriuslicht durchtanzt, kannst du seinen Energiefluss durch äußere Bewegungen deines physischen Körpers unterstützen. Das bringt das Sternenlicht leichter in die Materie. Wiege, schaukele oder drehe deinen Körper. Spüre die Vibration, die sich dadurch wie eine große Welle immer wieder in dir ausbreitet. Wenn du eins bist mit dem sirianischen Tanz, der sirianischen Bewegung, bitten wir dich, deine Hände aufzulegen. Entweder dir selbst, einem anderen Menschen, einem Tier, einer Pflanze, einem Stein, was auch immer stimmig erscheint und ist. Eine Übertragung der Energie findet statt. So dehnt sich sozusagen der sirianische Tanz aus. Das, was du berührst, beginnt auch zu schwingen und wird von spiralförmigen Energiewellen durchströmt. Jede Schicht wird dabei durchwirkt und bei Bedarf in den Fluss gebracht, sodass sich Harmonie und Einheit ausdehnen. Das, worauf deine Hände ruhen, wird in deinen Tanz integriert, indem es selbst zu tanzen beginnt. Dabei findet sowohl für dich selbst wie auch für das, was du berührst, eine Schwingungserhöhung und Erweiterung des Bewusstseins statt. Lenke die Energien auf diese Art, so lange du das Bedürfnis dazu hast. Dann bedanke dich bei dem sirianischen Licht, löse die Verbindung mit ihm und schließe den energetischen Austausch auf eine dir vertraute Weise ab.

Während dich die Siriusenergie so durchwirkt beziehungsweise du sie weiterschenkst, kann es sein, dass du Botschaften, Bilder, Symbole oder sonstige zusätzliche Impulse empfängst. Sie unterstützen den Energiefluss und somit die sanfte und dennoch tiefgreifende Auflösung möglicher Disharmonien. Lass sie kommen und gehen. Wenn du möchtest, kannst du uns jederzeit einladen, gemeinsam mit dir das Siriuslicht zu nutzen. Gleichzeitig können dabei auch Töne wahrgenommen oder mit einbezogen werden. Erzeuge, wenn es für dich stimmig ist, mit deiner Stimme einen äußeren Klang oder in dir einen inneren, dessen Schwingung du in den Energiefluss mit einstrahlen lassen kannst.

Wisse, dass der Lichttanz von Sirius, so möchten wir seine Energie bezeichnen, in sich bereits einen Grundton trägt. Er ist sehr hoch, und manchmal kannst du ihn hören oder fühlen, wenn das Siriuslicht mit dir im Aus-

tausch ist. Deine äußeren oder inneren Klänge sind Übermittlungen und auch Übersetzungen dieser sirianischen Grundschwingung. Du passt dadurch seine Frequenz den feinstofflichen und grobstofflichen Ebenen, die du berührst und in denen etwas zur Lösung gebracht werden soll, an.

Die Bedeutung von Klängen in heilenden und heilsamen Kontexten wird auf der Erde in den nächsten Jahren allgemein noch viel mehr wachsen. Es wird Klangforschungen und -entwicklungen geben, aus denen neue Klangtherapien entstehen werden. Deshalb bitten wir dich, immer wieder darauf zu achten, welche Klänge dir selbst und der Gesamtheit, die du bist, wie auch einzelnen Aspekten (zum Beispiel deinem Emotionalkörper, deinem Inneren Kind, aber auch deiner Lunge oder Leber), guttun. Hier laden wir dich ein, offen zu sein, auszuprobieren und für dich zu nutzen. Lass heilende Klangbilder und Seelenlieder entstehen. Sie transformieren und helfen auf dem Weg in die Fünfte Dimension. Letztendlich trägt Alles-was-ist ein einzigartiges Schöpfungslied in sich. Versuche es zu erfassen, zu tönen, beziehungsweise durch ein Pulsieren zu übersetzen und mit einzubeziehen. Es intensiviert den Austausch und die Wahrnehmung der Einheit mit Allem-was-ist.

Probiere dieses im Zusammenwirken mit Kristallen. Wenn du sie in deinen Händen hältst, lass dich auf ihren Grundton ein und beziehe ihn in deine Kommunikation oder Heilarbeit mit ein. Dabei wirst du wundervolle Erfahrungen sammeln. Wir unterstützen dich dabei, wenn du möchtest. Des Weiteren laden wir dich ein, die Bibliotheken von Sirius zu nutzen. Sie sind, erlaube den Be-

griff, gut ausgestattet. Wir sagten bereits, dass auch die Walgeschwister, die in den Tiefen der Meere leben, große Bibliotheken sind. Sie stellen Spiegelbilder zu unseren Wissensspeichern dar.

Deshalb bitten wir dich um Folgendes: Wann immer du Informationen benötigst, beispielsweise bezugnehmend auf die Harmonisierung eines Menschen oder eines Themas, erweitere dein Bewusstsein, verbinde dich mit den Meeren der Erde und sende deine Frage beziehungsweise die Bitte um Beantwortung aus. Dann wird sich dir ein Walwesen zeigen, das dir das nötige Wissen zur Verfügung stellen kann. Gehe mit ihm in die Begegnung und empfange die Botschaften, Impulse und Anregungen. Im Anschluss daran bedanke dich bei dem Walwesen. Frage, ob du als Ausgleich auch etwas für es tun kannst. Dann kehre zurück in dein Sein im Hier und Jetzt. Nun forme in deinem Herzen einen Lichtstrahl, den du zu den Bibliotheken von Sirius wachsen lässt. Durch ihn reise mit deinem Bewusstsein und komme in unseren Wissensspeichern an. Wir werden dich begrüßen und erwarten und in unseren Bibliotheken zu den entsprechenden Informationen führen. Erkenne, dass es um die Verbindung zwischen Himmel und Erde geht, um die Vereinigung von kosmischem Wissen mit Erdenwissen. Deshalb empfehlen wir dir, immer möglichst beide Bibliotheken und Wissensspeicher zu nutzen.

Wenn du deine Informationen von Sirius erhalten hast, kehre zur Erde zurück und beginne mit der Umsetzung. Wisse, dass das Erhalten von Antworten nicht immer über das mentale Verständnis geht, sondern manchmal durch eine energetische Übertragung stattfindet. Es kann sein, dass sie mit deinem Mentalkörper nicht fassbar ist. Dennoch gehe davon aus, dass du für dein Wirken in der Materie alles erfährst, erhältst und aufnimmst, was du benötigst, sowohl für dich selbst, als auch für andere Menschen.

In diesem Zusammenhang möchten wir erwähnen, dass der Mentalkörper in der Welt, in der du lebst, oft überbewertet wird. Das heißt, dass ihm eine größere Bedeutung als deinen anderen Körpern beigemessen wird. Wir bitten dich deshalb, für die leichtere Aufnahme und Weitergabe von Informationen auf das Gleichgewicht deiner Körper zu achten. Erinnere dich bitte daran, dass du dich jetzt sozusagen in einer Meisterklasse befindest. So löse dich von Glaubenssätzen, die möglicherweise immer noch in dir wirksam sind und besagen, dass du etwas nicht klar sehen, vernehmen oder tun könntest. Wenn du mit der Geistigen Welt kommunizierst oder die Bibliotheken von Sirius betrittst, sei dir deines Schöpfertums, deiner wahren Größe und deiner damit verbundenen Fähigkeiten bewusst. Du kannst in den Wissensspeichern von Sirius immer wieder Zeichen erkennen, die wir dich bitten, in deinem Leben zu nutzen. Das heißt, dass du Symbole erhalten wirst. Du kannst aber auch, wenn dir auf der Erde ein Symbol begegnet, dessen Bedeutung dir nicht vertraut ist, damit in die Bibliotheken von Sirius reisen, um eine Erklärung dafür zu finden. Wir laden dich ein, so oft du möchtest, die Wissensspeicher von Sirius zu betreten, denn dadurch bringst du ihr Wissen auf die Erde. Darum bitten wir dich, und dafür danken wir dir.

Wisse, dass der Delfin nicht nur ein Wesen von Sirius ist, sondern auch ein Symbol von Sirius darstellt. Deshalb regen wir dich an, Delfine in Form von Bildern und Zeichnungen in deinem Leben willkommen zu heißen. Dabei stärkst du nicht nur die Verbindung zu den Delfingeschwistern, sondern generell zu Sirius. Überall, wo sirianische Energien fließen sollen, visualisiere oder lege ein Delfinbild darauf.

Jetzt möchten wir noch etwas anderes erwähnen und kehren dazu erneut zu den Walen zurück. Die alten Menschenseelen, die derzeit hier auf Gaia sind und die an ihrem Ursprung und an ihrer Entstehung mitwirkten, haben eine enge Verbundenheit mit den Walen. Denn auch diese sind alte Seelen und Wesen. Wenn in den alten Menschenseelen Schwere und Traurigkeit sein sollten oder das Gefühl, alles durchlebt zu haben und deshalb müde zu sein, wenn ihnen die Kraft, die Motivation, das Durchhaltevermögen fehlen sollten, laden wir sie ein, sich mit den Walen zu beschäftigen. Dazu können sie mit ihnen kommunizieren oder ihren Gesängen lauschen. Denn die Walgeschwister geben Halt, Hoffnung und Mut. Sie erinnern an die Quelle allen Seins und spenden Trost. Unabhängig davon bewahren sie die Evolutionsgeschichte der Erde auf. Wenn du beispielsweise Informationen über Atlantis, Lemurien, über Urkraton oder über besondere Zivilisationen, wie beispielsweise die Mayas, erhalten möchtest, tausche dich mit ihnen aus. Sie werden dir berichten. Die Walgeschwister berühren dein Herz. Sie schenken dir Tiefe und Weis-

heit. Ihre Walgesänge sind heilsam, verbinden dich mit deinen Sternenheimaten und deinen Wurzeln. Die Wale lassen deine Sehnsucht heilen, sodass du deine Ganzheit erfahren und annehmen kannst. Sie sind einzigartige Meisterseelen, die Mitgefühl und Güte ausstrahlen, zur Verfügung stellen und mit den Menschen teilen möchten. Wir bitten dich, gemeinsam mit den Walen zu wirken. Erlaube dir, ihren Ruf zu vernehmen. Wann immer sie dich einladen, mit ihnen zu sein, tue dieses. Sie lassen dich dein Menschsein wahrlich begreifen und letztendlich genießen. So danken wir dir für deine Bereitschaft, dich auf die Wale einzulassen.

Nun atme bewusst ein und aus. Nimm das sirianische Licht wahr, das nach wie vor in kreisenden, spiralförmigen Bewegungen durch dich tanzt. Tanze mit. Der Segen von Sirius erfüllt dein Sein. Möge Leichtigkeit sein. Jetzt und allezeit. Wir sind Sirilia. Sei gesegnet. Amen.

Abschließende Worte von Isis

Atme einige Male bewusst ein und aus und erlaube dir, dich auf das Kristalllicht von Sirius einzulassen. Über diese Energie berührt dich und begegnet dir Isis. Und Isis spricht:

„Sei gesegnet, geliebtes Kind des Lichts, das du uns bist. Wir berühren mit unserem Ankh dein Drittes Auge, um es zu segnen und deine Fähigkeit zu erkennen, zu fördern. Wir möchten dir mitteilen, dass der Isis-Schlüssel sehr viel mehr Aspekte in sich trägt als jene, die bisher erwähnt wurden. Wir sind dabei, sie für dich zu öffnen, sodass du im Laufe der Zeit mehr und mehr von ihnen erfahren kannst. Zum einen ist der Isis-Schlüssel das, was du in Form der Kristalle wahrnehmen kannst, die du auf dem Ankh positioniert hast. Er ist aber auch ein Ausdruck für eine Entwicklung, die in dir selbst stattfindet. Bei dieser Wandlung wird dein Kristalllichtkörper aktiviert und dein Bewusstsein erweitert. Du trittst dabei sozusagen in die Fünfte Dimension ein und stabilisierst dich und dein Sein in ihr. Nimm wahr, dass der Schlüssel der Isis aber auch vermittelt und verbindet. Jeder einzelne Kristall ist für sich noch einmal wie ein eigenes Universum. Diese eigene Welt kannst du betreten und dich in ihr bewegen. Dadurch bist du erneut mit weiteren unterschiedlichen Energien in Berührung und im Austausch.

Wir danken dir für deine Bereitschaft, dich darauf einzulassen. Der Schlüssel der Isis lebt, und durch dein Wir-

ken mit ihm erwacht er noch mehr. Unsere Aufgabe ist für den Moment erfüllt. Wir haben die Samen gesät. Jetzt liegt es an dir, zu übersetzen und umzusetzen. Wir werden dich dabei begleiten und immer wieder ergänzen. Durch dein Wirken mit dem Schlüssel der Isis hat der Kristalllichtköper begonnen, sich zu entwickeln. Erfahre ihn von nun an Schicht für Schicht mehr, indem du dich damit beschäftigst. Du kannst deinen Kristalllichtkörper bewusster zum Strahlen bringen, indem du sirianische Klänge und Kristalle nutzt oder dich mit dem gläsernen Meer und dem lichten Fokus von Atlantis verbindest.

Die Transformation, die im Moment stattfindet und zu der auch die Entfaltung des Kristalllichtkörpers gehört, ist sehr tiefgreifend. Sie findet gleichzeitig auf verschiedenen Ebenen statt und ist linear nicht zu erfassen. Vielmehr ist sie ein ganzheitlicher Umwandlungsprozess, der letztendlich sowohl im Äußeren als auch in dir selbst sicht- und spürbar ist. Sie lässt sozusagen keine Zelle und keinen Baustein auf dem anderen. Alles wird auseinandergenommen, damit es neu zusammengesetzt werden kann. Es ist eine große Neuordnung, die überprüft, ausbessert, verändert und austauscht, je nachdem, was benötigt wird. Wir bitten dich, dir dieser Transformation immer wieder gewahr zu werden und dich voller Freude darauf einzulassen, denn sie ist einzigartig. Wir sind an deiner Seite, um dich zu unterstützen und zu begleiten. Erkenne, dass es noch so vieles gibt, das von dir erfahren und erfasst werden möchte. Wir laden dich ein, dich so oft wie möglich mit deinem wahren Wesen zu verbinden und dich auf dei-

ne Seele auszurichten. Je öfter du deine Seelenschwingung verkörperst, umso leichter und bewusster formt sich dein Kristalllichtkörper. Nutze auch das Wissen aus dem Schlüssel der Isis dazu. Wir beflügeln dich dabei und motivieren dich, voranzuschreiten.

Wisse, dass die Mysterienschulen von Ägypten wie große Sammelbecken waren, in denen Sternenwissen und altes und neues Erdenwissen zusammenflossen. Die Sternenwesen, die als Göttinnen und Götter verehrt wurden, stellten letztendlich verschiedene Zugänge und einen unterschiedlichen Umgang mit diesen Kräften dar. Du kannst sie mit der Priesterschaft aus Atlantis vergleichen. Sie bilden einen großen Kreis. Innerhalb ihres Rades gibt es mehrere Segmente, denen bestimmte Farben, Qualitäten, Aufgaben usw. zugeordnet werden. So ist auch innerhalb der Wesen des ägyptischen Pantheons Frieden. Wir verstehen uns als eine Einheit, die sich auf unterschiedliche Arten ausdrückt, um das große Ganze sichtbar zu machen. Das möchten wir dir gerne vermitteln. Ägypten, so, wie du es heute vorfindest, dient nach wie vor als Brücke, die Oben und Unten sowie Alt und Neu miteinander verbindet. Es ist eine zentrale Stelle. Ägypten hat für den Erwachungsweg, für die Aktivierung des Kristalllichtkörpers und für das Manifestieren der Fünften Dimension eine Schlüsselfunktion inne. Viele Lichtarbeiter spüren das. Deshalb ist ein großes Bedürfnis und eine Sehnsucht, nach Ägypten zu reisen, in ihnen erweckt worden. Wisse, dass du dich allezeit energetisch mit dem Kraftort, der Ägypten ist, verbinden kannst, oder auch mit einzelnen Plätzen dort. So kannst du, wann immer du möchtest, das Plateau von Gizeh bereisen und dich auf die kosmischen Kräfte wie auch auf das alte und neue Heilwissen einlassen. Es ist eine Stätte der Begegnung, und wir laden dich ein, uns zu begleiten und nun deine Aufmerksamkeit dorthin zu lenken.

Betritt mit uns gemeinsam das Plateau von Gizeh. Es ist eine Plattform der Kommunikation und des Austauschs. Wir nehmen dich an die Hand und kommen mit dir dort an. Jetzt. Wir stehen vor den Pyramiden. Und wir laden ein und sagen, dass Amun Raum nimmt. Wir sagen, dass Anubis Raum nimmt. Wir sagen, dass Apis Raum nimmt. Wir sagen, dass Bastet Raum nimmt, ebenso Bes, Chephre, Chnum und Chons. Wir sagen, dass Hathor und Horus Raum nehmen. Wir sagen, dass Maat, Nephthys und Nut Raum nehmen. Genauso wie wir sagen, dass Osiris, Ptah und Rê Raum nehmen. Wir sagen, dass Sekhmet, Selket, Seth, Sobek, Thoth und Uräus Raum nehmen. Nimm wahr, dass die genannten Wesen alle gekommen sind, damit du für dich erkennen kannst, mit wem du in besonderer Weise verbunden bist. Atme bewusst ein und aus. Fühle und erfahre, zu wem du die größte Vertrautheit verspürst, wessen Spuren du gefolgt bist. Erinnere dich, sie alle gehören zu einem Kreis. Jeder von ihnen ist ein anderer Aspekt des großen Ganzen und hat(te) die Aufgabe, Himmel und Erde zu vereinen, mit Sternenkräften altem und neuem Wissen zu wirken. Finde nun deinen Zugang, deinen Hüter, deinen Lehrmeister in diesem Kontext und erlaube dir, seinen Segen zu empfangen. Möge es dich sowohl bei deiner persönlichen Entwicklung, deinem Reifen und dem Erfüllen deiner Seelenaufgabe unterstützen. Möge sich dadurch dein mentales Feld erweitern und du immer wieder über dich selbst hinauswachsen. So findet ein Begreifen in deinem Herzen statt, was dazu führt, dass du beginnst, unsere Worte jenseits des Verstandes in dir zu erfassen und zu integrieren.

Bei allem, was wir dir sagten, geht es darum, dass du beginnst, es zu leben, dass es keine Theorie ist und bleibt, sondern in die Praxis geführt und gebracht wird. Dazu berühren wir dich immer wieder mit unserem Ankh. Wisse, dass du begonnen hast, den Schlüssel der Isis zu initiieren. Es ist ein Neubeginn. Er wurde im Außen sichtbar und hat angefangen, sich in dir zu entfalten. Nun benötigt es etwas Zeit, um ihn ganz zu erfassen. In unserer mütterlichen Qualität übertragen wir dir nun unsere lebensspendende Kraft, damit sich der Schlüssel in dir und durch dich weiterentwickeln kann. So atme tief ein und aus. Beginne, in und mit deinem Herzen als Seele, die du bist, zu verstehen. Wir möchten und werden dir noch so viel zeigen. Jetzt ist die Basis dafür geschaffen. Verinnerliche sie. Der Segen ist in und mit dir. Wir berühren dein Herz mit unserem Ankh. Alle unsere Kräfte, genauso wie alles, was du gelesen hast und was dich berührt hat, fasst sich zusammen und strömt ein. Es vereint sich. Wir bitten dich, dem Leben zu dienen und es frei in dir fließen zu lassen. Sei die Erneuerung. Sei der Kosmische Mensch, auf den wir alle schon so lange gewartet haben. Jetzt. Wir danken dir dafür. Wir sind Isis."

Nimm einige bewusste Atemzüge, löse und verabschiede dich von den Lichtgeschwistern, von Isis und dem sirianischen Kristalllicht. Im Anschluss daran kehre ganz in dein Sein im Hier und Jetzt zurück. Erde und zentriere dich und lass die Worte wirken. Sei gesegnet. Jetzt und allezeit. Amen.

Kurze Übersicht der genannten Götter und Göttinnen

Amun: Fruchtbarkeitsgott. Er wird häufig mit einem Widderkopf dargestellt. Karnak ist sein Haupttempel.

Anubis: Gott der Übergänge und der Totenriten, der auch beschützt und bewacht. Er wird oft als schwarzer Hund, Schakal oder als Mensch mit einem Hunde- oder Schakalkopf dargestellt.

Apis: Ein Fruchtbarkeitsstier, das eine Sonnenscheibe und die Uräus-Schlange zwischen seinen Hörnern trägt. Er gilt als eine Verkörperung von Ptah, und sein Hauptheiligtum ist das Serapeum von Sakkara.

Bastet: Katzengöttin. Sie bringt Lebensfreude, Tanz, Lebendigkeit und Liebe. Sie lehrt, das Leben spielerischer zu betrachten. Ihr Hauptheiligtum ist in Bubastis.

Bes: Schutzgott. Er unterstützt die Zeugung und die Geburt von neuem Leben und wird in der Nacht eingeladen, um ruhig und sicher zu schlafen.

Chepre: Gott des Sonnenaufgangs und der Morgensonne. Er wird häufig als Skarabäus dargestellt.

Chnum: Schöpfergott und Gott des Nils. Er wird gerne in Menschengestalt mit einem Widderkopf gezeigt. Sein Hauptheiligtum ist in Elephantine.

Chons: Mondgott. Er wird unter anderem in Menschengestalt mit einem Falkenkopf dargestellt. Ein Ort der Verehrung ist Karnak.

Hathor: Muttergottheit. Sie ist eine Göttin der Liebe, der Musik, des Tanzes, der Schönheit, des Friedens und des

Schutzes. Sie wird häufig mit einem Kuhkopf dargestellt. Ihr Hauptheiligtum ist in Dendera.

Horus: Himmels- und Lichtgott. Er beschützt gerne Kinder. Horus wird als Falke oder falkenköpfig gezeigt. Sein Haupttempel ist in Edfu.

Isis: Muttergottheit, Mondgöttin, Göttin der Magie und der Toten. Eines ihrer Symbole ist Sirius. Als Fruchtbarkeitsgöttin war sie auch für die Überschwemmungen des Nils zuständig. Diese begannen mit der ersten morgendlichen Sichtbarkeit von Sirius. Ihr Hauptheiligtum ist auf der Insel Philae.

Maat: Göttin der Gerechtigkeit, des Gleichgewichts und der Wahrheit. Sie trägt oft eine Feder auf ihrem Kopf. Wenn ein Mensch seinen physischen Körper ablegte, war es ihre Aufgabe, sein Herz zu wiegen. Im Anschluss daran wurde entschieden, wohin die Seele weiterreisen durfte.

Nephthys: Geburts- und Totengöttin. Manchmal trägt sie auf ihrem Kopf einen Papyrusstengel mit Dolde oder wird wie Isis mit Flügeln dargestellt. Ihr Hauptheiligtum ist in Heliopolis.

Nut: Himmelsgöttin, Schöpfergöttin und Mutter der Sterne. Sie wird häufig so dargestellt, dass sie ihren ganzen Körper wölbt und sich wie das Firmament um die Erde legt. Sie verschluckt jeden Tag die Sonne, um sie am nächsten Morgen wieder neu zu gebären.

Osiris: Sonnen- und Mondgott, Totengott und Gott der Wiedergeburt, Fruchtbarkeitsgott. Seine Zerstückelung und Wiedererweckung zum Leben ist ein wichtiger Teil der ägyptischen Mythologie. Sein Hauptheiligtum ist in Abydos.

Ptah: Schöpfer- und Schutzgott. Häufig wird er mit eng anliegendem Gewand, einer Kopfkappe und Bart dargestellt. Seine Orte der Verehrung sind in Memphis, in Abydos und in Abu Simbel.

Rê: Sonnengott. Er verbindet sich gerne mit anderen Göttern, wie zum Beispiel Amun-Rê, Sobek-Rê.

Sekhmet: Göttin der Kraft, der Zerstörung und der Erneuerung. Sie wird häufig mit einem Löwenkopf dargestellt.

Selket: Schutzgöttin. Da sie oft einen Skorpion auf ihrem Haupt trägt, wird sie auch als Skorpiongöttin bezeichnet.

Seth: Wüstengott. Gott der Kraft, der Transformation und der Magie, und manchmal auch der Verwirrung und Zerstörung. Er wird häufig in menschlicher Gestalt mit einem Eselskopf oder mit einem Seth-Tierkopf dargestellt.

Sobek: Krokodilgott, Wasser- und Fruchtbarkeitsgott. Sein Hauptheiligtum ist in Kôm Ombo, in Tebtunis und in Krokodilopolis in Fayum. Wenn Krokodile aus den heiligen Wasserbecken dieser Stätten starben, wurden sie wie Menschen mumifiziert.

Thoth: Mondgott, Gott des Kalenders, Gott des Gesetzes, des Schreibens und des Lesens, der Wissenschaft und der Magie. Er wird oft mit einem Ibis- oder einem Paviankopf gezeigt. Eines seiner bedeutenden Heiligtümer ist in Hermopolis Magna.

Uräus: Schutzgöttin. Sie dient der Erneuerung, der Heilung, der Erkenntnis und dem ewigen Leben. Sie wird als Schlange, als ägyptische Kobra dargestellt.

Nachwort

Nun sind wir auch am Ende der Ergänzungen angekommen. Mittlerweile gibt es schon zahlreiche Menschen, die mit dem Schlüssel der Isis wirken und ihre Erfahrungen mit ihm gesammelt und auch selbst begonnen haben, ihn zu verkörpern. Dadurch wuchs seine Präsenz im Morphogenetischen Feld und wächst immer noch weiter. Diese verstärkt sich durch jeden Lichtarbeiter, und gleichzeitig profitiert davon jeder, der sich weiterhin, von nun an oder auch zu einem späteren Zeitpunkt, mit dem Isis-Schlüssel beschäftigt beziehungsweise beschäftigen wird. Wir wissen, dass viele der Themen, die mit dem Schlüssel der Isis in Verbindung stehen, sei es seine Wirkungsweise, die Kommunikation mit den Lichtgeschwistern und Sternenebenen oder die Informationen über die ägyptischen Mysterien, in diesem Buch sozusagen erst angeschnitten wurden. Dennoch glauben wir, dass es eine gute Basis und einen Einstieg darstellt, der viele Möglichkeiten und Anregungen beinhaltet, die umgesetzt werden können. Erweiterungen, Ergänzungen und Vertiefungen und somit eine Fortsetzung ist geplant. Sie wird sicher in irgendeiner Form Raum nehmen und sich manifestieren. ☺!

Einen Punkt möchten wir hier noch erwähnen. Durch unsere aktuelle Zeitqualität hat letztendlich nur noch das Bestand, was mit dem Licht und der Liebe unserer Seele und somit mit der Quelle allen Seins in Resonanz steht. Alles andere kann nicht mehr greifen und wirken. Es löst sich sozusagen auf. Deshalb können wir uns voller Vertrauen auf unsere Intuition einlassen, genauso wie in diesem Fall auf das Arbeiten mit und das Weiterentwickeln von dem Schlüssel der Isis. Wir können dabei nichts falsch machen. Des Weiteren heißt es, dass wir eingeladen sind, unsere Angst, manipuliert zu werden oder andere möglicherweise zu manipulieren, endgültig abzulegen. Denn wir kommen mehr und mehr in eine Schwingungsqualität, in der dieses nicht mehr möglich sein wird.

Was wir zwischendurch noch können ist, uns maximal selbst zu manipulieren. Das geht noch, so lange wir gewisse Prägungen in uns tragen, die wir betrachten und verabschieden dürfen, die sich nach dem Licht, nach Lösung und Heilung sehnen. Je mehr wir allerdings annehmen, was wir wirklich sind, je mehr wir uns erlauben, das Lichtwesen mit allen Fasern, Schichten und Ebenen unseres Seins zu verkörpern, umso weniger wird auch unsere Selbstmanipulation werden. Sie kann nämlich nur dort existieren, wo wir an uns selbst zweifeln. Unabhängig von dem Erwähnten ist die eigentliche Bedeutung von Manipulation ohnehin etwas Aufbauendes und Unterstützendes. Es heißt nämlich „Handhabung" beziehungsweise durch die Hände etwas in Bewegung bringen, das dem Lösen von Blockierungen dient. Deshalb möchten wir dich abschließend ermutigen, dich einfach an dir selbst zu erfreuen. Genauso wie an deinem Weg und deinen einzigartigen Erfahrungen, die niemand sonst so (er)leben kann wie du. Sie sind sozusagen nur für dich da, damit du dich erkennen und erfahren kannst. Wir möchten dich einladen, dich an deinem Wirken mit dem Schlüssel der Isis zu erfreuen, was immer er für dich sein mag und wie du ihn weiter nutzen wirst. Es ist gut so, wie es ist. So danken wir dir erneut für deine Bereitschaft des Lesens, des Umsetzens, des Weiterentwickelns, des Integrierens und des Seins. Möge dein Herz weit sein! Möge Frieden in dir sein! Mögest du der Kosmische Mensch sein, der du bist! Jetzt und allezeit. Gemeinsam gehen wir den Weg des Lichts weiter. Es ist ein guter Weg. Sei gesegnet. Amen.

Kontaktadressen

Ava Minatti
Rinnerstraße 233, A-6073 Sistrans
Tel./Fax: 0043-512-379204
ava.minatti@gmx.at
www.ava-minatti.at

Smaragd Verlag und Blaue Lichtburg
In der Steubach 1, D-57614 Woldert (Ww.)
Tel.: 0049-2684-97848-10
Fax: 0049-2684-97848-20
info@smaragd-verlag.de oder info@blaue-lichtburg.de
www.smaragd-verlag.de oder www.blaue-lichtburg.de

ausZeit Verlag
Schulstraße 8, D-56307 Dürrholz (Ww.)
Tel.: 0049-2684-978981
Fax: 0049-2684-978991
info@auszeit-verlag.de
www.auszeit-verlag.de

Ava Minatti

DER SCHLÜSSEL DER ISIS

Die Programmierung der neun Bergkristalle

(Audio CD) Lauflänge ??? Minuten

ISBN 978-3-941363-38-0

Euro (D) 14,80 – Euro (A) 14,80

Diese CD ist eine wunderbare Ergänzung zum gleichnamigen Buch. Sie enthält die gesamte Programmierung der neun Bergkristalle (= der Schlüssel der Isis), die in Form des Ankh genutzt werden können. Der Schlüssel der Isis unterstützt unsere Bewusstwerdung und die Aktivierung unseres Kristall- beziehungsweise Christuslichtkörpers. Durch das Einlassen auf die unterschiedlichen Schwingungsqualitäten der einzelnen Kristalle haben wir die Möglichkeit, sie zu verinnerlichen und selbst zum Schlüssel der Isis zu werden. Das dient unserem Weg bis 2012 und auch unserem Präsentsein in der Zeit darüber hinaus.

Ava Minatti

Avalon und der Artusweg

Altes Wissen für die Neue Zeit

376 Seiten, gebunden, mit Leseband

ISBN 978-3-938489-93-2

Hörst du den Ruf? Siehst du, dass sich die Nebel zu lichten begonnen haben? Und es Zeit geworden ist, nach Hause zurückzukehren? Zurück nach Avalon?
Avalon ist ein Symbol für die Fünfte Dimension. Der Artusweg bezeichnet den Weg dorthin. Beides ist untrennbar miteinander verwoben. Die Legenden um den Heiligen Gral, die Tafelrunde, König Artus, die magische Apfelinsel, Morgana und Merlin haben auch heute nichts an Aktualität und Gültigkeit verloren. Hier übermitteln diese dir das alte Wissen, damit du es im Hier und Jetzt integrieren und leben kannst.
Erlebe eine intensive Reise zu dir selbst, zu deinen Wurzeln, zu deinem wahren Wesen. Das Licht, die Liebe und die Weisheit von Avalon heißen dich willkommen. Du wirst erwartet. Sei gesegnet!

Ava Minatti

Im Herzen Lemuriens

424 Seiten, gebunden, mit Leseband

ISBN 978-3-938489-39-0

Die Wiederentdeckung unserer lemurianischen Wurzeln ist ein weiterer wichtiger Schritt in die 5. Dimension. Im Herzen von Lemurien können wir unsere Intuition stärken, die Liebe zur Erde und den Ahnen wachsen lassen und die Kommunikation mit der Natur und ihren Kräften vertiefen. Die Erfahrungen und Speicherungen der nicht-geheilten Dualität werden sanft abgestreift, und unser wahres Sein beginnt zu leuchten. Wir kehren in das Zentrum unseres eigenen Herzens zurück und kommen in unserer Wahrheit an, aus der wir leben, schöpfen und erschaffen.

Elke Fahrenheim

Die Schule des Lebens von Gott

Gespräche mit den Seraphim

336 Seiten, A5, gebunden, mit Leseband

ISBN 978-3-941363-29-8

In Liebe leben – wie geht das eigentlich? Wie und wo finden wir Gott in uns? Wie können wir mit Gott sprechen? Gibt es einen Platz in unserem Inneren, von dem aus sich die Liebe vergrößern lässt? Wie verstehen wir das irdisches Leben besser? Was ist der Unterschied zwischen irdischem und göttlichem Denken? Wie kommen wir mit der göttlichen Essenz in Kontakt? Was war vor unserer Inkarnation? Öffnen wir unser Herz für die Botschaften der Seraphim, wird es uns möglich, Gott auf eine ganz neue Weise zu erfahren und eine tragfähige Beziehung zu ihm aufzubauen. Und letztendlich bedeutet es, dass wir in eine Liebesbeziehung zu uns selbst treten.

Daivika

21 Stufen zur Göttlichkeit

Einweihung in die Strahlenkraft der Elemente

96 Seiten, A5, broschiert, vierfarbig

ISBN 978-3-941363-28-1

RA nimmt uns mit auf eine Einweihungsreise in die Kraft der acht Elemente. An der Hand von SANANDA wandern wir weiter auf einem neuen Weg, dem Einweihungspfad in das Bündnis der Weißen Bruder- und Schwesternschaft. In Begleitung von MEISTER KUTHUMI schreiten wir an das Lichttor, dem Eintritt in eine für uns völlig neue Welt. Geleitet über die „21 Stufen zur Göttlichkeit" begegnen wir noch einmal den Lenkern der acht Elemente: EL MORYA, KONFUZIUS, SERAPIS BEY, HILARION, LADY NADA, SAINT GERMAIN, MAHA COHAN, MAITREYA, SANAT KUMARA. Sie alle bereiten uns vor auf unsere eigene göttliche Mission, denn am Ende dieses Weges werden wir selbst zu einer(m) göttlichen Botschafter(in) des Lichts und werden.

Michaela Ghisletta

Der Wandel vom Ich zum Wir

160 Seiten, A5, broschiert

ISBN 978-3-941363-30-4

Wie oft definieren wir uns über das Außen, über unseren Beruf, welches Auto wir fahren, über unsere Wohnsituation oder wie wir aussehen? Spiegelt unser Außen wirklich unser wahres Empfinden, unser wahres Sein wider, oder ist es nur eine Illusion, die wir um uns herum aufgebaut haben? Wie viele Menschen wissen überhaupt, wer sie sind? Weißt du es?

In diesem Buch findest du Impulse, Meditationen und Rituale, wie du besser erkennen kannst, wer du bist. Wenn wir wissen, wer wir sind, brauchen wir nicht mehr zu kämpfen, um uns zu beweisen. So entsteht Harmonie, erst in uns selbst und dann auch im Außen. Das ist die Neue Zeit. Sie beginnt jetzt!

Barbara Sommer

Bäume – Die Wurzeln Gottes

Botschaften für den Wandel

176 Seiten, A5, broschiert, vierfarbig

ISBN 978-3-941363-31-1

Die Botschaften der Bäume zeigen uns auf, wie sehr wir mit der Natur insgesamt und mit den Bäumen im Speziellen verbunden sind. Mit liebevollen und aufmunternden Worten fordern sie uns auf, ihre Heilkraft für unser Leben zu nutzen.
Immer wieder betonen sie, dass erst im Miteinander unsere innere Schönheit voll erblühen kann. In jeder Zeile ist die große Liebe und die Verbundenheit der Baumseelen zu uns Menschen fühlbar. Die weisen und liebevollen Mitteilungen der Bäume füllen die Herzen der Leser mit Frieden und der Gewissheit, dass wir alle ein vollkommener Teil eines vollkommenen Ganzen sind. Mit zahlreichen farbigen Abbildungen.

Christina Wiedemann

Jetzt heile ich mich selbst!

Sieben Selbstheilungstechniken vom Heilungsrat der Sieben

ca. 160 Seiten, Großformat, gebunden, mit Leseband

ISBN 978-3-941363-34-2

2006 trat der Heilungsrat der Sieben (Isis, Hilarion, Metatron, Saint German, Lady Nada, Jesus, Maria Magdalena) an das Medium heran und teilte sieben Selbstheilungstechniken mit, die es galt, sprachlich und grafisch leicht verständlich umzusetzen. Auf das Wesentliche konzentriert, werden Auralehre, Chakrenlehre, kosmischer Verbindungsaufbau, Kreieren eines Auraschutzes, Kreieren einer Energiekugel sowie die Wichtigkeit des endokrinen Systems für die Gesundheit erläutert.
Der Leser lernt Schritt für Schritt, seinen persönlichen Weg zum Inneren zu finden und sich selbst als Lichtwesen zu verstehen. Mit zahlreichen farbigen Abbildungen.

Martin Dörnhöfer

Die Formel der Liebe

Das Geheimnis der Seelenpartner und der Weg zur wahren Liebe

392 Seiten, A5, gebunden, mit Leseband

ISBN 978-3-941363-35-9

Warum treffen die meisten Singles immer wieder auf die gleiche Sorte Partner? Was ist der Grund hinter den alltäglichen Machtkämpfen in der Partnerschaft? Gibt es einen Seelenpartner? Was ist Liebe? Lässt sich Liebe mit nur zwei Worten beschreiben? Der Autor erläutert, wie wir durch zwei einfache Faktoren in der Lage sind, unser Leben glücklich und in Liebe zu leben. Das Loslassen unserer Ängste und das Vertrauen in unsere Herzenswünsche sind der Schlüssel für dieses bewusste und liebevolle Leben. Alles, was wir zu Beginn dafür tun müssen ist, eine Entscheidung darüber zu treffen, wie sich unser Leben in Zukunft entwickeln soll. Angst oder Liebe? Denn alles beginnt mit einer Entscheidung.

Christoph Wille
Jeshua im Herzen
Begegnung mit einem Unbekannten
136 Seiten, A5, broschiert
ISBN 978-3-941363-32-8

Kurz davor, dieser Welt den Rücken zu kehren, ergibt sich für einen Mittdreißiger eine seltsame Begegnung. Es entsteht ein Kontakt, der mit Worten kaum zu beschreiben ist. In der schwersten Stunde offenbart sich plötzlich eine leise Stimme. Wie schwierig kann sich das tägliche Sein gestalten, wenn es plötzlich auch noch darum geht, Worte eines Unsichtbaren zu hören?
Doch wenn die Stimme zu einem liebevollen Freund wird und im Wust der Einflüsse des täglichen Lebens hilft, uns die Augen zu öffnen, und nicht nur die, dann kann das berühren, was als Leben gemeint ist. Durch dieses Buch gibt sich Jesus in der heutigen Zeit zu erkennen. Er wirkt deutlich im Hier und Jetzt in vielen Begebenheiten des täglichen Lebens, und der Leser bekommt die Möglichkeit, mit ihm direkt in Kontakt zu treten.

Eva-Maria Ammon
Maria – Die Mutter Jesu im Wandel der Zeit
360 Seiten, A5, gebunden, mit Leseband
ISBN 978-3-941363-36-6

Maria, die Mutter Jesu, von Männern erschaffene Ikone des Leidens, ergreift nun endlich selbst das Wort. Weit entfernt von dem Klischee der leidenden Mutter Jesu lässt dich Maria, genannt Macaria Mahnaz, authentisch und voller weiblicher Intuition an ihrem Leben teilhaben. Sie befreit mit ihren Worten die Frauen dieser Erde aus dem Zwang der Unterdrückung der weiblichen Kraft durch die Religionen und des Patriarchats. Hier spricht eine ganz andere Maria, als die, an die zu glauben wir als Kind gezwungen wurden. Eine neu erzählte, das Herz berührende Lebensgeschichte und zugleich ein tiefgehender Wegweiser für das Lichtzeitalter.

Kerstin Simoné
Thoth im All-Tag
Arbeitsbuch für die Jetztzeit
232 Seiten, A5, gebunden mit Leseband
ISBN 978-3-941363-37-3

Thoth offenbart uns in diesem Arbeitsbuch alle wahrhaftigen Schätze der gelebten Weisheit für die Jetztzeit und geleitet sie in einer wundervollen und leicht verständlichen Art für jeden Interessierten zur Anwendung. Anhand vieler verschiedener Übungen werden die Schwingungsfrequenzen deutlich erfühlt, und jeder erhält dadurch die Möglichkeit, zu wahrhaftiger Meisterschaft innerhalb der Materie zu gelangen. Gleichsam werden die sieben Siegel und die damit verbundenen Schöpfergötter klar und deutlich innerhalb dieser Übungen offenbart und die Pforten, die in uns selbst liegen, mit unbeschreiblichen Frequenzen erfüllt.